공주는 어디에 있는가

행복서사의 붕괴

사무사책방의 책은 실로 꿰매어 만드는 사철 방식으로 제본했습니다.
오랫동안 곁에 두어도 손상되지 않습니다.

공주는 어디에 있는가

행복서사의 붕괴

사무사책방
Epiphany

책머리에

코로나 시대가 지금 인간에게 제기하는 가장 근본적인 질문은 이 지상에서 인간의 삶이, 인간의 문명이 얼마나 지속할 수 있을까 하는 것이다. 코로나 팬데믹은 인간의 삶과 문명이 얼마나 취약한 것인가를 절감하게 하는 사건이다. 팬데믹의 진행과 함께 우리는 인간이 얼마나 취약한 존재인가를 거듭 깨닫고 있다. "인간이 대비할 수 없는 것은 아무것도 없다네. 아무 대비 없이 그가 미래를 맞는 일은 결코 없다네." 이것은 2,400년 전 『안티고네』의 코러스에 등장하는 노래의 한 대목이다. 그러나 그렇게 인간의 위대함을 노래하던 코러스는 곧이어 인간이 경계해야 할 것이 무엇인지 상기시킨다. 코러스는 인간이 오만에 빠져 무모해질 때 그는 "도시를 갖지 못할 것"이라고 경고한다. 코로나19는 인간이 무모한 탐욕 때문에 도시를 갖지 못하게 된 비극적 사건이다.

타생명의 희생을 통해서만 삶을 유지할 수 있다는 것은 인간 생존의 딜레마이다. 그러나 생존의 현실과 탐욕의 무모함은 같은 것이 아니다. 코로나 시대가 인간에게 일깨워준 것은 인간만이 이 지상에서 살아야 하는 것은 아니라는 사실이다. 인간의 생존은 다른 종과의 공거共居 위에서만 지속가능하다. 이 조건을 잊을 때 인간은 스스로의 삶뿐 아니라 다른 종들의 생존도 파국으로 내몬다.

이 책은 인간 문명의 어제와 오늘을 성찰해보고자 한 나의 글들을 가려 뽑아 수록했다. 쓴 지 오래된 글들도 있고 비교적 가까운 시간대를 다룬 글들도 있다. 팬데믹의 시대 그 자체를 다루지는 않았지만, 우리 시대와의 접점은 충분히 간직하고 있다고 생각한다.

2021년 2월
도정일

4부 책 읽는 사람들의 사회

5부 對談 문명의 가을, 문학의 실천 도정일 vs 서영인

1부

행복서사의 붕괴

공주설화의 성공 비밀은 결핍의 상상적 충족에 있는 것이 아니라 '결핍의 부단한 생산'에 있다. 광고는 결핍을 생산함과 동시에 욕망을 생산하고, 그 욕망을 충족시킬 상품 배달을 약속한다. 그러나 상품은 어느 경우에도 충족의 약속을 지키지 못한다. 욕망은 그대로 남고, 그 남은 욕망은 다시 다른 상품을 향해 시선을 돌린다.

　공주설화는 소비자에게 욕구의 대상代償적 충족 형식이기보다는 욕망의 촉발 형식이 된다. 이때 설화 소비자에게는 욕망의 두 가지 추구항로가 개설된다. 하나는 설화가 광고하는 상품으로서의 행복을 획득하려는 욕망항로이고, 다른 하나는 설화의 주인공을 능가하려는 경쟁적 모방항로이다. 공주설화는 소비자를 어떤 환상적 세계로 끌고 가는 것이 아니라, 그를 현실세계의 유능하고 무자비한 욕망주체이게 한다. 그러므로 공주설화를 소비하는 행위는 현실도피가 아니다. 그것은 오히려 설화세계로부터의 이탈이고, 설화를 현실로 옮겨놓기이다. 현실의 이 설화화가 앞서 논의된 역사의 설화화 양상이며, 역사세계의 설화화이다. 공주설화의 위대한 힘은 그 소비자로 하여금 지금 이 특정의 시대를 지배하는 일반 생산양식과 소비양식에 순응하는 가장 충직한 주체가 되게 하는 데 있다. 공주설화는 이미 그 자체로 광고이다.

행복서사의 붕괴

행복 추구의 '욕구'가 보편적이고 자연적인 것인 한 그 욕구는 적어도 이데올로기는 아니다. 그러나 그 욕구가 결핍의 부단한 사회적 생산에 의해 충족 불가의 욕망으로 바뀌고, 그 욕망의 추구 형식이 왜곡될 때 이 왜곡된 형식은 불가피하게 이데올로기이다.

권력-기술의 연정이라는 공식은 작가가 만들어낸 순수 상상의 산물만이 아니라 히틀러, 스탈린 등 파시즘과 전체주의 권력이 실현시킨 역사 현실이다. '악몽으로서의 밀레니엄'이라는 문학적 상상력의 배경에는 이미 20세기 전반부 인류가 경험한 '악몽으로서의 역사'가 자리잡고 있다. 권력-기술 동맹이 상상의 차원을 떠나 현실태로 역사에 나타나는 것을 목격하고, 역사가 광기에 지배되는 상황을 경험한 것이다. 그 광기는 '어떻게how'의 기술주의적 도구적 사고가 '왜 why'라는 정당성의 질문을 압도하는 정신상태이다. 그것은 목적달성을 위한 '최선의 수단(기술)'을 생각해낼 줄은 알면서 목적 자체의 옳고 그름, 그것의 정당성에 대해서는 질문하지 않는다.

낙원은 인간이 '되찾고' 싶은 그리운 곳, 기억과 향수와 회복의 대상이다. 그러나 유토피아는 인간이 되돌아가고자 하는 땅이 아니라 장차, 미래에, '만들고' 싶어 하는 나라이다. 그것은 회복 아닌 창조의, 그리고 노스탤지어Nostalgia 아닌 희망의 대상이다. 낙원주의와 이상향주의는 과거 지향과 미래 지향이라는 배타적 동기를 가지면서도 그 상호배제가 동시에 상호 포함이 되는 아이러니에 결박된다. 낙원주의는 과거를 지향한다. 그러나 시간은 불가역성의 것이므로, 낙원을 회복코자 과거로 되돌아가는 행로는 역설적이게도 미래 속으로 들어가는 전진의 형식으로만 가능하다. 과거로 가기 위해 미래로 가지 않으면 안 된다. 과거는 미래에 있다.

칸트는 "나를 놀라게 하는 것은 두 가지다. 하나는 밤하늘의 찬란한 별들이고 다른 하나는 이 지상의 인간들에게서 발견되는 도덕성이다"라고 말했는데, 이 '도덕성'은 종교, 신, 초월자 같은 문제와 불가분의 관계로 묶여 있다. 인간이 가진 도덕적 성향은 어디서 온 것인가? 도덕성은 비자연적이고 반자연적인 것인가, 아니면 인간이 진화 과정에서 획득하고 유전정보로 입력된, 그래서 인간의 자연적 본성의 일부가 된 생득성향인가?

만약 '야비함'이 생득성향이라면, 관대함도 생득성향이다. 인간본성에 대한 비관적 관점만이 인간에 대한 리얼리즘인 것은 아니다. 과거의 진화생물학과 현대 진화생물학 사이의 한 가지 큰 차이는 인간의 도덕성, 사회성, 이타성을 반자연/반진화/우연성/우둔성/사고

행복서사의 붕괴

로 보던 관점을 뒤집어 그것들이 오히려 진화의 명령이라는 쪽으로
이동시킴으로써 인간성에 대한 설명방식을 바꾸고 있다는 점이다.

  21세기에 동물에 관한 에세이를 쓰고자 하는 자는 우선 인간이
'미미한 동물'이라는 식의 표현을 쓰는 것에 대한 부끄러움부터 고
백하지 않으면 안 된다. 동물은 핵전쟁을 준비하지 않고, 폭탄을 터
뜨리지 않으며, 총기를 난사하지 않는다. 이 '하지 않음'의 능력이 미
미한 것인가? 동물은 위협이 없는 한 타자들을 상대로 대량학살도,
멸종작전도 벌이지 않는다. 이것은 무능력이 아니고 미미한 일도 아
니다. 윤리적 능력의 면에서 따지면 인간은 동물들보다 훨씬 아랫길
에 있다. 동물들은 겸손하다. 그러나 인간은 겸손하지 않다. 그는 건
방지고 무례하며 오만하다.

  아무도 고통 그 자체를 추구할 수 없고, 고통 그 자체를 예찬할 수
없다. 그러나 인간이 고통의 존재라는 사실은 망각하고자 해서 망각
할 수 있는 것이 아니다. 고통의 외면과 망각은 인간의 자기기만이고
도피일 수 있어도, 그의 존재를 충만화하는 길은 아니다. 인간은 고통
의 길을 피해가고 싶어 하지만 오히려 그 길을 통해서만 도달할 수 있
는 진실들이 있다. 이 진실이 인간존재를 충만하게 하고 풍요화한다.

공주는 어디에 있는가

행복서사의 국지적 붕괴와 환란시대

설화의 시대

헤로도토스의 『역사』 제2권에는 백성들에게 선정을 베풀다가 신들의 미움을 사서 명운을 단축당한 고대 이집트 왕 미케리누스의 이야기가 실려 있다. 선정을 베푸는 일이 어째서 신들의 미움을 사는가? 이 이상한 모순과 불가사의에 대한 '미케리누스 이야기'의 서사적 단서는 이러하다. 미케리누스가 왕이 되기 전 이집트에서는 체오프스와 체페른이라는 두 폭군이 100년 넘게 나라를 다스리면서 백성들을 고통에 빠트린다. 체오프스가 50년, 그리고 체페른이 58년이나 군림했으므로 시련의 시대는 108년이나 지속된 것이다. 체페른을 이어 왕위에 오른 미케리누스는 악정의 시대를 끝내고자 한다. 그는 선정을 베풀기 시작하고, 백성들은 환호한다. 그러나 그 미케리누스에게 신들이 허락한 통치 기간은 6년뿐이라는 전갈이 신전에서 날아온다. 신들이 왕의 수명을 줄이기로 했다는 것이다. 미케리누스가 신전에 사람을 보내어 까닭을 묻자 이집트 백성들은 150년간 고생하게 되어 있다. 아직 42년이 더 남았는데, 미케리누스가 때 이르게 그 기간을 단축하려 들므로 신들이 그를 일찍 데려가려 한다는 답이 나온다. 미케리누스는 신들의 계획을 받아들이지 않는다. 후일 중국 오장원의 제갈 공명처럼, 미케리누스도 자신의 수명을 연장할 방법을 궁리한 끝에 6년간 이집트로부터 모든 밤을 없애기로 작정하고 온 나라에 명하여 밤이 대낮 같게 매일 밤 휘황하게 불을 밝혀 어둠을 쫓게 한다. 밤을 낮으로 바꿈으로써 그는 자기 수명과 재위 기간을 두 배로 연장하고, 그 방법으로 신들의 산술이 틀렸음을 입증코자 한다.

이집트의 밤을 없앤 미케리누스의 거역이 신들을 낭패하게 했는지 어떤지, 그의 통치가 6년 만에 끝났는지 어떤지, 헤로도토스는 전해주지 않는다.『역사』에 수록된 다른 많은 이야기들과 마찬가지로 미케리누스 이야기도 짧고 강력하고 충격적이다. 역사가로서보다는 이야기꾼으로서의 솜씨가 종종 더 탁월해 보이는 이 서술자는 이야기로부터 설명, 사족, 후일담 등의 군더더기를 제거함으로써 생략이 거둘 수 있는 효과를 최대화한다. 신들의 산법을 오류로 돌리기 위한 미케리누스의 저항방식은 기이하고 비극적이다. 그것은 항용 정의로운 자를 벌주고 자비로운 자를 일찍 죽이는 신들의 이상한 장난, 그 기이한 불가사의에 기이한 방식으로 맞서려는 한 고대인의 적극적 의지를 보여준다. "이집트 백성은 아직 한참 더 고생해야 한다. 건방지게 네가 나서서 정해진 시련의 총량을 줄이지 말라"는 신들의 메시지는 뒤집으면 "선왕들처럼 너도 50년은 더 이집트에 시련을 주라. 그러면 신들도 만족할 것이고, 너도 오래 살 것이다"라는 유인이기도 하다. 이 폭력에의 유인을 거부하고 신들에 대드는 미케리누스의 행동은 고대 이집트인답지 않은 인간적 비극성을 갖고 있고, 이 비극성이 지금 그의 이야기를 읽는 후대인들을 전율하게 한다. 그러나 합리성에 길든 후대 독자들을 진정으로 전율케 하는 것은 신들의 설명되지 않는 의도 그 자체이다. 이집트 백성이 150년간 고생해야 한다면 그 까닭은 무엇이고, 그 목적은 무엇인가? 신들은 무엇을 위해 한 민족에게 시련을 안기는가? 그 시련의 정당성은 무엇인가? 헤로도토스가 전하는 미케리누스 이야기는 이런 부분에 대해 아무 해명도 정보도 주지 않는다.

주지하다시피, 신을 역사로 대체한 것이 근대이다. 이 '대체'의 정확한 의미는 미케리누스의 신들처럼 설명하지 않는 신을 설명하는 역사로 바꿔치고, 어둠 속에 숨은 이상한 마술사들을 의도와 목적이 투명하게 설계된 역사, 논리적 플롯을 가진 역사로 교체한 데 있다. 이 교체와 설계의 수행자가 근대인이며, 그의 손에서 설계되는 순간부터 역사는 자기를 알고 자기를 설명한다. "인간은 정치세계를 알 수 있다. 그것은 인간 자신이 자기 손으로 만드는 세계이기 때문이다"라는 근대 지식인 지암바티스타 비코의 말은 무엇보다도 근대로부터 출발하는 이 새로운 역사시대의 특성을 잘 요약한다. 비코가 '정치세계'라고 말한 그 근대 공간에서 인간은 처음으로 역사에 플롯을 심는 자, 또는 플롯 짜는 자plot-maker로 등장한다. 이 설계사의 손과 머리 사이에 불일치가 존재할 가능성은 배제된다. 그가 설계하는 공간 내부에서는 폭력조차도 설계의 합목적적 일부이며, 공간을 채우는 모든 크고 작은 디테일들은 발자크 소설 속의 소도구들처럼 정당한 의미 관계로 묶이고, 그 관계망 안에 배치된다. 숨은 신들은 투명하게 떠올라 역사 플롯의 기능적 위치들에 재배치되고, 과거, 현재, 미래의 시간들도 플롯의 논리적 의미 관계 내부에 재분포된다. 그 공간에서 시간질서와 논리질서는 일치한다. 마치 제화공製靴工이 무슨 구두에 왜 뒷축을 대고 어떤 못을 박아야 하는지 아는 것처럼, 근대 공간의 설계사는 자기 작업의 모든 의미와 목적을 알고, 알아야 하며, 또 알 수 있다. 이 근대적 정치세계에서 "나는 모른다"라는 말은 까마귀의 언어일 수는 있어도 설계사의 어법은 아니다.

근대의 끄트머리로 여겨지고 있는 이 20세기 말, 세계의 한 유행논리는 비코적 정치세계의 설계사를 조롱하고, 그의 실패를 온 우주에 광고하는 수많은 캐리커쳐를 그려 보이는 일에 열중한다. 이들 풍자화에서 근대 공간의 설계사는 미치광이이며, 이 미치광이의 유일한 업적은 의도와 결과가 전혀 일치하지 않는 기이하고 난폭하고 설명할 길

없는 아이러니의 생산이다. 그는 말하자면 밥 짓는다 해놓고 돼지죽을 쑨 자이며, 역사를 만든다 해놓고 추악한 스캔들을 시리즈로 생산한 자이다. 아닌게 아니라 지난 200년간 인간 역사는 어느 때보다도 포악해진 폭력과 광기의 역사 같아 보인다. "역사여, 제발 너를 해명해보라. 네 폭력의 정당성을 내게 설득시켜줄 수만 있다면!" 이것은 우리 작가 최인훈이 소설 『화두』에서 역사를 향해 던지는 절절한 요청의 일부이다. 그러나 역사는 이미 제 자신을 해명할 어떤 능력도 갖고 있지 못한, 그래서 더 이상 '역사'의 이름으로 버팅길 힘도 이유도 없는, 초라한 영락자의 위치로 내려앉아 있다. 아닌게 아니라 세계는 미치광이가 설계한 우체국처럼 뒤죽박죽이 되고, 이 뒤죽박죽 앞에서 역사는 무의미한 헛소리("History is bunk!"), 시끄럽기만 할 뿐 의미는 없는 세익스피어적 '백치의 소리'가 되어 있다. 정치세계의 설계사는 20세기 말미에 와서 미치광이임과 동시에 백치가 돼버린 것이다.

정치세계와 역사에 대한 이런 풍자화는 그러나 그 대상 선택이 반드시 정확한 것도 정당한 것도 아니다. 세계사의 현대적 전개에서 빼놓을 수 없는 것은 근현대사가 고통과 희생의 역사일 뿐 아니라 원시 인류가 동굴을 탈출한 이후 일찍이 한 번도 경험한 적 없는 집단적 '행복감euphoria'의 역사라는 사실이다. 정치세계에 대한 거의 모든 풍자적 시니시즘들은 바로 이 사실—유포리아에 의한 역사의

공주는 어디에 있는가

왜곡을 망각하고 있다. 집단적 도취 상태로서의 이 유포리아의 역사는 정확히 역사라기보다는 역사가 정지된, 이를테면 민담 전통 속의 공주설화 같은 동화적 '행복의 서사'이다. 금세기에 진행된 극히 중대한 역사 왜곡의 현상, 그러나 그 중대성에도 불구하고 별로 주목되지 않고 있는 것이 행복서사에 의한 '역사의 설화화' 현상이다. 20세기 후반 들어 빠른 속도로 진행된 이 현상은 정치세계를 설화적 무역사의 세계로 바꾸고, 현실의 문제적 복잡성들을 매혹적인 단순성의 패러다임들로 대체하며, 근대적 의미의 역사를 희극의 소재로 전락시켜 조롱한다. 그러므로 역사희화화와 역사설화화 사이에는 분리하기 어려운 이해관계의 일치가 있다. 역사의 탈역사적 전환이 절정에 달한 시점은 1990년대 초 현실 사회주의권의 소멸이 자본주의 세계에 가져다준 행복감의 절정과 대체로 일치한다. 프랜시스 후쿠야마가 '탈역사 시대로의 진입'이라는 말로 역사의 행복한 종말을 공식화한 것도 이 시점이다. 지금 우리의 문맥에서 후쿠야마식 언명이 의미하는 것은 역사가 더 이상 필요없는 상태, 곧 행복서사에 의한 역사의 무력화無力化이다. 이것이 설화에 의한 역사의 대체이다. 문학의 이해관계에서 말하면 이 역사설화화에 관계된 흥미로운 현상 하나가 근대 장르인 소설의 상대적 쇠퇴와 민담적 단순서사의 득세이다.

역사를 대체하는 행복서사의 하나는 행복한 난쟁이들

의 이야기, 곧 난쟁이의 행복서사이다. 이 난쟁이들은 서구 일원의 요정설화에서처럼 부지런하고 착하다. 요정설화의 경우처럼 난쟁이들을 배후조종하는 것은 대체로 사악하고 음험한 마법사이다. 그러나 난쟁이들은 착하기 때문에 마법사가 사악하다는 사실을 모르거나 그 사실을 부인하며 자기네가 간악한 주인의 '조종'을 받고 있다는 사실도 부정한다. 이 무지와 부정은 난쟁이들을 행복하게 하는 첫 번째 조건이다. 난쟁이들은 부지런해서 마법사가 시키는 일은 무엇이건 해내고, 그 명령에 복종하며, 그들에게 노상 일거리가 있다는 사실과 그 일거리가 늘 먹을 것을 풍족하게 가져다준다는 사실에 만족하고 행복해 한다. 이것이 난쟁이들을 행복하게 하는 두 번째 조건이다. 셋째, 난쟁이들의 최대 관심은 행복이며, 따라서 행복이 보장되기만 하면 그 밖의 다른 어떤 것도 그들에겐 문제가 되지 않는다. 그들은 마법사가 무슨 일을 꾸미고 무엇을 위해 그들에게 일거리를 주고 행복을 보장하는지 알지 못하고, 알 필요도 없다. 마법사는 난쟁이들을 향해 늘 "너희의 행복을 위해서" 혹은 "우리의 행복을 위해서"라 말하고, 난쟁이들은 그 말의 진실을 의심하지 않는다. 마법사는 난쟁이들에게 일만 시키는 것이 아니다. 그는 끊임없이 행복한 난쟁이들의 이야기, 그들 자신의 이야기를 밤낮으로 들려주고 그림책 보여주고 영화도 돌려준다(난쟁이세계에 복잡한 '소설'은 없다). 이것들을 통해 난쟁이들은 자기네의 행복한 상태를 거듭 확인하고 행복감에 도취된다. 또 마법사는 그를 파괴

20   공주는 어디에 있는가

하려는 악의 세력이 있다는 이야기도 늘 들려준다. "내가 무너지면 너희들은 어찌 되는가?"라고 그는 난쟁이들에게 묻는다. 난쟁이들은 그 악의 세력이 곧 자기네 난쟁이들의 행복과 안녕·질서를 위협하는 세력임을 안다. 그들은 마법사에게 단결과 충성을 맹세한다.

에밀 쿠스트리차의 1995년 영화 〈땅밑Underground〉은 마법사와 난쟁이들이라는 이 요정설화적 모티프를 가져다 티토주의의 집단적 환각을 풍자하고 있다. 영화 속의 마르코는 말하자면 전체주의의 마법사이고, 2차 세계대전이 아직 계속되고 있다는 그의 말에 속아 지하에서 종전 이후 수십 년간 무기 생산에 열중하는 그의 추종자들은 말하자면 난쟁이들이다. 마르코는 그 무기를 바깥세계(보스니아 전쟁이 진행되는 발칸)에 내다 팔아 치부한다. 쿠스트리차의 마르코는 말할 것도 없이 근대 역사의 한 희화화이며 풍자이다. 그러나 쿠스트리차의 의도에 관계없이, 영화 속의 그 마르코는 동시에 행복서사의 마법사일 수 있다. 행복서사의 마법사는 물론 마르코처럼 "아직 전쟁은 끝나지 않았다"고 말하지 않고 "역사는 끝났다. 우리에게 남은 일은 역사가 아니라 행복이다"라고 말한다. 그러나 이 마법사는 여전히 난쟁이들을 속이는 마법사, 그 자신의 권력과 이익을 위해 난쟁이들을 집단적 환각 속에 묶어두는 마법사이다.

이 두 마법사들은 근대 역사에 발생한 두 개의 왜곡을 상징한다. 하나는 전체주의에 의한 역사 왜곡이고, 또 하나는 자본주의적 행복서사에 의한 파쇼적 역사 왜곡이다. 전자가 역사를 우스개감이 되게 했다면, 그에 못지않게 후자는 역사를 희화화함으로써 그 자체로 희화가 되는 2중의 희화이다. 이들 두 개의 희화로 인해 역사는 지금 걸레가 되어 있다. 그러므로 역사는 불가피하게 쓰레기이고 헛소리인가? 우리가 회복해야 할 역사, 회복해야 할 정치세계는 없는가?

2. 마법사와 상징 아비

행복서사의 또 다른 형식은 공주설화이다. 러시아를 포함해서 서구 일원에 널리 퍼진 민담형식으로서의 공주설화는 민담이 더 이상 생산되지 않는(그런 의미에서는 민담의 시대랄 수 없는) 이 20세기 후반, 기묘하게도 세계를 장악하고 역사를 설화로 대체하는 또 하나의 행복서사가 되어 있다. 공주설화의 주인공은 공주를 얻음으로써 행복의 전량錢糧(사랑, 부, 권력)을 획득한다. 이 설화공식에서 행복의 추구주체는 남성 주인공이며, 여성 주인공인 공주는 말이 주인공이지 사실은 추구주체가 획득하려는 대상(객체)이다(물론『신데렐라』에서처럼 이 공식의 뒤집기도 가능하다). 난쟁이 설화가 행복한 난쟁이들의 안정된 행복(모험은 언제나 이 일상의 안정으로 되돌아오기 위한 것이다)을 강조한다면 공주설화에서는 신분변화와 지위상승이 주요 모티프이다. 그것

공주는 어디에 있는가

은 범속한 것이 비범한 것으로, 보잘것 없는 것이 보잘것 있는 것으로 뛰어오르는 변신과 상승의 서사이다. 그러므로 공주설화가 지닌 매력의 뿌리는 용감한 왕자와 아름다운 공주 사이의 사랑에 있다기보다는 범속성으로부터의 이탈이라는 신분 상승의 주제에 있다. 전형적 공주설화의 경우, 이 상승주체는 고구려의 온달 혹은 러시아 민담 속의 이반Ivan처럼 '동네 바보'이거나 무명의 가난한 시골청년이다. 이 바보가 용감하고 유능한 주인공으로 바뀌고(변화), 마침내 왕자가 되고(상승), "그렇게 해서 그는 공주와 더불어 오래오래 행복하게 살았다"의 이야기를 만드는 것, 그것이 행복서사로서의 공주설화의 요체이다.

지금 누구도 이 공주설화적 행복서사를 무시할 수 없다. 민담의 시대가 아님에도 불구하고 오늘의 세계 대중문화시장에서 사실상 거의 모든 서사상품들의 주제와 조직을 지배하는 것은 이 민담전통 속의 행복서사 공식이다. 강력한 대중문화 장르인 로망스, 디즈니랜드로 대표되는 강대한 설화산업과 애니메이션산업, 수퍼맨 이야기, 다수의 만화와 전자게임, 그리고 대부분의 텔레비전 드라마들은 공주설화의 공식, 구조, 주제를 무한히 반복한다(미국판 서부 목동담과 영화에 등장하는 남성 주인공도 공주설화 주인공의 직계 후배이며, 한때 미국인을 사로잡았던 허레이쇼 앨저의 '가난한 딕 이야기'는 서부 목동담의 도시판, 더 정확히는 등장인물과 무대만 바뀐 공주설화의 현대판이다). 대중문화시장의 세계화와 문화상품의 탈국경 현상이 심화되면서, 대중문화의 공주설화적 행복서사는 눈부시게도 전 지구적 서사로 확산되고 있다.

민담이 만들어지던 시대보다도 몇백 배, 몇천 배는 더 사회관계가 복잡해졌다고들 말하는 오늘, 전통적 공주설화가 지배적 서사형식이 되었다면, 이 성공의 비밀은 무엇인가? 케네스 볼딩의 관찰처럼 사회가 복잡해지면 질수록 사람들은 더 단순한 모형, 더 단순한 상징을 찾아 내달리기 때문일까? 앞서 잠깐 언급한 대로 공주설화는 마이너스(부족, 결핍, 불행) 상태로부터 플러스(실현, 충만, 행복) 상태로의 이동이라는 플롯구조를 갖고 있다. 한 차원에서 이 변화, 상승, 충족의 플롯은 사람들이 사실상 예외 없이 갖고 있는 원초적 행복 욕구의 충족 추구 노선과 일단 일치하고, 그 욕구를 환상적으로 만족시킨다. 공주설화는 추구주체의 모험, 시련, 성공, 인정 획득, 공주와의 결혼, 왕권 계승 등 모든 소망 충족의 매혹적 모티프들을 두루 갖고 있다. 주체는 악당과 대항세력을 물리치고 위기에 처한(이를테면 '용에게 물려간') 공주를 구출해서 돌아오고, 공주의 부왕은 이 놀라운 젊은이에게 약속된 보상을 제공한다. 그 보상은 말할 것도 없이 공주와의 혼인 승락이며, 이 혼인과 함께 주체는 사랑과 부와 권력, 곧 행복을 성취한다. 설화의 주인공은 그렇게 해서 그가 살아온 긴 범속과 결핍의 세월들을 한순간에 청산하고, 지상의 모든 행복을 성취하며, 이 종류의 설화를 보고 듣고 읽는 설화 소비자는 설화

주인공을 통해 그 자신의 범속성과 결핍을 상상적으로 뛰어넘고 충족시킨다.

그러나 이 상상적 충족의 플롯만으로 공주설화의 세계 석권이 남김없이 설명되는 것은 아니다. 오히려 공주설화의 더 결정적인 성공 비밀은 결핍의 상상적 충족에 있는 것이 아니라 '결핍의 부단한 생산'에 있다. 공주설화의 현대적 기능은 현대 광고의 기능과 극히 유사하다. 광고가 소개하는 것은 소비자가 아직 갖고 있지 못한 '신상품'이므로 광고는 신상품을 보여주면서 사실은 소비자의 '결핍'을 지적한다. 광고는 광고의 순간에 결핍을 생산한다. 이 결핍 생산이 노리는 것은 충족과 모방의 '욕망'이며, 이 욕망으로부터 촉발되는 것이 욕망 추구의 서사, 곧 소비행위이다. 이 충족의 욕망은 행복 욕구처럼 보이지만, 그 성질과 기원은 전혀 다르다(욕구가 자연적인 것인 반면, 욕망은 사회적이고 모방적인 것이다). 그러므로 광고는 결핍을 생산함과 동시에 욕망을 생산하고, 그 욕망을 충족시킬 상품 배달을 약속한다. 그러나 상품은 어느 경우에도 충족의 약속을 지키지 못한다. 욕망은 그대로 남고, 그 남은 욕망은 다시 다른 상품을 향해 시선을 돌린다. 상품 자체가 이미 결핍과 욕망을 재생산한다.

광고가 상품 제시를 통해 결핍과 욕망을 부단히 생산한다면, 공주설화는 '행복'의 상품화를 통해 결핍감과 충족 욕망을 생산한다. 설화의 주인공이 성취하는 행복은 설화 소비자에게 충족 욕망을 촉발하는 결핍 항목이고 모방의 대상이다. 여기서 공주설화는 소비자에게 욕구의 대상代償적 충족 형식이기보다는 욕망의 촉발 형식이 된다. 이때 설화 소비자에게는 욕망의 두 가지 추구항로가 개설된다. 하나는 설화가 광고하는 상품으로서의 행복을 획득하려는 욕망항로이고, 다른 하나는 설화의 주인공을 능가하려는 경쟁적 모방항로이다. 이 두 번째 항로의 경우 설화 주인공은 소비자에게 단순한 동일시의 대상 아닌 적극적 경쟁의 대상, 곧 경쟁적 라이벌로 바뀐다. 공주설화가 서사 소비물의 수준을 넘어 소비자를 욕망 충족의 경쟁적인 현실적 주체로 나서게 하는 것은 설화주체와 소비주체 사이에 형성되는 이 경쟁 관계에 의해서이다. 공주설화는 소비자를 어떤 환상적 세계로 끌고 가는 것이 아니라, 그를 현실세계의 유능하고 무자비한 욕망주체이게 한다. 그러므로 공주설화를 소비하는 행위는 현실도피가 아니다. 그것은 오히려 설화세계로부터의 이탈이고, 설화를 현실로 옮겨놓기이다. 현실의 이 설화화가 앞서 논의된 역사의 설화화 양상이며, 역사세계의 설화화이다. 공주설화의 위대한 힘은 그 소비자로 하여금 지금 이 특정의 시대를 지배하는 일반 생산양식과 소비양식에 순응하는 가장 충직한 주체가 되게 하는 데 있다. 공주설화는 이미 그 자체로 광고이다.

　요정설화의 난쟁이들에게 일을 시키고 행복을 보장하는 세력이 마법사라면, 공주설화의 주인공을 추구주체로 만들어 모험길에 내보내는 세력은 항용 공주의 아비이다. 서사론의 용어로 풀면 주체를 추구항로에 내보내는 기능의 수행세력이 '파송자Sender'이다. 그러나 설화 아닌 현실의 욕망주체들을 추구항로에 내보내는 현실적 파송자는 누구인가? 그 파송자는 욕망주체의 '상징적 아비'이다. 이 상징적 아비의 구체화된 현실태manifestation는 현실의 아비일 수도 있고 어떤 다른 존재일 수도 있지만, 무엇보다도 그것은 "이것이 행복이다"라고 규정하는 세력, "너는 그 행복을 획득할 수 있다"라며 능력조건과 자격을 지정하고 부여하고 주체를 테스트하는 세력, 그리고 "이 행복을 획득하지 못하는 한 너는 주체가 아니다, 돌아오지 말라"고 못박는 세력이다. 이 상징적 아비는 주체를 주체로 만들고, 주체로 인정하며 보상을 제공하는 세력임과 동시에 능력 미달자나 이탈자의 경우 그를 벌하는 세력이기도 하다. 지금 우리의 문맥에서 이 위대한 파송자 세력은 행복의 이데올로기, 곧 자본 아비이다. 현실의 설화적 욕망주체들은 이 파송자의 존재에 대해 흔히 무의식적이다. 이 지점에서 기묘하게도 우리의 욕망주체들과 요정설화의 난쟁이들 사이에 모종의 유사성이 성립한다.

행복 추구의 '욕구'가 보편적이고 자연적인 것인 한 그 욕구는 적어도 이데올로기는 아니다. 그러나 그 욕구가 결핍의 부단한 사회적 생산에 의해 충족 불가의 욕망으로 바뀌고, 그 욕망의 추구 형식이 왜곡될 때 이 왜곡된 형식은 불가피하게 이데올로기이다. 욕망의 추구 형식은 왜곡, 전치, 대체, 은폐 등의 위장기제를 동원한다는 점에서 이데올로기이다. 행복의 서사(난쟁이설화와 공주설화)들은 바로 그런 형식들이며, 따라서 역사의 설화화에서 문제가 되는 것은 그 설화화가 경쟁적 욕망 충족을 향한 지배적 형식이 되고 있다는 점, 그리고 이 형식의 이데올로기를 분명하고 똑똑하게 볼 수 없게 한다는 점이다. 공주설화는 욕망의 사회적 보편화를 기도하는 이데올로기 장치들의 일부이고, 그 자체가 강력한 이데올로기이다.

행복서사의 이데올로기성을 인지하고 이데올로기 장치로서 행복서사를 파악하는 일은 무엇 때문에 중요한가? 비판적 논의들에 적대적인 파쇼의 어법으로 표현하면, "그런다고 밥이 나오나, 떡이 나오나?" 그렇다. 거기서는 당장 밥도 떡도 나오지 않는다. 그러나 그 인지와 지식은 모든 경우에, 특히 모종의 위기가 발생하는 국면들에서, 결정적 중요성을 갖는다. 지금 우리를 덮친 소위 '환란'과 '경제난국'은 행복서사의 국지적 붕괴 국면이다. 이 국면은 믿었던 마법사에게 하루아침에 배반당한 난쟁이들의 위치로 우리를 몰아넣고 있다. 공주설화를 현실에 옮기기 위해 그동안 한없이 버둥거려온 우리의 욕망주체들에게 지금 막심한 고통과 시련을 주고 있는 것은 바로 그 주체들을 만들어낸 거대한 파송자, 곧 우리 체제의 상징적 아비이다. 마법사와 상징적 아비의 작동법을 안다는 것은 무용하고 무의미한 일인가? 그걸 모를 때, 우리는 흥미롭게도 왜 무엇 때문에 고통 당해야 하는지도 모르고 고통당하는 미케

　　　　　　　　　　　　공주는 어디에 있는가

리누스의 백성이 되고 설명하지 않는 신을 모시는 우둔한 백성이 된다.

시련이 한 민족을 성숙하게 하지 못한다면 그 시련의 의미는 무엇인가? 20세기는 한국 민족에게 시련의 세기이다. 그러나 그 시련의 끝에서 우리는 좀 현명해지고 성숙해졌는가? 1990년대의 한국인은 행복서사의 포로이며 이 포로의 즐거움을 특징 짓는 것은 망각, 경박성, 비판적 사유의 거부—요약하면 성숙성에 대한 가장 완강한 저항과 거부이다. 지금은 우리가 이 문제를 심사숙고할 때이다. 이는 지금 초라하기 짝이 없는 우리 문학에 대한 심사숙고의 기회이기도 하다.

밀레니엄, 오, 밀레니엄!

미래와 문학에 대한 비평적 명상

1. 디스토피아의 상상력

〈혹성탈출The Planet of Apes〉(1968)이라는 제목의 꽤 오래된 영화를 지금도 기억하는 사람들이 있다. 외계 탐험을 나갔던 주인공은 상당 기간의 임무를 마치고 우주의 시간대로부터 지구의 시간으로 귀환하는데, 돌아와보니 인간들은 오간데 없고 원숭이들만이 한때 찬란했던 이 유성의 주인이 되어 있다. 그는 잘못 알고 엉뚱한 별을 찾아온 것인가? 원숭이들에게 포로로 잡혔다가 겨우 도망쳐나온 주인공은 바닷가 모래에 반쯤 파묻힌 무슨 조형물의 머리통 하나를 발견한다. 그것은 맨해튼의 '자유의 여신상'에서 떨어져나온 잔해이다. 그는 낯선 유성에 내린 것이 아니라 지구를 제대로 찾아온 것이다. 그러나 그 지구는 이미 그의 고향이 아니다. 지구는 폐허가 되어 있다. 그가 외계에 나가 있는 동안 지구 인간들은 전쟁놀이(핵전쟁) 끝에 멸망하고 문명은 사라져버린 것이다. 없어진 인간들을 향해 그는 길게 탄식한다. "인간아, 너 기어코 망해먹고 말았구나!"

인간이 망해먹는 지구 ── 제3 밀레니엄Millennium을 코앞에 둔 이 세기말의 사람들에게 '망하는 지구'라는 비전은 상당히 낯선 것이다. 〈혹성탈출〉이나 〈그날 이후The Day After〉 같은 영상서사들이 다룬 핵전쟁의 공포가 지금 아주 사라진 것은 아니지만 냉전체제의 수정이 부분적 핵 폐기를 실현시킨 뒤부터는 적어도 동서 두 진영 사이의 아마겟돈Harmagedon 때문에 인간문명이 핵귀신의 젯상에 오를지 모른다는 두려움만은 상당히 줄어든 것같아 보인다. 물론 지금 지구가 안전한 것은 아니다. 안전하기는커녕, 인간이 조만간 지구를 망해먹을 가능성은 아무리 줄여 잡아도 스무 가지는 된다. 쓰레기더미 지구가 도처에서 몸부림치고, 기후는 이상해지고, 기온은 상승하고(기후변동은 농사 파탄을 일으켜 거대한 굶주림의 한 시대를 가져올 수 있다), 고삐 풀린 자본주의가 메뚜기 떼 휩쓸듯 온 세계를 초토화하고, 기술주의적 사고의 오만과 맹목으로 인한 대파탄의 가능성이 위험 수위에 달해 있는 것은 '인간이 지구를 망해먹을 스무 가지 이유' 중에서도 첫머리에 오를 이유들이다. 천민자본주의와 난개발의 폐해가 가장 비인간적이고 반인간적인 사회를 만들어놓고 있는 한국의 경우는 더 그러하다. 그런데도 이상하지 않은가? 사람들은 21세기가, 신천년이, 마치 지금까지의 어떤 역사시대와도 다른 놀랍고 신선한 모습으로 선물처럼 우리에게 다가올 것이 확실하다는 듯 목을 길게 빼어 그 도래를 기다리고 있다. 신명나는 일은 없고 기다릴 만한 소식이 하도 없어서, 이를테면 축구조차도 기대할 만한 즐거움의 원천이 못되니까, 고도Godot를 기다리듯 그냥 무작정 기다리는 것인가? 무슨 이벤트 기다리듯이? 기다림 끝에 구원은 오지 않고 오로지 똥개 한 마리 나타난다면? 그것도 꼬리조차 흔들 힘 없고 죽을 힘도 없는 늙은 똥개가?

아니다. 그렇게 말해서는 안 된다. 개를 모욕할 권리는 없다. 개에게 시간은 아무것도 아니지만, 인간에게 시간은 이벤트일 수 있다. 한 세기의 시작과 신밀레니엄의 시작이 한꺼번에 겹침으로써 시간은 이벤트가 된다. 사람이 세기의 전환을 구경하기는 그리 드문 일이 아닐지 모르되, 밀레니엄의 전환을 경험한다는 것은 1,000년에나 한 번 가능한 일이다. 1,000년이면 대충 계산해서 33세대이다. 그러니까 지금의 생존자들은, 서기 2,000년 이전에 죽거나 노망들기로 결심한 사람들만 빼고는, 대개 20세기 중반을 전후해서 태어났다는 탄생의 우연한 복권 덕택에 확률 30 대 1이 넘는 '밀레니엄의 경험세대'가 된 것이다. 최근 많은 사람들이 21세기의 시작을 말하다가 "아냐, 새로운 세기 정도가 아니라 새로운 천년의 시작이야"라며 기독교도도 아니면서 갑자기 흥분하는 것은, 혹은 흥분하기로 작정(우리 정부는 밀레니엄 축하 행사를 대대적으로 벌일 예정이라 한다. 남들이

한다니까 질 수 없다)하는 것은, 어느 날 복권에 당첨된 행운의 주인공 같은 느낌을 떨쳐버릴 수 없기 때문이다. 그것은 행운일까? 행운이, 또는 행운감이, 사람을 선하게만 할 수 있다면 밀레니엄의 경험세대여, 제발 행운을 만끽하라. 그리고 선해져라.

아닌 게 아니라 사람들이 선해지고 있는 듯이 보이는 징후는 도처에 허다하다. 그들은 신천년의 시작을 경험하기만 하는 것이 아니라 그 천년을 찬란하게 기획할 의무도 있다는 듯이 온갖 화려한 그림들로 미래를 그려내기에 바쁘다. 미래 기획이 선이라면, 지금 사람들은 선량하다. 적어도 그들의 그림 속에 '망하는 지구'는 없기 때문이다. 지구는 왜 망하지 않는가? 공산주의는 쬐끔만 남고 사라지고, 기술은 놀라운 시대를 예고한다. 무엇보다도 21세기에 사람들은 좀체 죽지 않을 것이다. 생명기술이 모든 늙은 세포를 부활시키고, 난치병을 없애고, 고장난 장기臟器를 새것으로 바꿔주는 시대가 내일모레로 다가오고 있다. 그 내일모레가 되면 사람들은 나이 60에도 청춘이다. '환갑'은 '청춘'과 동의어가 되고, 사람들은 "따블!"(두 환갑)을 외치게 될 것이다. 사람이 오래 사는데 어찌 감히 지구가 망할 수 있으리? 오래 살면 사람들은 단연 더 행복해지고 더 행복해지면 더 선량해지지 않을까? 죽음의 연기, 죽음의 제압보다 더 큰 선이 있는가? 부활보다 더 큰 성취가 있는가? 그러므로 기술은 최선이며 구원이고 기적이다. 인간이 기술자인 한 지구는 망하지 않는다. 오, 고도 기술의 시대여,

빨리 와라. 네가 고도Godot이다. 총알 같이 와서(총알이라니, 맞아 죽자는 얘긴가) 우리를 거 머시냐, 아브라함만큼 동방삭이만큼, 아니 최소한 모세(120세)만큼 오래오래 살게 하라, 비록 개 같이 산다 할지라도! 우리는 헌 양복 '우라까이(뒤집어 재생)'해 입고 너를 기다리고 있다.

20세기 전반까지도, 제3 밀레니엄의 미래를 그려낼 때 세계문학의 상상력을 지배한 것은 화려한 미래가 아닌 '악몽으로서의 미래'라는 비전이다. 이 시기 주요 미래소설들에 나오는 밀레니엄의 세계는 이상사회이기는커녕 망해먹은 나라이다. 이를테면 20세기 반反유토피아 소설의 효시가 된 『우리들』(1923)에서의 미래사회는 인간이 알량한 행복을 위해 자유를 완전 반납해버린 세계이다. 러시아 작가 에프게니 자먀찐이 그린 이 26세기의 세계에는 단 하나의 국가(이름도 '단일국'이다)만 있고, '대시혜자大施惠者'라 불리는 단 한 사람의 통치자가 그 거대 단일국을 다스린다. 조지 오웰이 잘 요약했듯 "자유와 행복은 양립하지 않는다. 인간은 에덴에서 충분히 행복했으면서도 어리석게 자유까지 얻고자 했기 때문에 황야로 쫓겨났다. 그러므로 그 잃어버린 행복을 되찾기 위해 인간은 자유를 반납해야 한다"는 것이 이 단일국의 통치철학이다. 하나의 국가만이 존재하므로 그것은 이미 '세계'랄 것이 없는 단차원의 획일사회이며 차이, 다양성, 이탈의 자유가 제거된 대신 고도 기술이 획일성을 유지시켜주는 효율적 행복체제이다. 자먀

공주는 어디에 있는가

쩐의 이 암울한 미래상은 올더스 헉슬리의 『용감한 신세계 Brave New World』(1932)에 와서 놀라운 생명공학적 고도 기술사회의 모습으로 전개된다. 헉슬리의 27세기 인간들은 태어나는 것이 아니라 용도와 목적에 맞추어 알파 플러스, 베타, 감마, 엡실론 등의 4개 계급별로 공장에서 효율적으로 생산된다(예컨대 알파 플러스족은 최고의 두뇌집단이고, 엡실론 인간은 허드레 노동을 위해 만들어지는 저능 열등족이다). 이 용감한 신세계에서 '어머니'라는 말은 외설이다. 그것은 인간이 남녀 생식기관을 통해 '원시적으로 출산'되던 700년 전 20세기에나 쓰이던 어휘이다. 자먀쩐의 고도 기술사회가 인간의 머리(혹은 심장?)로부터 이를테면 '자유'라는 생각을 아주 빼내버리지 못하는 반면, 헉슬리 소설에서는 그런 생각 자체가 인간 생산 단계에서 아예 공학적으로 제거된다.

20세기 미래소설의 상상력이 기술사회적 전망에 대한 문학의 의혹, 비관, 불신을 표출하고 있었다면, 문학의 이 기술 불신은 정당한 것인가? 기술은 반드시 인간파괴적인가? 사실, 기술 발전 앞에서 문학이 어떤 입장을 취해야 할 것인가라는 문제는 20세기 초반의 작가들을 심란하게 한 고민거리 가운데 하나이며, 발터 벤야민 같은 명민한 비평가조차도 기술에 대한 양가적 태도 사이에서 방황했던 흔적이 뚜렷하다. 하지만 대체로 이 시기 문학은 모더니즘 문학이 보여주듯 근대가 과학에 부여한 절대적 신뢰나 기술 진보(혹은 해방적 생산력으로서의 기술)에 대한 19세기적 낙관을 이미 공유하지 않는다. 그러나, 그렇다 하더라도, 기술사회적 전망에 대한 20세기 문학의 회의가 단순히 '기술 그 자체'에 대한 거부로 간단히 규정될 필요는 없다. 반발과 불신의 근거는 좀 다른 데 있다. 미래소설의 그 비관적 상상력을 사로잡은 핵심적인 문제의식은 기술 자체에 대한 불신이기보다는 '기술과 정치권력의 결합'이라는 훨씬 더 복잡하고 음험한 가능성에 대한 깊은 우려이다. 자먀찐의 소설에서나 헉슬리의 소설에서 미래세계는 그냥 기술사회가 아니라 하이테크와 전체주의 권력이 결합한 세계, 혹은 기술 자체가 지배권력이 된 세계이다. 오웰의 당대적 미래소설 『1984』에서도 사정은 마찬가지다. 그러니까 20세기 미래소설들이 그려낸 '가고 싶지 않은 나라'로서의 미래, 그 부정적 유토피아는 대시혜자, 무스타파 몬드, 빅 브라더 같은 존재들로 대표되는 권력이 하이테크와 결합한 세계이며, 작가들에게 악몽의 원천이 된 것은 이 권력-기술의 연정이다. 그 결합은 인간파괴의 가장 확실한 보증서같아 보였기 때문이다.

20세기 전반부의 역사 진행이 이 같은 부정적 밀레니엄의 상상력을 크게 자극했다는 사실도 기억될 필요가 있다. 권력-기술의 연정이라는 공식은 작가가 만들어낸 순수 상상의 산물만은 아니다. 그것은 히틀러, 스탈린 등 파시즘과 전체주의 권력이 실현시킨 역사 현실이기도 하며, 따라서 '악몽으로서의 밀레니엄'이라는 문학적 상상력의 배경에는 이미 20세기 전반부 세대가 경험한 '악몽으로서

공주는 어디에 있는가

의 역사'가 자리잡고 있다. 그 세대는 권력-기술 동맹이 상상의 차원을 떠나 현실태로 역사에 나타나는 것을 목격하고, 역사가 광기에 지배되는 상황을 경험한 것이다. 그 광기는 '어떻게how'의 기술주의적·도구적 사고가 '왜why'라는 정당성의 질문을 압도하는 정신상태이다. 그것은 목적 달성을 위한 '최선의 수단(기술)'을 생각해낼 줄은 알면서 목적 자체의 옳고 그름, 그것의 정당성에 대해서는 질문하지 않는다. 그러므로 광기의 역사 혹은 역사의 광기를 경험하고, 그 광기의 구성성분을 알게 된 예술가 세대의 문학과 영상서사들이 부정적 상상력에 지배된 것은 놀라운 일이 아니다. 20세기 초반의 디스토피아 문학은 그런 상상력의 전개를 대표한다. 문자서사 쪽에서 보면 이 디스토피아적 상상력은 오웰을 지나면서부터는 다소 시들해지거나 과학소설의 영역으로 옮아간 반면, 영상서사의 경우는 20세기 후반에도, 아주 최근까지도, 마치 악몽 꾸기를 반복함으로써 악몽을 다스리려는 듯 어둔 미래의 이미지들을 부단히 스크린 위에 투사해왔고, 이는 20세기 영상 이미지의 한 특징이 되고 있다. 이들 영상물에서 스크린은 악몽의 꿈 텍스트이다. 〈화씨 451Fahrenheit 451〉 〈몸을 나꿔채는 자들The Body Snatcher〉(국내 제목은 '신체강탈자'이다) 〈블레이드 러너Blade Runner〉 같은 영화들은 자먀쯴적인, 헉슬리적인, 혹은 오웰적인 상상력과 문제의식을 스크린 위에 지속시켜온 기억할 만한 영상물들이다.

20세기를 마감하는 지금, 정치권력과 기술의 전체주의적 결합이라는 공식은 화제話題성 문학의 경우에조차 상상력을 자극할 만한 힘을 상실시키고 있다. 전체주의체제는 세계 곳곳에 지금도 존재하고 있고, 파시즘의 가능성은 과거 프랑크푸르트 이론가들이 주장해 마지 않았던 것처럼 모든 사회에 상존하는 항구적 위협이다. 그럼에도 불구하고 전체주의에 대한 위험 의식의 현저한 감소가 발생한 것은 핵전쟁에의 위기감이 줄어든 것과 비슷하게 1990년 이후의 국제적 정치 상황이 사람들에게 일종의 심리적 안도체제를 허용했기 때문이다. 명목상 세계는 지금 어느 때보다 많은 수의 '민주 국가'들을 갖고 있다. 안도감의 조성에는 통신기술의 발전과 경제적 개방체제 이데올로기도 작용하고 있다. 예컨대 과거의 통신수단은 언제라도 정치권력에 의한 중앙통제에 종속될 수 있었던 반면, 지금의 통신기술은 그 통제권을 벗어난다. 통제불능의 정보유통은 사회적으로는 문제적 상황이지만, 정치 자유의 차원에서 보면 오히려 그 '통제불가성'이야말로 현대기술에 정치적 의미를 부여하는 힘이다. 기술적 통제불가성이 권력을 감시하고 제어할 수 있게 하는 가능성의 조건으로 떠오른 것이다. "통제할 수 없다"라는 것 자체가 권력의 한계를 드러내고, 권력 남용을 제어한다. 그러므로 한 사회가 최소한 경제적 이유에서라도 정보개방체제를 유지하고 거기 필요한 기술수단을 대중화하는 한, 그 기술수단의 정치적 독점은 불가능하다. 여기서 '기술'은 '노동질곡으로부터의 해

공주는 어디에 있는가

방'이라는 19세기적 가능성을 넘어 '정치적 자유의 신장'이라는 또 다른 가능성의 차원을 획득한다. 정치권력과 기술의 전체주의적 야합이라는 문제가 결정적으로 쟁점성을 상실한 것은 지금의 기술사회 수준에서도 이미 그런 야합은 불가능해보이기 때문이다.

지금 국지적으로나 세계적으로 미래사회에 대한 대중적 전망을 낙관의 방향으로 바꿔놓고 있는 것은 기술사회적 유토피아의 가능성이라는 기대감이다. 기술주의의 이데올로기는 인간이 지금까지 성취하고자 했던 것의 목록 전체, 성취하려 했으면서도 실패한 좌절의 목록 전부를 한꺼번에 충족의 리스트로 바꿔줄 수 있다는 기대감과 행복감을 전파하고 있다. 기술은 지금 그냥 기술이 아니라 '하이테크hightech'이며, 이 하이테크는 현실을 '초현실'로 바꾸는 기적의 마법사로 인식된다. 지금까지의 인간 현실이 한계에 예속된 '불만의 겨울'이었다면, 하이테크는 정확히 그 한계를 벗어나는 현실, 불만이 제거되고 겨울이 없는 '만족의 사계四季'를 약속한다. 한계를 벗어난 현실이 초현실이다. 1930년대 초현실주의자들이 언어와 이미지 사용 기법을 통해 실현시키고자 했던 예술적 초현실은 지금 대표적으로 전자기술과 생명기술에 의한 하이테크의 초현실에 자리를 내주고 있다. 무엇보다도 인간 존재의 한계와 결핍이 지금까지 문학이라는 이름의 상징적 사유를 필요하게 한 조건이었다면, 그 한계가 제거되고 결핍이 사라지는 사회에서 문학은 필요할까? 기술이 모든 것을 가능하게 한다면 상상력은 필요할까? 기술이 예술을 지배하고 대체할 때 예술은 가능할까? "문학은 행복에의 기억을 유지함으로써 유토피아를 지향한다. 그러나 그 유토피아가 오면 문학은 필요 없게 된다. 그러므로 문학은 문학이 불필요해지는 상태를 지향한다"라는 것은 마르쿠제의 역설적 명제이다. 그 명제는 지금 최적의 적용기를 맞고 있는 것인가?

21세기와 신천년의 도래를 보며 작가들이 완만한, 때로는 과격한 형태의 회의에 빠져드는 것은 기술 유토피아의 전망이 문학적 상상력을 극도로 위축시키고 궁핍하게 한다는 느낌 (혹은 판단) 때문인 것처럼 보인다. 이 궁핍감은 자먀쩐-헉슬리-오웰류의 디스토피아적 상상력만을 무력하게 하는 것이 아니다. 문학행위에 훨씬 진지하고 지속적인 의미를 부여하려는 작가들의 경우에도 그 궁핍감은 상당히 깊어 보인다. 문학 종언론이 말하듯 문학은 마침내 종언의 시대를 맞고 있는 것인가? 이제 그것은 다만 소일거리, 소비재, 엔터테인먼트로, 그리고 잘해야 개인성의 구현에나 봉사하는 축소된 소규모 활동으로 바뀌는 것인가?

2. 낙원과 유토피아

인간이 '가서 살고 싶은 나라'를 과거, 현재, 미래의 어느 시간대에 설정하는가에 따라 각각 다른, 때로는 근본적

공주는 어디에 있는가

차이를 지니는, 상상력과 서사와 충동이 발동된다. 그 나라를 '과거'의 한 시점에 상정하는 것이 낙원paradise의 상상력이고, 그 상상력에서 나오는 것이 낙원서사 혹은 낙원문학이다. 그 나라를 '미래'의 어느 시점에 설정하는 것은 이상향utopia의 상상력이며, 그로부터 유토피아 문학이 탄생한다. 낙원과 이상향은 다르다. 양자는 서로 얽혀 있으면서도 기본적으로는 구분되어야 하는 존재론적 위상과 개념적 차이들을 갖고 있다. 낙원은 과거 어느 시점에 '있었다'고 여겨지는 장소, 그러나 지금은 사라져 존재하지 않는 나라이다. 반면 유토피아는 과거에 일찍이 '없었고' 지금도 없는 장소, 그러나 미래 언젠가에 있을 수 있는 나라이다. 낙원은 있다가 없어진 곳이므로 지금 그것은 상실의 형식으로만 존재한다. 유토피아는 존재한 적이 없으므로 상실된 일이 없고, 따라서 가능성의 형식으로 존재한다. 낙원은 인간이 '되찾고' 싶은 그리운 곳, 기억과 향수와 회복의 대상이다. 그러나 유토피아는 인간이 되돌아가고자 하는 땅이 아니라 장차, 미래에, '만들고' 싶어 하는 나라이다. 그것은 회복 아닌 창조의, 그리고 노스탤지어Nostalgia가 아닌 희망의 대상이다. 낙원 사상은 상당히 오랜 지성사적 전통을 가진 반면, 이상향주의는 비교적 가까운 근대의 산물이다. 낙원 사상이 다분히 정신적 함의들을 지닌 전원田園과 연결되는 데 비해, 근대 이상향주의는 성공한 세속도시와 연결된다.

낙원과 유토피아의 이런 개념 차이는 인간과 역사를 보

는 눈에도 매우 큰 시각 편차를 초래할 수 있다. 낙원의 상상력에서 인간은 어떤 신성한 원초적 기원에서 떨어져나오고, 그로부터 점점 멀어진 존재이며, 그 멀어짐이 그의 현재를 규정한다. 그 상상력은 인간이 낙원을 잃게 된 치명적 사건들을 그리게 하고, 회복의 조건들을 생각하게 한다. 무슨 일이 있었는가? 낙원 상실은 인간의 작죄와 타락 때문이다. 상실은 동시에 박탈이다. 박탈privation이 인간 조건이 된 것은 인간 자신의 실수 때문이다. 남은 일은 무엇인가? 인간은 낙원을 회복해야 하고, 회복을 위해 그는 무엇보다 박탈의 조건들을 해제해야 하며, 필요한 속죄 절차들을 밟아야 한다. 낙원을 회복하는 것만이 시간, 결핍, 죽음으로부터의 탈출이다. 반면, 유토피아의 상상력에서 인간은 전혀 다른 모습으로 등장한다. 인간은 원초적 축복을 박탈당한 존재가 아니라 궁핍의 상태에서 풍요를 성취하고, 원시적 한계로부터의 눈부신 이탈과 상승을 수행할 수 있는 존재이다. 인간은 그가 아직 갖지 못한 것, 가져본 적이 없는 것을 가질 수 있고 만들어낼 수 있는 가능성의 소유자, 개량과 발전과 진보가 가능한 무한잠재력이다. 구원은 과거에 있지 않고 미래에 있다. 완전성의 실현 가능성, 그것이 인간의 조건이다. 그 인간은 과거를 돌아보지 않는다. 그의 눈은 오로지 미래를 향해 있다. 역사는 과거로의 퇴행이 아니라 미래를 향한 전진이다. 미래를 향한 행진만이 시간과 죽음으로부터의 탈출이다. 그 행진이 인간의 운명destiny이다.

　　　　　　　　　　　　　　　　공주는 어디에 있는가

그러나 이 간략한 이상화idealization에도 불구하고 이들 두 상상력과 그로부터 나오는 서사들은 서로 교차하고 교환되는 공유 요소들을 갖는다. 공유 요소들 가운데 가장 현저한 것은 우선 두 서사가 지배적으로 '지금 여기'의 현실에 대한 불만, 비판, 부정의 동기들로부터 추동된다는 점이다. 낙원서사에서 지금 여기의 현실은 퇴보-타락이며, 유토피아 서사에서 지금 여기의 현실은 인간이 아주 안주할 곳이 아니라 벗어나야 할 미완성의, 혹은 바꾸어야 할 불완전성의 장소이다. 두 서사에서 지금의 현실은 다같이 만족스럽지 않고, 조만간 떠나야 할 지점인 것이다. 버리고 떠나기 위해서는 찾아갈 만족의 모델이 필요하다. 두 서사의 교차와 교환이 발생하는 것은 이 만족의 모델에서이다. 충족의 순간이 낙원서사에서는 과거에, 이상향 서사에서는 미래에 설정되고 충족을 가져다주는 현실적 조건들은 서로 다르지만 그러나 무엇이 인간을 가장 행복하게 하고 가장 인간답게 하는 상태인가에 대한 상상적 투사로서의 충족의 패러다임 자체는 두 서사에서 서로 극히 유사하다. 이를테면 그 패러다임은 결핍, 공포, 불안, 소외, 억압, 불평등, 불의不義, 허위 같은 것들의 전면적 부재가 실현된 상태, 한恨과 결함의 모든 가능성이 제거된 상태이다. 낙원서사가 인간 기원의 지점에 그려넣는 만족의 모형이나 이상향서사가 미래적 완전성의 지점에 설정하는 만족의 모델은 하나가 다른 하나를 반영하고 되비추는 거울상 이미지mirror-image들이다. 양자는 서로에게서 자기를 발견한다.

충동impulse으로서의 낙원주의와 이상향주의는 과거 지향과 미래 지향이라는 배타적 동기를 가지면서도 그 상호 배제가 동시에 상호 포함이 되는 아이러니에 결박된다. 낙원주의는 과거를 지향한다. 그러나 시간은 불가역성不可逆性의 것이므로, 낙원을 회복코자 과거로 되돌아가는 행로는 역설적이게도 미래 속으로 들어가는 전진의 형식으로만 가능하다. 과거로 가기 위해 미래로 가지 않으면 안 된다. 과거는 미래에 있다. 과거를 찾기 위해 미래로 가야 하는 이 아이러니는 발터 벤야민이 자신의 역사관과 연결시킨 폴 끌레의 그림 〈천사〉에서의 천사의 날개짓과 흡사하다. 그림 속의 천사는 그가 되돌아가고자 하는 그의 기원, 그의 고향을 향해 시선을 고정하고 그곳으로 날아가기 위해 날개를 퍼득인다. 천사의 얼굴과 몸 전면은 과거를 향해 있고 미래는 그의 등 뒤에 있다. 그러나 그가 가고자 하는 기원지점으로부터는 어떤 불가항력의 강한 바람이 불어오고 있고, 그 바람 때문에 천사는 그가 원하는 방향으로 날 수가 없다. 그가 날개를 퍼득일수록 바람은 그가 가려는 것과는 반대 방향, 곧 미래 쪽으로 그를 밀어부친다. 과거를 향해 날갯짓을 하면서도 역방향의 미래로 밀려가는 천사 ─등을 떠밀리는 것이 아니라 가슴을 떠밀려 미래로 후진하는 이 천사의 절망적인 날갯짓은, 지금 우리의 관점에서 보면, 잃어버린 낙원을 시간 속에서 되찾아야 하는 낙원주의적 충동의 기이한 운명을 표현한다. 천사의 귀향을 막는 것은 우리 문맥에서 '시간'이다. 이 〈천사〉의 아

공주는 어디에 있는가

이러니를, 혹은 벤야민의 역사에 대한 생각을, 더욱 비극적이게 하는 것은 미래가 점점 증가하는 폐허의 더미라는 것이다. 폐허의 양은, 엔트로피처럼, 시간이 지나면서 더 증가한다. 그러므로 천사가 미래로 떠밀려갈수록 더 많은 폐허의 부스러기들이 그를 에워싼다. 낙원을 향한 그의 비상은 결국 폐허 속으로의 추방이 된다.

과거로 가기 위해 미래를 경유해야 하는 것이 낙원주의 충동의 아이러니라면, 미래로 가기 위해 과거를 이탈하면서도 부단히 과거를 다시 만나고, 그 과거의 침투를 받는 것이 이상향적 충동의 아이러니이다. 이는 두 가지 의미에서 그러하다. 첫째, 이상향주의에서의 '유토피아'는 최종적 충족의 지점, 모든 결핍과 한계와 결함이 제거되는 완벽한 만족 상태이다. 그것은 무엇보다도 역사시간이 정지되는 지점이다. 인간 존재를 한계와 결핍에 묶어두는 것은 시간이기 때문에 유토피아에서 시간은 정지되고, 그것의 폭력은 제거되어야 한다. 그러나 시간을 정지시키기 위해서는 더 많은 미래, 더 많은 시간이 필요하다. 흔히 '탈역사'로 표현되는 그 역사의 정지점은 현대 헤겔주의자들의 믿음과는 반대로 먼 미래의 것이며, 따라서 그 지점에 도달하기 위해서는 더 많은 미래시간이 투입되지 않으면 안 된다. 둘째, 시간은 결핍과 한계의 모태이다. 그러므로 시간을 많이 투입할수록 인간은 더 많은 결핍을 경험하게 된다는 역설에 빠진다. 결핍으로부터의 도주를 시도하는 유토피아적 노력은 그 도정에서 계속 더 많은 결핍과 결함을 만나고 충족은 연기되며, 따라서 그 도주는 현재의 또는 과거의 결핍과 결함을 머리에 이고 달리지 않으면 안 된다. 더구나 한 가지 결핍의 충족은 또 다른 결핍과 불만을 생산한다. 버리고 떠난 것이 그리움으로, 상실로, 되찾아야 할 것으로 다시 살아나 충족과 성취의 자루를 허전하게 한다. 그 자루를 채우기 위해서는 더 빠른 질주가 필요하다. 그러나 시간과 속도의 투입량이 늘면 오히려 결핍은 더 많아지고, 불충분성과 불완전성은 증가한다. "내일 아침엔 더 빨리 달려야지"라며 유토피아의 충동은 말한다. 그러나 그 내일 아침, 그가 속도를 내는 순간 이미 그 속도는 충분하지 않다. 그에게 '충분히' 빠른 속도는 없다. 빨리 달릴수록 속도는 충분하지 않고, 시간을 투입하면 할수록 그는 더 많은 불충분성, 결핍, 불완전성과 조우한다. 빠르다는 것이 이미 그에게는 결함이기 때문이다(예컨대 속도는 '느림'의 배제이고 결핍이며, 따라서 속도를 증가시키는 순간 느림의 결핍량은 증가한다). 결핍으로부터 도주하는 모든 길목에서 그는 모든 과거를, 결핍을, 그가 미처 알지 못했던 결핍과 억압까지도, 다시 만난다.

우리 문학에 낙원의 아이디어는 친숙하지 않다. 이 비친숙성은 사실 한국문학만의 특징이기보다는 동아시아문학을 서구문학과 갈라놓는 한 지점일지 모른다. 동양에도 물론 '무릉도원'으로 대표되는 낙원의 그림은 있지만 그것은 존재의 기원, 신과의 관계, 작죄와 추락, 박탈과 상실, 유한성으로의 추방, 회복운동 등의 사건들과 모티프들로 특징지워지는 서구적 낙원과는 다르다. 황금시대로부터 철의 시대로 떨어지는 '인간 퇴보'의 이야기, 홍수에 의한 징벌 이야기, 에덴서사, 전원pastoral문학 등은 서구적 낙원서사를 대표한다. 서사시epic도 한 층위에서 낙원서사에 포함될 수 있다. 지금 인간은 '다르마Dharma(법)'의 양이 줄어드는 시대에 살고 있다는 인도의 '유가'적 시간대 구분은 그리스의 '4개의 시대' 이야기와 비교할 만한 구석이 있고, 홍수설화는 한국과 중국에도 있다. 하지만 이 동양서사들에서 '신과 인간의 관계'는 낯선 주제이며, 작죄, 타락, 추방, 영웅의 주제들도 그러하다. 동양사상, 예컨대 도가적 자연사상과 서구 낙원주의 사이에는 연결될 만한 지점들이 없지 않지만, 그 연결을 위해서는 많은 차이들이 무시되거나 사상되어야 한다. 유토피아라는 주제도 한국문학과 그리 친숙한 편은 아니다. 미륵사상은 근대적 이상향주의와는 다른 것이고, 『홍길동전』은 이상사회적 모티프를 담고 있다는 점에서 상당히 근대적인 서사이긴 하나 홍길동이 신분사회를 떠나 "율도국으로 갔다"에서 그 '율도국'이 어떻게 구성되는 사회인지는 그려보이지 않는다. 근대성의 영향이 반발과 수용의 두 측면에서 나타나는 우리 현대문학의 경우에는 사정이 다소 다르다. 그러나 낙원이나 유토피아/반유토피아의 주제, 또는 인간 운명을 과거-현재-미래라는 시간의 전체상 아래에서 생각해보는 서사적 상상력은 우리 현대문학에서도 아주 드문 일로 남아 있다.

미래사회에 대한 상상력의 투자가 인색하다는 우리 문학의 이 특징이 구체적으로 무엇에서 연유하는가는 지금 우리가 이 자리에서 논할 수 있는 문제도, 이 글의 당면 관심사도 아니다. 우리의 관심사는 미래에 대한 상상력의 결여보다는 과거-현재-미래에 대한 '통합적 상상력의 필요성'이라는 문제이다. 이는 미래의 문학, 21세기의 한국문학이 '문학의 주변화'라는 표피적 패배주의적 인식을 넘어 인문문화적 풍요성의 전통을 유지하고 강화하기로 할 때, 거기 필요한 활력을 어디서 얻을 것인가라는 문제의식의 일부이며, 그런 활력의 하나로서 생각해볼 것이 '통합적unified 상상력'이라는 것이다. 낙원의 상상력과 유토피아의 상상력이 우리에게 미래 문학을 위한 유용한 참조가 되는 것은 이런 이유에서이다. 낙원주의의 과거 지향과 이상향주의의 미래 지향은 상호 배타적 상반相反 테제를 구성한다는 사실 때문에 중요한 것이 아니라 그 두 지향들을 교차 융합시키는 통합적 상상력의 필요성을 우리에게 자극하고 환기시킨다는 점에서 중요하다. 말하자면, 지금 우리의 관심에 연결지었을 때, 낙원주의와 유토피아 사상은 과거와 미래에 대한 사유를 이상화하고 극화하는 모델들이며, 이들의 현재적 의의는 각자의 독자적 전통이나 호소력에서 나오기보다는, 어느 때보다도 지금 과거-현재-미래에 대한 통합적 상상력의 필요성이 높아지고 있다는 사실에서 나온다. 이때의 통합은 동질성의 추구가 아니고, 통일성의 실현이 아니며, 무갈등의 기능주의적 통합도 아니다. 그 통합의 핵심에는 동질화를 막는 원리로서의 아이러니가 작용하고 있다. 아이러니는 낙원과 유토피아를 동질화하지 않으면서 둘을 결합시키고 과거와 미래를 상호침투의 방식으로 현재에 동시화한다.

지금 우리 문학에, 미래의 문학에, 필요하다고 보여지는 것은 이 같은 통합의 상상력이다. 현재만을 보려는 문학은 오히려 현재를 보지 못하는 맹목에 빠지고, 과거적 패러다임에 매몰되는 문학은 보수적 복고성의 위험에 오염되며, 미래 문제에 전념하는 문학은 일시성의 화제話題 수준으로 곧잘 전락한다. 현재는 그냥 시간적 과거와 시간적 미래 사이에 낀 무의미한 맹목의 중간 토막이 아니다. 그것은 '과거의 깊이'와 '미래의 넓음'이라는 두 개의 자원 사이에 있다. 그러나 이 두 자원영역은 상호 매개되고 서로 접촉하고 하나가 다른 하나를 비추지 않는 한 현재를 의미 있게 할 자원이 되지 않는다. 통합적 상상력이란, 앞뒤를 동시에 보는 야누스의 비전처럼, 과거의 깊이와 미래의 넓이를 매개하고 양자를 만나게 하고 하나가 다른 하나를 비추게 하는 쌍방향 시각이며, 과거-현재-미래를 현재에 동시화同時化하는 융합의 능력이다. 통합적 상상력은 과거와 미래를 서로 무의미한 시간대로 분리하지 않고 과거가 미래에, 미래가 과거에 침투하고 작용하게 한다. 이것이 과거-미래의 동시화이며, 통합적 상상력은 이 방식으로 문학의 상상력을 풍요화한다.

여기서 두 개의 질문이 대두한다. 세계에 대한 어떤 통합적 비전도 불가능해 보이는 시대에 통합의 상상력은 가능한가? 또 서구적 전통으로서의 낙원주의나 이상향주의가 별로 친숙하지 않은 나라의 문학에서 지금 우리가 말하고 있는 통합적 상상력은 어떻게 가능하며 어떻게 유용한가?

3. 브라만의 염소

첫 번째 질문에 대한 대답은 간명하다. 만약 지금의 세계가 어떤 통합적 비전도 불가능하게 하는 세계이고 시대라면, 바로 그 이유 때문에 통합적 비전은 필요하다. 지금이 과거 전통과 세계관을 모두 내동댕이치는 시대라면, 바로 그 이유 때문에 전통과 세계관은 필요하다. 시대가 내버리고 세계가 무시하는 것을 다시 찾아 그것을 현재에 되살리고 모든 미래 기획에 침투력을 갖게 하는 것이 상상력, 특히 문학의 상상력이다. 불가능성이 문학의 가능성이다. 이를테면 근대 과학의 시대가 신화를 내버렸을 때, 신화를 되살린 것은 문학이다.

이미 오래전에 마르크스는 피뢰침이 벼락을 무력화하는 시대에 제우스의 벼락불이 무슨 권위를 가질 수 있는가라는 질문을 던진 적이 있다. 그러나 피뢰침의 시대에도 제우스의 벼락은 필요하다. 피뢰침은 세계를 통합적으로 이해하는 일과는 관계 없지만 '벼락을 내리는 제우스'는 세

50 　　　　　　　　　　　　　　　　　　　공주는 어디에 있는가

계에 윤리와 정의가 필요하다는 통합적 세계관과 관계된 것이기 때문이다. 세계에 악이 있다면, 그것을 제어하는 선과 정의도 있어야 한다는 것이 이 경우의 '통합적 세계관'이다. 아무도 벼락을 제우스에 의한 징벌수단이라 믿지 않게 된 시대에도 인간의 세계가, 지금만 아니라 미래에도, 여전히 정의의 힘과 기준을 필요로 하고, 불의에 대한 저항을 요구한다는 사실만은 소멸하지 않는다. 여기서 제우스의 벼락은 정의의 필요성에 대한 상징의 차원으로 올라서고, 그 차원에서 그것은 오히려 피뢰침을 무력화한다. 제우스의 벼락, 그 무용해진 과거가 현재에 되살아나 자원으로서의 힘을 회복하는 것이다. 과학은 신화를 소멸시키지 않고, 소멸시키지 못한다. 신화는 과학과 기술 때문에 없어지거나 약화되는 것이 아니라 오히려 그 과학기술 '때문에' 더 필요해진다. 그러므로 과학기술의 시대가 신화적 상상력을 무용화한다는 생각은, 이미 근대 300년을 통해 입증되었듯이, 근거 없고 천박한 것이다. 그러나 시대 자체가, 미래사회가, 천박성을 얼싸 부둥켜안기로 한다면?

이는 '미래사회에도 정의란 것이 필요할까?'라는 질문과도 같다. 미래사회에도 정의는 필요하다. 미래에도 정의가 필요하다는 것을 지금 우리가 어떻게 아는가? 그것은 미래를 살아보지 않은 자의 미래지식일 수 있는가? 아주 간단하게도, 정의는 인간이 상상하고 실현하려 드는 모든 종류의 유토피아에서, 혹은 그가 되돌아가고 싶어 하는 모든 종류의 낙원에서, 빠트릴 수 없는 조건이기 때문이다. 그것이 빠지고서는 어느 곳도 낙원이 아니고, 유토피아가 아니다. 정의의 부재는 낙원-유토피아의 자기부정이며, 견딜 수 없는 결핍이다. 이는 자유, 평등, 행복이라는, 근대가 꿈꾼 유토피아의 필수적 상관가치들과의 관계에서도 그러하다. 정의가 없는 곳에 자유, 평등, 행복이 있을 수 없다. 그러나 자유, 평등, 행복의 동시적 구현은 자먀쩐의 소설에서처럼 항구한 결핍으로 남을 가능성이 그것의 구현 가능성보다 훨씬 더 높다. 유토피아라는 말이 '지상에 없는 곳'으로서의 의미뿐 아니라 '없을 곳'으로서의 의미를 유지하는 것은 그 때문이다. 그러므로 정의의 완벽한 실현은 항구한 결핍으로 남아 모든 미래사회의 항구한 과제, 목표, 안내판이 될 것이라는 생각은 그 반대 생각보다는 훨씬 더 현실적이다. 기술사회적 초현실의 비전은 여기서 현실의 침투를 받고 경박성을 치유하지 않으면 안 된다. 게다가 미래는 오는 것이 아니라 만들어지는 것이다. 만약 정의가 무용해지고 불가능해지는 시대가 오고 있다면 그런 사회를 거부하는 것은 지금의, 현재의, 인간이 할 일이다. 거부권을 가진 것은 미래가 아니라 현재이다. 반유토피아 소설의 상상력이, 그 이전의 풍자문학이, 아니 문학 전체가 수행해 온 것도 바로 그 거부권의 현재적 행사 필요성에 대한 자극이다. 지금 그 자극이 중단되어야 할 이유는 없다. 현재를 통해 과거는 미래로 침투한다.

공주는 어디에 있는가

두 번째 질문 — 우리 문학에 통합적 상상력을 가능하게 할 가용 자원들이 있는가라는 문제는 제한된 지면에서 수행하기 어려운 정밀한 논의를 주문한다. 그러나 여기서 간단하게나마 상기하고 넘어갈 것은, 서구적 낙원의 아이디어와는 구별되면서 그러나 그것에 못지않은 가용성을 지닌, 사상적 서사적 과거 자원이 우리에게도 있다는 사실이다. 우리가 앞서 '과거의 깊이'라 부른 이 선택적 자원은 우리의 지금 이 '현재' 속에서 적극적으로 가동될 필요가 있다. 그 가동은 복고주의를 위해서가 아니다. 세기말의 우리 사회에 지금 무엇보다도 필요한 것은 미래 비전에서 인간의 가치를 지키고 유지해줄 인문문화적인 문학적 상상력이다. 지난 몇 년간 우리 사회에 침투한 기술 유토피아의 그림은 비누거품처럼 터무니없이 찬란하고 어이없이 천박하다. 이 기술사회의 그림에서 자연은 소멸하고, 인간은 보이지 않으며, 실수와 파탄의 가능성에 대한 고려는 실종하고 없다. 그 비누거품을 허공에 띄워올리는 데 적극적으로 기여한 것은 '새로운 세기'와 '신밀레니엄' 이데올로기를 상품화한 대중매체의 선정주의이며, 그것을 뿜어올린 주 세력은 그동안 우리 사회를 장악해온 두 개의 권력논리 — 곧 정치권력과 경제권력의 논리이다. 이들 권력논리는 제각각, 혹은 권력연정과 권력복합의 형태로, 기술유토피아의 이데올로기를 대중화하는 데 상당히 성공한 것으로 보이며, 그 이데올로기가 미래의 유일하고 불가피한 선택인 양 비전의 획일화를 강화하고 있다.

이 획일화의 배후에는 두 가지 상황 변화가 작용하고 있다. 하나는 자본과 기술의 결합이라는, 그리 새롭지 않으면서도 그러나 1990년대 이후 세계를 장악해가고 있는 지배적 권력형식이다. 전체주의 대신 지금 기술과 결합하고 있는 권력은 자본이다. 이 변화에서 새로운 부분은 자본-기술의 연정이 오랜 진행 끝에 드디어 현대에 와서 결정적으로 강대해진 '지배적' 권력형식이 되었다는 점이다. 한때 정치권력의 독점물이 될 것으로 우려되었던 기술은 정치권력의 전체주의화 가능성을 상당히 제거하면서 새로운 자본-기술의 연정을 현대의 지배적 권력체제로 부상시키고 있다. 과거 공포의 대상이었던 정치권력은 지금 그것을 대체하는 듯이 보이는 자본권력의 횡포를 오히려 제어하고 통제할 유일한 공적 수단(국가권력)으로까지 여겨지고 있다. 자본-기술의 연정이 전파하는 미래사회의 그림은 하이테크의 유토피아이면서 동시에 '결국은 돈이구나'의 유토피아, 자본이 세계를 경영하고 사회에 행동규범을 제시하고 가치를 정하는 사회, 그리고 그것이 제시하는 경영법칙, 규범, 가치를 따르기만 하면 자유, 평등, 행복이 보장된다고 생각하게 하는 세계이다. 물론 이 그림은 전적으로 위험하고 틀린 것이다.

자본이 가치를 획일화하는 세계는, 이미 우리가 천민자본주의 문화를 통해 경험하고 있듯, 인간이 마침내 살 수 없는 궁극적 디스토피아이다. '돈의 신'은 자유를 주면서 박탈하고, 평등의 환상을 주면서 그것을 불가능하게 하며,

공주는 어디에 있는가

행복을 맛보게 하면서 그것을 지독한 불행의 맛, '똥맛'이 되게 한다. 인간은 돈의 신이 유일하게 지배하는 세계에서 행복해지지 않는다. 돈은 경멸할 수 없는 것이지만, 돈의 신이 모든 가치를 결정하는 세계는 경멸의 대상이다. 그 이유 역시 아주 간단하다. 아무도 구겨진 지폐의 형태로, 때묻은 동전의 형태로, 교환대체의 순수 기호로, 신용카드로, 똥으로 살 수 없기 때문이다.

그런데 문제는 사실 그리 간단하지 않다.

자본-기술의 연정이 가치 획일화의 위험성을 보여주고 있음에도 불구하고, 그 획일화가 두려움의 대상으로 여겨지지 않는다는 것이 우리가 검토해야 할 복잡성의 한 가지 주요 국면이다. 이 복잡성은 기술과 기술 유토피아에 대한 대중적 시각에 일어나고 있는 미묘하고 매우 흥미로운 어떤 변화에서 연유한다. 우리의 대중적 지각세계에서 지금 기술은 악마적인 것도, 악몽의 원천도 아니다. 오히려 그것은 더 많은 부와 행복을 약속하는 구원세력이며, 더 많은 부가가치와 고용과 생산의 창출자이고 경쟁시대의 가장 확실한 무기로 여겨지고 있다. 자본권력이 퍼뜨리고 정치권력이 맞장구치는 이 '기술 프로파간다'의 영향력은 아주 큰 것이다. 그 영향의 파장을 체감하는 영역의 하나가 문학이다. 20세기 초반의 디스토피아적 상상력이 전체주의 권력과 기술의 결합에서 악몽을 보았던 것과는 다르게, 그리고 그 악몽의 제시가 대중정서에 효과적으로 호소할 수 있었던 것과는 달리, 지금의 문학은 자본-기술의 연정에서 디스토피아의 가능성을 보면서도 그 가능성을 악몽의 원천으로 제시하기가 어렵다. 이유는? 자본-기술의 야합은 전체주의와 기술의 결합 못지않게 위험하고 파괴적인 것이지만, 그 위험성에 대한 현대인의 감각은 크게 마비되어 있기 때문이다. 마비가 발생한 까닭은? 우리 자신이 사실상 거의 모두 기술의 수혜자이고, 자본-권력 연정체제의 동승자이며, 기술이 허여하는 미시권력의 행사자들이기 때문이다. 문제의 핵심은 이 매듭에 있다. 기술권력의 미시화로 인해 악당은 보이지 않고, 위기의 형상은 모호하다. 기술 유토피아의 이데올로기에 설득된 세계에서 자본-기술의 결탁은 미세하게 분산된 권력형식들의 배후로 숨어버린다.

기술권력의 이 미시적 분산을 잘 보여주는 대표적 현상하나가 '감시의 사유화' 또는 '감시 이득의 사적 전유'이다. 특정 대상에 대한 감시가 거대 권력기구가 아닌 사적 개인의 실행이 될 때 감시의 사유화가 발생한다. 엿보기voyeurism는 이미 현재 수준의 기술사회에서도 발생하고 있는 감시기술의 사적 향유를 대표한다('모방'도 그러하지만 여기서 그 문제는 다루지 않기로 한다). 공적 권력기구가 수행하는 감시의 1차적 목적이 정보 도둑질에 있다면, 엿보기라는 형태의 사적 감시는 '즐거움의 도둑질'이 목적이다. 이 도둑질이 특별히 '감시'의 성격을 띠게 되는 것은 거기에서 민주적 '평등의 요구'(슬라보예 지젝의 표현을 빌면—"저자는 내가 누리지 못하는 행복을 누리고, 내가 갖고 있지 못한 물건을 갖고 있지 않을까?")가 작용하고 있기 때문이다. 정치적 평등의 요구는 소비사회적 선망envy과 결합되어 소유의 평등과 행복의 평등분배에 대한 요구로 발전한다. 전자기술장비에 의한 비밀의 염탐, 투시렌즈로 모든 가려진 육체공간을 가시성의 영역에 끌어들이는 훔쳐보기 등이 사적 행위로 진행될 때, 그것들은 정보획득이 아닌 다른 목적, 곧 쾌락의 충족에 봉사한다.

훔쳐보기가 봉사하는 쾌락은 세 가지이다. 그것은 첫째, 보이지 않는 것, 감추어진 것, 사회적 가시권으로부터 철수되어 있거나 가시성이 금지된 것들을 시각적으로 전유케 함으로써 실행자가 현실적으로 소유할 수 없는 것들을 소유하게 한다. 이 소유 확장, 혹은 소유의 '환상적' 확장이 그를 즐겁게 한다. 둘째, 훔쳐보기는 타인이 누리는, 혹은 누린다고 생각되는 비밀스러운 행복, 즐거움, 쾌락을 그의 사적 영역에서 절취하여 감시자의 공유 대상이 되게 함으로써 즐거움을 훔치는 즐거움을 누리게 한다. 이는 행복의 평등화이다. 셋째, 감시자는 그에게 금지된 장면, 비밀, 대상에 시각적으로 접근할 수 있는 센서 기술을 보유하고 있다는 사실로부터 그 자신의 '권력'을 확인하며, 이 권력 보유 의식은 그에게 또 다른 즐거움의 원천이 되어준다. 이미 우리가 목격하고 있듯, 고도 기술사회란 이 종류의 감시의 사유화에 거의 완전히 열려진 사회이며, 감시의 이득을 사적으로 누리게 하는 사회이다. 텔레비전의 '몰래

카메라'는 그 이득(즐거움)의 대중적 분배를 촉진하는 공인된 훔쳐보기이다. '열쇠구멍으로 밀실 엿보기'라는 고전적 '열쇠구멍'은 지금 다만 은유적으로만 의미 있다. 전자기술 시대는 열쇠구멍을 석기시대적 유물이 되게 하면서 수많은 밀레니엄적 전자열쇠구멍들을 감시자에게 제공한다.

감시와 그 기술의 사유화는 세 가지 측면에서 모호성을 발생시킨다. 첫째, 고도 기술사회에서의 감시기술은 특정의 중앙권력체에만 장악되어 있지 않고 거의 모든 사적 개인들에게 넓게 분산되어 있어서 그 기술의 정치적 성격이 극히 모호하다. 많은 개인들이 감시기술을 보유하고 있다면, 이 분산된 기술은 이미 전체주의적 기술사회의 기술과는 그 성질이 같지 않다. 적어도 그것은 독재나 전제권력과 결합한 기술은 아니기 때문이다. 둘째, 감시의 사유화가 의미하는 것은 감시자의 다수성, 익명성, 편재성이다. 감시권력은 특정 권력체에 집중되어 있지 않고 미셸 푸코의 표현처럼 '미시화'되어 있다. 그 권력은 모든 곳에 편만해 있고, 모든 곳에서 작은 행복을 위해, 혹은 행복의 평등을 위해, 작은 권력을 행사한다. 권력행사자는 누구인가? 그는 다수의 사적 개인들이며, 이름 없는 익명의 존재들, 보통 사람들, 너와 나이다. 그는 대시혜자도, 빅 브라더도, 히틀러도 아니다. 그리고 셋째, 가장 중요하게도, 이 미시화된 감시권력과 보편화한 감시기술은 고도 기술사회의 사적 개인들에게 공포의 대상이 아니라 오히려, 흔히, 평등과 행복과 자유의 조건이다. 사람들은 그것을 즐기고, 즐길

공주는 어디에 있는가

수 있다. 이 미시화되고 익명화된 새로운 기술권력을 누가 악당으로 규정할 것이며, 그로부터 어떤 문학이 희극 이상의 소재를, 사소성의 주제 이상의 문제를, 구성해낼 수 있을까?

지금 우리 문학의 상상력이 고도 기술사회의 전망 앞에서 곤혹스러워 하는 것은 이런 지점에서이다. 기술과 권력의 결합에 관한 가용공식들은 그 지점에서 용도가 퇴색한다. 그리고 문학은 '모든 곳에 있는 눈' 때문에 자기를 밀폐하는 정신분열증 환자들, 신경쇠약자들, 허약한 개인들의 불행에 관한 보고서 혹은 성적 도착행위에 대한 행태 보고서 비슷한 것으로 축소된다. 물론 이것도 작은 문제는 아니다. 그러나 신의 눈, 악마의 눈, 권력의 눈이 도처에 편만한 익명적 전자카메라의 눈(누구나 갖고 있고 가질 수 있는)으로 바뀌고 감시의 의미 자체가 사소화하는 시대의 일상은 문학예술에 필요한, 혹은 지금까지 필요하다고 여겨져온, '풍요로운 현실'은 아니다. 헤겔은 『미학』에서 로망스 장르를 가리켜 "예술에 필요한 풍요로움을 빼앗긴 세계에 대한 보상"이라 말하고 있다. 전자기술시대가 예술에 주는 보상은 무엇이고, 가능성은 무엇인가? '가벼움'은 단연 그 보상의 하나이며 연담, 희극, 소극笑劇도 그런 보상에 속한다. 이탈리아 작가 이탈로 칼비노는 1980년대 중반 하버드대학이 초청한 여섯 번의 문학강의에서 그가 생각하는 문학의 첫 번째 가치를 '가벼움'에 두고 있다. 물론 가벼움에도 여러 종species이 있고, 칼비노의 '가벼움'도 경박성과는 관계 없는 것이다. 그는 자신이 말하는 가벼움을 "깃털의 가벼움이 아닌, 무게를 싣고 나르는 새의 가벼움"이라 말하고 있다. 가벼움의 가치는 가벼움 자체의 초월성에서 오는 것이 아니라 문학이 현실과 맺는 관계 방식으로 결정된다. 최선의 가벼움은 현실의 부당한 무게에 대한 저항이다. 그러나 가벼움에 무게의 역설을, 실존의 비극성을, 경험의 진솔성을 주고 일상과 일상 이상의 것을 결합하며 희극적인 것과 비극적인 것을, 익살과 진지성을 결합하려는 작가들에게 기술사회는 분명 도전이다. 최근의 세계문학이 자주 '과거'로 달아나 비당대적 소재로부터 드라마를 구하는 것은 고도 기술사회적 현실이 문학예술에 필요한 풍요성을 박탈하기 때문인지 모른다. 터무니없는 과대포장의 위험을 피하고 '엄숙주의'의 혐의를 넘어 문학이 진지성을 유지할 수 있을까? 문학이 이 시대에 다만 가벼움으로 대응해야 한다는 주장은 타당한가?

그러나 제한된 지면에서 다수의 문제들을 한꺼번에 다루기는 어렵다. 이 글은 남는 것은 남는대로 미루어놓고, 대신 인도 우화집 『판차탄트라Pancatantra』에 나오는 이야기 한 토막을 인용하는 것으로 결론을 암시코자 한다. 어느 날 브라만Brahman(인도 4성 계급의 최상층) 하나가 잔칫집에 갔다가 염소 한 마리를 얻어 어깨에 메고 돌아온다. 건달 악당들이 기술적으로 염소 빼앗을 궁리를 하고는 세 패로 나뉘어 차례로 브라만에게 접근한다. 첫 번째 패거리가 나타나 "어째서 개를 짊어지고 다니시오? 아마도 사냥에 능한 개라 무척 아끼는가 보죠?"라 말한다. 브라만은 속으로 "염소를 개라니, 미친 놈들이군"이라며 대꾸하지 않는다. 그러자 두 번째 건달패가 나타나 "브라만이 개를 짊어지고 다니다니" 하고 이죽거리며 지나간다. 이번에도 브라만은 "미친 놈들"이라며 간단히 넘어간다. 그러나 세 번째 건달패가 나타나 "말세로군. 브라만이 개를 지고 다녀? 더럽소, 저리 비키시오"라며 지나가자 브라만은 자기가 메고 가는 것이 정말 염소인지 개인지 의심쩍어진다. "모두 개라는데 내 눈이 먼 건 아닌가? 여러 사람이 그렇다고 말하면 그건 진실이다. 이건 염소가 아니라 혹시 도깨비 아닐까? 도깨비가 마법을 걸어 염소 꼴을 하고 있는 건지도 몰라." 생각이 거기 미치자 브라만은 얼른 염소를 숲에 내동댕이치고 몸을 씻고는 달아난다. 악당들은 염소를 가져다 그날 저녁 포식한다.

다수성의 위력을 이용한 악당들의 트릭은 훌륭하다. 그러나 그 트릭이 효력을 낸 것은 브라만의 머리를 바꿔놓은 '마법의 의혹'이다. 지금 인간에게 중요한 가치들은 개처럼 들판에 버려지고 있다. 정치권력, 자본, 선정주의 매체들이 그 가치들을 쓸모없는 것이라고 하루 세 번씩 떠들고, 기술 유토피아의 이데올로기에 홀릴 준비를 하고 있는 사람들은 브라만의 의혹에 빠져 그것들을 버리고자 한다. 그들 자신의 박탈과 굶주림을 위하여.

과학논리와 종교적 믿음
진화론의 종교비판과 종교성의 자연화 문제

1. 종교현상의 세계화

오늘날 인문학과 사회과학은 두 가지 흥미로운 현상과 대면하고 있다. 하나는 지난 30년간 크리스트교와 이슬람을 위시한 역사종교들이 놀라운 교세 팽창을 보이면서 '종교의 세계화' 현상을 보이고 있다는 사실이고, 또 하나는 과학 특히 진화생물학 계열의 학문 종사자들이 전례없는 치열성과 강도로 종교비판에 나서고 있다는 사실이다. 과학과 기술의 발전이 의심할 바 없이 높은 성취를 거두고 있다고 여겨지는 시대에 종교가 극적인 부흥의 순간을 맞고 있다는 것은 설명이 필요한 역설적 현상이 아닐 수 없다. 근대성modernity의 세계적 확산, 과학지식의 보편화, 과학적 합리성의 확장 등이 종교 혹은 종교적 믿음의 궁극적이고 불가피한 약화를 초래할 것이라는 생각은 불과 얼마 전까지도 학문세계에 일반적 유통력을 얻고 있었던 판단이고 예측이다. 그러나 오늘날 나타나고 있는 현상은 그런 판단과 예측이 '틀렸음'을 보여주고 있다. 종교적 열정의 이런 부흥 앞에서 과학 분야가 마치 그 열정에 맞서기라도 하듯 반대 방향의 움직임을 보이고 있다는 것도 주목해야 할 현상이다. 서유럽 문명 내부에서 과학과 교회의 관계는 역사적으로 결코 편안한 것이 아니었지만, 종교 문제에 관한 한 대체로 '불관여'의 입장을 유지해온 것이 과학 분야의 전통이다. 그런 전통으로부터는 생물학도 크게 예외가 아니다. 그러나 근년 들어 진화생물학과 그 연관 분야의 연구자들, 그리고 진화론을 자신의 학문 분야에 도입한 사람들 사이에서 쏟아져 나오고 있는 종교비판(집중적으로 유일신교들을 향한)은 비판의 수위를 넘어선 격렬한 공격성을 띠고 있다. 한 세기 전에 토머스 헉슬리가 "과학과 종교는 별개 영역"이라는 말로 진화론과 교회 사이의 잠복한 갈등을 수습하려 했다면, 지금의 상당수 진화론자들은 헉슬리의 그런 노력이 결국은 수습할 수 없는 것의 수습에 바쳐진 무용의 노력이고 오류이며, 미구에 터질 갈등의 임시 미봉책에 불과했다고 생각하는 것 같아 보인다.

종교 부흥은 지난 30년 남짓한 기간 동안 서유럽 대륙을 제외한 세계의 여타 지역들, 특히 아프리카, 아시아, 북남미 대륙 등지에서 진행되고 있다. 이들 지역에서의 종교 인구의 증대와 변동 추이를 보면 가장 두드러진 교세 팽창을 기록하고 있는 것은 가톨릭과 프로테스탄트를 합친 크리스트교이다. 현재 전 세계의 크리스트교 신봉자는 세계

인구의 3분의 1에 해당하는 20억이다. 이 중 절반이 가톨릭이고, 다른 절반이 프로테스탄트이다. 아프리카의 경우, 1900년대에 약 1,000만 명에서 1,500만 명 선으로 추산되었던 크리스트교 신도 수는 2000년 현재 3억 5,000만으로 불어나 있고, 이 중 1억 명 이상이 가톨릭 인구이다. 남미 대륙의 가톨릭신학교는 1972년 이후 350퍼센트 증가를 기록했고, 배출된 사제는 6만 명, 수녀 13만 명, 평신도 선교사 10만 명에 이르고 있다. 미국의 경우, 지난 몇십 년간 급신장세를 보여온 가톨릭이 현재 전체 인구의 약 4분의 1 선에 가까운 신도수를 확보하고 있다. 가톨릭은 오늘날 세계적으로 교세 확장 속도가 가장 빠른 거대교회이다. 프로테스탄트 중에서는 미국의 오순절교회Pentecostal 혹은 성령교회 교파가 아프리카, 아시아, 남미에서 급신장세를 보이고 있는데, 특히 아프리카에서의 교세 팽창이 기록적이다. 종교사회학자들은 세계의 크리스트교 중심부가 2050년 경에는 아프리카나 남미 대륙으로 이동할 것이고, 두 대륙 중에서도 남미가 유럽을 계승해서 가장 많은 크리스트교 신도를 가진 대륙이 될 것이라 예측하고 있다.

크리스트교 이외 종교들의 성장세도 주목할 만하다. 미국의 종교적 열정과는 반대로 서유럽은 '탈종교' 혹은 '탈신앙'의 두드러진 추세를 보인다고 흔히 관찰되고 있지만, 무슬림 인구의 유럽 이입이 증가하면서 이슬람은 유럽 각지에서 빠른 신장세를 보이고 있다. 아랍 지역과 비아랍 지역, 아프리카 등지에서 이슬람 인구는 여전히 증가하

공주는 어디에 있는가

고 있다. 유럽과 북미 대륙에서의 불교 신도의 증가 추세도 인상적이다. 인도 대륙의 힌두교도 위축되고 있지 않다. 유교는 중국에서 새로운 부활의 계기를 맞고 있다. 사회주의 중국이 국가차원에서 유교 부흥을 앞장서 선도하고 있는 것은 동아시아의 사회과학과 인문학이 주목해야 할 극히 중요한 움직임의 하나이다. 중국은 새뮤얼 헌팅턴이 '문명의 집단적 정체성'이라 부른 종교로부터 동아시아 문명의 뿌리를 찾아내어 헌팅턴식의 세계지도를 완성함과 동시에 동아시아적 문명의 대안을 세계에 내놓고자 하는 것인지 모른다. 물론 이 부분은 억측 이상의 정밀한 학문적 분석이 필요한 대목이다. 우리가 일단 주목할 것은 유교의 부활까지도 포함한 전 세계적 종교 부흥 현상이 '근대성의 확장과 종교의 불가피한 쇠퇴'라는 정통적 공식으로는 설명되지 않는다는 점이다. 종교사회학의 피터 버거 교수는 최근 이 문제를 가장 선명하게 정의한 사람의 하나이다. "지금까지 우리는 모더니티가 확산되면 될수록 종교는 쇠퇴한다the more modernity, the less religion는 간단한 아이디어에 매달려왔는데, 이 생각은 틀린 것이다."

서유럽의 경우, 모더니티의 진행에도 불구하고 크리스트교가 어떻게 계몽주의와 근대기획의 중심부였던 유럽에서 소멸의 운명에 빠지지 않고 살아남을 수 있었는가 하는 문제는 물론 새삼스러운 화두는 아니다. 사회학을 제외하더라도 정치학의 한나 아렌트, 인문학의 미르세아 엘리아

데 등은 큰 틀에서 그 문제를 다루고자 했던 사람들 중의 일부이다. 수많은 논문들도 나와 있다. 그러나 지금 관심의 대상이 되고 있는 것은 종교의 '살아남음survival'이 아니라 '부흥revival'이며 종교적 열정의 '세계화'이다. 더구나 이 현상은 근대기획의 상당 부분을 비판하고, 그것의 부정과 그로부터의 이탈을 권고해온 '탈근대post-modernity'의 이론 프레임들로도 잘 설명되지 않는다. 2차 세계대전 이후 서유럽 국가들에서의 크리스트교 인구의 급속한 감소 추세에 주목해온 일부 논자들은 그 감소가 200년에 걸친 근대적 세속화의 불가피한 결과라는 쪽으로 사태를 파악하고, 각종 종교의 유사한 쇠퇴 현상이 세계 여타 지역들에서도 나타나게 될 것이라는 예측을 내놓게 된다. 그들이 간과한 것은 특정 종교의 신자 감소 경향만으로는 인간이 가진 '종교성religiosity' 혹은 '믿음을 향한 성향' 자체의 약화를 추론해낼 수 없다는 점이다. 이 종교적 성향은 그것이 가진 놀라운 보편성에도 불구하고 과학적 합리성의 이론으로는 잘 설명되지 않고, 탈근대의 어느 이론틀로도 잘 포착되지 않는다. 이런 사정은 과학적 지식의 기이한 두 가지 곤경을 초래한다. 첫째, 우리는 어떤 것이 있다는 '사실'을 알면서도 그 사실을 아직은 과학적 '지식'으로 구성해내지 못한다. 둘째, 그것이 '있다'는 사실을 우리가 아는 것은 과학적인 존재 입증을 통해서가 아니라 과학 이전의 혹은 넓은 의미에서 비과학적인 종교적 지향을 통해서이며, 과학은 이 지향의 기원, 근거, 구조를 합리성의 틀로 설명하는 데

공주는 어디에 있는가

는 아직도 극히 빈약한 단계에 머물고 있다.

2. 진화론자들의 종교비판

지난 몇 년 동안 종교, 특히 유일신교들을 향해 치열한 공격을 퍼붓고 있는 사람은 대표적으로 옥스퍼드대학교의 생물학자 리처드 도킨스이다. 그는 『이기적 유전자The Selfish Gene』로 진화론의 대중화에 크게 기여한 후 지금까지 대여섯 권의 대중 저서를 내놓고 있는데, 이 중 종교비판에 집중하고 있는 것은 2006년에 낸 『만들어진 신The God Delusion』이다. 여기서 신은 아브라함의 신, 곧 히브리 경전과 크리스트교 구약의 신이자 신약의 나자렛 예수가 '아버지'라고 부른 '야훼'이다. 그 야훼를 향한 도킨스의 공격은 유일신 종교에 대한 그의 혐오를 압축한다. 구약의 신은 "인간이 만들어낸 모든 허구적 인물들 가운데 가장 불쾌한 캐릭터"라는 평가와 함께 도킨스가 내놓는 야훼 묘사는 이러하다.

> (그는) 질투할 뿐 아니라 질투를 자랑하며, 좀스럽고 부당하고 용서를 모르는 통제의 광인이다. 그는 복수심에 불타고 피에 굶주린 인종청소꾼, 여성혐오자, 인간증오자, 인종차별주의자이며 유아 살해, 대량 살해, 자녀 살해를 일삼는 자, 역병을 몰고 오

는 자, 과대망상과 사도마조히즘Sadomasochism과 변덕스러운 악의로 뭉쳐진 골목악당이다.

『만들어진 신』을 비롯한 여러 저술에서의 논급을 종합해보면, 도킨스에게 종교는 인간 개체의 생존과 번식에는 아무런 이득도 주지 않는 무용지물, 숙주에 달라붙어 있으면서 숙주의 적응을 돕기는커녕 그를 곧잘 위험에 빠트리는 정신 바이러스, 근거 없는 것에 대한 믿음을 체계화한 조직적 착각, 진화 과정에서 발생한 불행한 사고의 하나에 불과하다. 이런 종교관은 물론 도킨스 혼자만의 것이 아니다. 조금씩 차이는 있지만 '신무신론자neo-atheists'로 불리는 일단의 진화론자들이 공유하거나 동조하는 종교관들도 근본적으로는 도킨스의 그것과 별로 다르지 않다. 신무신론 집단의 종교관은 종교현상을 이해하기 위한, 혹은 종교를 설명하기 위한 지금까지의 수많은 과학적 시도와는 전혀 그 성격과 목적을 달리 한다. 그들의 목적은 종교현상에 대한 과학적 관점에서의 설명이 아니라 문자 그대로 종교를 겨냥한 공격이다. 진화생물학 쪽에서 이처럼 강경하고도 원색적인 종교 공격을 감행하고 나선 것은 전례가 없었던 일이다.

왜 이런 사태가 벌어졌는가? 종교와의 직접적이고 극적인 대결국면은 피한다는 것이 다윈 이후 진화론 진영의 암묵적 전통이었다는 점에서 보면 도킨스와 그 동조 생물학자들의 행동은 돌발적 일탈 같은 것으로 비칠 수 있다.

그러나 진화론자들의 입장에서 보면 그것은 일탈이 아니다. 그들을 종교비판에 나서게 한 직접적 사단은 '종교의 과학침입'이다. 여기서 '종교'는 구체적으로 1990년대 이후 미국에서 상당한 세력을 얻기 시작한 '지적 설계intelligent design'론이고 '과학침입'이란 진화론자들의 눈에는 창조론과 마찬가지로 종교적 도그마에 불과한 지적 설계론이 과학의 이름으로 과학의 탈을 쓰고 진화론과 나란히 중등교육 과학 과목의 하나로 당당히 교실에 들어오려 한 움직임이다. 지적 설계론의 교실 진입 시도는 법정 소송과 판결로까지 이어진 끝에 현재로선 일단 좌절된 상태지만, 진화생물학자들이 보기에 그 시도는 종교가 과학의 영역을 치고 들어온 '참을 수 없는' 사건이다. 생명체의 진화 이전에 어떤 창조적 지성에 의한 설계가 있었다는 지적 설계론의 주장은 진화를 선행하는 어떤 설계도 인정하지 않는 진화론의 관점에서는 과학이 아니다. 도킨스가 요약한 대로 "진화에 앞선 설계란 존재하지 않는다. 우주의 근원에 처음부터 설계가 있었다고 말할 수 없다"는 것이 진화이론이기 때문이다. 과학 아닌 종교적 도그마가 과학을 치고 들어온다면, 과학은 그 도그마에 맞서기 위해 종교비판에 나서야 한다는 것이 진화론자들이 행동에 나선 이유이다. 그러나 지적 설계론이 종교와 과학을 혼동하고 있다면, 도킨스의 종교비판 역시 결정적인 혼동의 오류에 빠져 있다. 종교적 도그마에 대한 비판과 종교비판은 반드시 같은 것이 아니며, 도그마의 배척이 곧바로 종교 배척이나 종교 부정으로 이어져야 하는 것도 아니다.

　신과 종교에 대한 도킨스류의 비판은 종교와 과학을 '별개 영역'으로 놓고 그 분리 위에서 양자 화해 혹은 '휴전'을 종용해온 과학계의 한 전통을 거부한다는 점에서도 상당히 과감한 데가 있다. 스티븐 제이 굴드는 과학과 종교의 화해를 주장한 대표적인 생물학자이다. "과학의 그물은 경험우주를 다루고, 종교의 그물은 도덕적 의미와 가치의 문제를 다룬다. 두 영역은 서로 겹치지 않고, 겹칠 수 없다. 그러므로 과학과 종교는 상호 겸손과 존경의 담론으로 상대 영역의 불가침성을 존중해야 한다"는 것이 굴드가 제시한 화해론의 요지인데, 이런 태도는 사실은 굴드 혼자의 것이었기보다는 대체로 과학계가 견지해온 불관여의 전통을 대변한다. 그러나 도킨스는 이런 불간섭 화해론에 대해서도 거부의 입장을 선택한다. "우리가 과학자로서 왜 신에 대해 논평해서는 안 된다는 것인가? 어떤 창조적 감독자가 우주를 만들었다면, 그 우주는 그런 감독자 없이 만들어진 세계와는 아주 다를 것이 아닌가? 그것이 어째서 과학적 문제가 아니란 말인가?" 과학과 종교가 영역의 엄격한 분리와 불간섭의 원칙에 매이기보다는 어떤 방식으로든 세계에 대한 이해를 상호 교환할 필요가 있다는 점에서 보면 도킨스의 관여 주장은 일리가 있어 보인다. 하지만 도킨스가 노리는 것은 그런 소통과 상호이해를 도모하는 일이 아니라, 과학의 눈으로 보았을 때의 '종교의 비합리성과 우둔성'을 지적하고 힐난하는 것이다. 그의 논조에는 "당신들은 어찌 그리도 우둔할 수 있는가?"라는 비난과 조롱이 숨어 있다. 굴드가 종교와 과학의 영역 분리를 말한 것은 종교와 과학의 '하는 일'이 서로 다르기 때문에 그 '다름'을 존중하자는 것이지, 소통의 불가능성을 의미한 것이 아니다. 신무신론 집단의 일원이면서 생물학이 아닌 철학 분야에서 종교비판에 나서고 있는 대니얼 대닛은 굴드의 분리론과 도킨스의 입장을 이런 식으로 조정한다. "종교가 하는 일과 과학이 하는 일이 다르기 때문에 두 영역을 분리하자는 굴드의 주장이 맞다 하더라도 그게 곧 종교가 하는 일을 과학이 연구할 수 없다는 의미여서는 안 된다. 분리론의 의미는 종교가 하는 일을 과학이 대신할 수 없다는 것이다." 대닛의 이런 논평은 "과학은 하늘이 어떻게 움직이는가를 말하고, 종교는 그 하늘로 어떻게 올라갈 것인가를 말한다"는 오래된 농담의 지혜를 상기시킨다.

3. 종교성의 자연화 문제

과학이 종교를 비판하는 일과, 인간이 가진 종교적 믿음의 성향을 과학적으로 연구하는 일은 같은 것이 아니다. 도킨스 방식의 종교비판이 결정적으로 놓치고 있는 것은 이 부분이다. 과학이 신의 존재 여부를 과학적으로 입증하는 일은 가능하지 않다. 신은 과학적 입증의 대상이 아니기 때문이다. 과학이 할 수 있는 일은 인간이 어째서 과학으로는 입증할 수도 이해할 수도 없는 어떤 영원한 것, 초월적인 것, 측량할 수 없고 이성이 가 닿을 수 없는 것에 대한 기이한, 그러나 모든 인간사회에서 확인되는 보편적 믿음의 성향을 갖고 있는가를 과학적으로 연구하고 설명하는 일이다. 이것은 오랫동안 과학의 할 일이 아닌 것으로 여겨지고 있었던 작업이다. 그러나 진화생물학, 인지신경학, 진화심리학 등 진화론의 설명도구와 이론으로 인간 또는 '인간본성'에 대한 연구가 왕성하게 진행되면서 인간의 종교적 성향도 진화론의 연구 대상 속에 편입된다. 인문학이나 사회과학은 이 분야에서의 진화론적 연구 성과들을 무시하거나 거부할 이유가 없다. 그 연구로부터 의미 있는 발견들이 이루어진다면 그것은 인간에 대한 인간의 이해를 풍요롭게 하고, 지식의 지평도 넓혀줄 것이기 때문이다.

인간의 종교적 성향에 대한 진화론적 연구는 인간의 도덕성 혹은 도덕적 능력에 대한 진화론적 연구와 깊게 연결되어 있다. 칸트는 "나를 놀라게 하는 것은 두 가지다. 하나는 밤하늘의 찬란한 별들이고, 다른 하나는 이 지상의 인간들에게서 발견되는 도덕성이다"라고 말했는데, 이 '도덕성'은 종교, 신, 초월자 같은 문제와 불가분의 관계로 묶여 있다. 인간이 가진 도덕적 성향은 어디서 온 것인가? 도덕성은 비자연적이고 반자연적인 것인가, 아니면 인간이 진화 과정에서 획득하고 유전정보로 입력된, 그래서 인간의 자연적 본성의 일부가 된 생득성향인가?

초기 진화론은 물론 현대 진화론자들 사이에서도 도덕성은 인간이 생후에 획득하는 비자연 혹은 반자연적인 능력으로 여겨져오다가 아주 최근에 와서야 연구방향의 전환이 발생한다. 1894년 '진화와 윤리'라는 강연에서 "인간의 윤리적 진보는 자연과의 싸움에 달려 있다"고 말한 토머스 헉슬리의 언명을 완전히 뒤집어 "그렇지 않다. 인간의 윤리적 능력은 인간이 진화 과정에서 획득한 자연적·유전적 생득성향"이라 말하게 된 것이 그 전환의 내용이다. 이 관점에서 보면 조지 윌리엄스 같은 현대 진화생물학자가 "'인간의 도덕성은 우연한 능력'이며, '무한한 우둔성'이고, 생물학적 과정은 정상적으로는 이 도덕적 능력에 반대된다"고 말한 것은 1세기 전 '헉슬리의 오류'를 반복하는 발언이다. 이런 전환과 함께 현대 진화론은 이를테면 "진화론의 관점에서 사회는 어떻게 가능한가?" 같은 질문에 쉽게 답할 수 있게 된다. 사회를 유지하는 데 필요한 협동, 협력, 친절, 관대함, 이타심, 동정 같은 덕목들은 자연에 반하는 것이 아니라 인간 진화에 필요한 조건들이며, 따라서 진화 과정을 통해 인간본성 속으로 입력되고 유전되게 된 자연적 성향이라는 식의 답변이 가능해진다. 만약 '야비함'이 생득성향이라면, 관대함도 생득성향이다. 인간본성에 대한 비관적 관점만이 인간에 대한 리얼리즘인 것은 아니다. 과거의 진화생물학과 현대 진화생물학 사이의 한 가지 큰 차이는 인간의 도덕성, 사회성, 이타성을 반자연/반

진화/우연성/우둔성/사고로 보던 관점을 뒤집어 그것들이 오히려 진화의 명령이라는 쪽으로 이동시킴으로써 인간성에 대한 설명방식을 바꾸고 있다는 점이다.

진화론이 인간의 보편처럼 보이는 종교적 성향을 연구하고 설명하는 데에도 이와 유사한 전환이 발생하고 있다. 현대 진화론은 윤리의 자연화를 시도한 것과 같은 방식으로 '종교적 성향의 자연화'를 추구한다. 종교성이 자연적인 것이라면, 종교 자체도 '자연현상'이 된다. 종교성은 진화 과정에서 일어난 사고, 우연, 무용지물이 아니라, 생존과 번식을 돕는 적응 메카니즘이거나 적응적 이득을 가졌던 어떤 다른 능력들로부터 파생된 부산물로 설명된다. 적응기제냐 부산물이냐의 문제를 떠나 이 방식의 설명법은 아직은 상당 부분 조악성을 면치 못하고는 있지만, 종교적 성향에 대한 진화론의 소위 '과학적 해명'을 조금씩 진전시키고 있는 것이 사실이다. 그러나 문제가 없지 않다. 진화론은 진화론이기 때문에 생존과 번식이라는 두 개의 적응 명령과 유전성을 모든 설명방식의 이론적 원칙으로 고수해야 하고, 모든 설명을 그 원칙에 맞추지 않으면 안 된다. 이 경우 종교성의 여러 특징들 가운데 적응적 이득이 있어 보이는 것은 적응기제로, 유용성이 없어 보이는 것들은 진화 과정의 부산물로 처리된다. 이런 처리 결과로 얻어지는 지식은 과학적 지식일 수도 있고 아닌 것일 수도 있다. 종교성을 예외 없이 자연적 유전정보로 상정해야 하는 것 자체가 진화론의 벗어날 수 없는 한계이다. 종교가 반드시

'자연현상'인가? 이런 한계 때문에 진화론적 설명은 다른 설명의 방식들과 다른 분야들로부터의 통찰에도 늘 겸손한 소통과 참조의 문을 열어두지 않으면 안 된다.

문명, 인간, 동물

'도서관 고양이 듀이' 이야기는 꽤 유명하다. 듀이는 미국 아이오와 주의 소도시 스펜서의 한 공공 도서관에서 19년을 살다가 2006년 11월에 죽은 고양이다. 고양이의 평균수명이 14년에서 20년 정도라니까 듀이도 고양이치고는 장수한 편이지만, 그러나 그가 나이 때문에 유명해진 것은 아니다. 일반 가정이 아닌 공공시설에서 19년이나 산 고양이의 생애는 그 자체로 특별한 데가 있음직하다. 아닌 게 아니라 이 도서관 고양이의 특별한 삶을 다룬 기록영화가 만들어진 적이 있고, 그를 키우고 돌보았던 도서관 사서들이 공동으로 『듀이 전기』를 써서 출판한 일도 있다. 이 고양이 일대기는 듀이 사후 어떤 출판사가 다시 판권을 사들여 재출간을 준비하고 있는데, 저자들에게 지불된 판권료는 120만 달러나 된다고 한다.

돈 계산에 밝은 사람들은 무슨 위인전도, 대통령 회고록도 아닌 고양이 전기에 그만한 액수의 판권료가 지불되

공주는 어디에 있는가

었다는 사실에 어리둥절할지 모른다. 그러나 고양이 전기는 고양이가 고양이의 언어로 쓴 자서전이 아니라 인간이 인간의 언어로 쓴 전기다. 그것은 고양이에 대한 이야기이면서 동시에 그 고양이와 함께 지내온 도서관 사람들의 이야기, 인간과 동물 사이에 맺어진 어떤 '특별한 관계'에 관한 이야기다. 고양이 듀이가 도서관에 오게 된 사연부터가 특별하다. 19년 전 어느 날 아침, 도서관 건물 바깥의 도서반납함에서 책을 수거하던 사서는 상자 안에 새끼고양이 한 마리가 웅크리고 앉아 있는 것을 발견하고 깜짝 놀란다. 누군가가 책을 반납하면서 실수로 떨어트렸거나 특별한 방식으로 도서관에 기증(?)하고 간 경우였을 것임이 분명하다. 기다려도 주인은 나타나지 않는다. 사서들은 이 버려진 고양이를 거두어 '듀이Dewey'라는 이름을 붙여주고 정성껏 돌보며 도서관에서 키우기 시작한다. 그렇게 시작된 듀이의 삶에 관한 이야기는 결국 인간과 동물 사이에 이루어진 교감과 이해, 애정과 연민에 관한 이야기, 더 정확히는 '휴먼 스토리'다. 이 경우 휴먼 스토리는 '인간 중심의 이야기'라는 뜻이 아니다. 그것은 인간의 가장 인간다운 부분, 인간이 가진 선하고 아름다운 것들의 실현 가능성이 미미한 동물과의 관계에서 드러나고 발휘되었다는 의미에서의 휴먼 스토리다.

미미한 동물? 21세기에 동물에 관한 에세이를 쓰고자 하는 자는 우선 인간이 '미미한 동물'이라는 식의 표현을 쓰는 것에 대한 부끄러움부터 고백하지 않으면 안 된다. 동물은 핵전쟁을 준비하지 않고, 폭탄을 터뜨리지 않으며, 총기를 난사하지 않는다. 이 '하지 않음'의 능력이 미미한 것인가? 동물은 위협이 없는 한 타자들을 상대로 대량학살도, 멸종작전도 벌이지 않는다. 이것은 무능력이 아니고, 미미한 일도 아니다. 동물은 인간에게 없는 놀라운 능력들을 갖고 있다. 동물은 인간이 듣지 못하는 것을 듣고, 느끼지 못하는 것을 느끼며, 보지 못하는 것을 본다. 동물은 인간이 참을 수 없는 추위를 참아내고, 인간이 견딜 수 없는 더위를 견디어낸다. 그는 인간이 모르는 것들을 안다. 그는 인간이 알 수 없는 비밀들을 알고 있고, 인간이 해결하지 못하는 문제의 해법도 알고 있다. 이 지각의 능력, 인지와 해결의 능력은 결코 미미하지 않다.

21세기에 동물을 생각하는 자는 또 인간이 '인간 대 동물'이라는 2분 구도를 동물 비하와 멸시의 장치로 오랫동안 사용해왔다는 사실의 수치스러움에 대해서도 말하지 않으면 안 된다. 인간은 그 자신이 동물이고 동물계의 일원이라는 사실을 부정하고자 하는 동물, 오랜 부정의 버릇 끝에 마침내 그가 동물임을 잊어버린 동물이다. 이 부정과 망각 위에 인간은 자기 존재의 정당성을 세우고자 하며, 그로부터 그의 존재 의미와 광휘를 끌어낸다. 인간이 이세계에서 자신의 지위를 특별히 높은 곳에 위치시킬 수 있게 된 것도, 아니 위치시킬 수 있다고 믿게 된 것도 동물 부정의 힘에 의해서다.

공주는 어디에 있는가

물론 인간은 동물계의 여타 존재들과는 구분되는 많은 특징들을 갖고 있다. 인간은 고양이가 아니고 오랑우탄도, 침팬지도 아니다. 그러나 그가 가진 특징들은 생물계의 종과 종을 구분할 수 있게 하는 '차이'의 범주에 속한다. 그 차이의 어떤 것은 인간에게 빼어난 능력을 가질 수 있게 하고, 어떤 것은 다른 동물들에 훨씬 못 미치는 수준으로 인간능력을 제한한다. 그런데 인간은 그 종적 차이들에 입각해서 자연계의 여타 동물들을 한없이 무시하고 짓밟아도 되는 미미한 존재, 죽여 없애고 팔아먹고 무한히 착취해도 되는 미천한 존재들로 끌어내리는 데 성공한다.

동물들의 품위에 가해진 이런 폭력과 위협으로 동물의 노예화를 진행해온 것은 인간의 수치다. 수치는 노예가 된 자의 것이 아니라 노예를 만든 자의 것이다. 한국인들이 살아 있는 곰의 몸통에 대롱을 박아 넣고 쓸개즙을 빨아먹을 때 곰은 속절없이 당할지라도 부끄럽지는 않다. 부끄러운 것은 곰이 아니라 인간이다. 중국인들에게 산 채로 지느러미를 잘리고 바닷속으로 내동댕이쳐지는 상어들은 피를 쏟으며 죽어가지만 그것이 수치의 피는 아니다. 생명체를 대상화하고 노예화하는 자들은 그들 자신이 노예의 체계에 갇힌다. 노예의 체계를 타자에게 강요하는 자는 그들부터가 그 체계의 수인囚人이다. 동물을 노예화하고 착취해오는 동안 인간은 다른 존재가 아닌 바로 인간 그 자신을 노예화하게 된다. 이것이 모든 제국주의, 모든 식민주의, 모든 전체주의의 역사다. 인간이 동물을 노예화하기 시작한 순간과 정치-경제적 제국주의의 순간 사이에는 깊은 유사성의 관계가 있다.

1. 문명 속에서의 동물

동물과 인간의 관계는 인간의 삶에서 동물이 어떤 가치와 의미를 갖는가에 따라 형성되고 바뀌어온 역사를 갖고 있다. 문명 이전 선사 수렵시대에 동물이 인간에게 주로 의미한 것은 먹이로서의 '사냥감'이다. 이 경우 동물은 인간이 먹을 수 있는 것인가 아닌가, 위협적인 것인가 아닌가라는 용도 기준에 따라 그 의미와 가치가 규정된다. 먹을 수 있는 동물은 사냥해야 하고, 먹을 수 없는 것은 손대지 않으며, 위험한 동물일 경우에는 도망쳐야 한다. 인간생활의 물질적 토대로서, 생산양식과 삶의 방식으로서의 문명은 동물과 인간의 관계양상을 훨씬 다양하고 복잡한 것으로 만들어놓는다. 문명은 1만 년 전 농업생산이 시작된 이후의 누적적 산물이다. 동물이 먹잇감이자 동시에 먹이 이상의 가치와 효용으로 인간의 삶에 연결된 것은 농업목축시대의 전개 이후이다. 농업, 목축, 유목 등 조직적 생산양식의 발전과 함께 동물은 생산수단과 이동 및 운반수단이라는 새로운 가치로서, 노동력으로서, 인간의 삶을 도와주는 조력자로서의 새로운 의미를 가지고 인간의 삶 속으로 편입된다. 이때부터 야생의 동물 상당수가 인간에 의한 조직적 사육체계 속으로 들어온다.

이것은 문명의 전개 이후 인간과 동물의 관계에 발생한 첫 번째 큰 변화이다. 농업목축시대의 기술혁신을 대표하는 쟁기, 수레, 바퀴 등 세 가지 발명품은 소, 말, 순록 같은 동물들의 순치와 사육에 연결되어 있다. 이동 수단에는 물론 낙타와 코끼리도 포함된다. 돼지, 닭, 오리, 거위, 양, 염소 그리고 기타의 식용동물은 단백질의 안정적 공급을 위한 동물농업(목축)의 대상이 된다. 먹을 수 있는가 없는가라는 수렵시대적 기준은 문명의 단계에서도 여전히 유효했지만, 식용 이외의 수단적 가치라는 또 다른 기준이 동물과 인간의 관계를 형성하는 새로운 요소로 추가된다.

현대인이 애완동물이라 생각하는 개, 고양이 등은 문명의 초기 단계에서는 애완용이 아니라 인간의 삶을 돕는 조력자로서의 실용성을 인정받고 사육대상이 된 경우이다. 개의 실용가치가 널리 알려진 것에 비하면 고양이의 효용은 그리 잘 알려져 있지 않다. 고양이가 인간의 '해비타트Habitat(주거환경)' 속으로 들어온 것은 길어야 5,000년 전 정도일 것이라 추정되어왔지만, 키프로스섬에서 발굴된 9,500년 전 무덤에서 사람 뼈와 고양이 뼈가 함께 발견된 이후 인간과 고양이가 함께 살기 시작한 시점의 추정도 1만 년 전 초기 농업시대로까지 거슬러 올라가게 된다. 고양이는 쥐 등의 설치동물로부터 곡물을 지켜줌으로써 농업시대 인간의 삶을 돕는 소중한 조력자 역할을 수행했던 것으로 보인다.

인간과 동물의 관계에 발생한 두 번째 의미심장한 변화는 동물의 전시물화, 곧 '구경거리'로서의 동물의 등장이다. 로마제국은 정치적 안정을 위해 이런 변화를 조직적으로 도입한 최초의 거대 통치세력이다. 제국의 안정적 통치를 위해서는 '빵'만 필요한 것이 아니라 '서커스'가 있어야 한다는 위대한 진실을 간파한 것이 로마제국이다. 사자, 호랑이, 코끼리 등이 '빵과 서커스'라는 통치공식의 '서커스' 부분을 담당하기 위해 로마의 검투경기장으로 동원된다. 제국이 소멸하고 난 다음에도 빵과 서커스 전통의 효용은 살아남아 이후 유럽 각지 통치세력들의 손에 계승된다.

'동물원'은 그런 계승의 한 형태이다. 17세기 말 프랑스의 루이 14세가 시작한 '메나주리Menagerie(왕립동물원)'는 대중용 근대 동물원의 효시이다. 이 동물원이 수집 전시한 것은 사자, 호랑이 같은 맹수, 코끼리, 하마 등의 덩치 큰 동물, 타조 등의 진기 동물들이다. 이런 동물들을 들여와 전시할 수 있는 '힘'은 아무나 갖고 있는 것이 아니다. 동물 전시에 나설 만한 민간 상업조직이 아직 출현하지 않았던 근대 유럽에서 그 일을 할 수 있었던 유일한 세력은 통치권력이다. 따라서 '메나주리' 같은 동물원은 동물 전시를 통해 통치권력의 위세와 권능을 과시하려는 강한 정치적 동기의 산물이다. 동물원이나 동물 그 자체보다는 자연계의 가장 사나운 동물들, 덩치 큰 동물들과 구하기 힘든 희귀 동물들을 끌어모을 수 있는 제국의 힘과 권능을 과시하는 일이 더 중요했던 것이다.

문명의 근대적 전개에서 볼거리와 오락의 제공이 차지하는 사회적 정치적 경제적 중요성은 아주 크다. 프랑스의 선례에 뒤이어 제국주의 시기의 유럽 국가들이 다투어 동물원을 만든 것은 그 때문이다. 동물원은 극장, 박물관, 오페라관 등과 함께 문명국의 '국립'시설로 올라선다. 동물원 동물은 식용도 노동투입용도 아니다. 그것은 오로지 '보기' 위한 것이므로 생김새, 크기, 행태가 볼거리로서의 충분한 진기성을 갖고 있어야 한다. 전시 동물의 종류도 훨씬 다양해진다. 코뿔소, 하마, 악어, 타조, 앵무새 등 이국 기원의 동물들이 아프리카와 아랍 지역에서 유럽으로 수입된다. 동물들은 원래의 자연 서식지에서 졸지에 잡혀와 기후 다르고 물 다른 나라의 좁은 쇠창살 우리에 갇히고 대중의 시선에 항시 노출된다. 지금은 동물원 환경이 많이 나아졌지만, 동물들이 서식환경의 난폭한 변화 속에서 쇠창살, 사육자, 관람자라는 3중의 감시망 안에서 포로의 일생을 보내야 했던 것이 초기 동물원 동물들의 생애이다.

아프리카 기린에 얽힌 일화들은 문명국의 지배세력이 구경거리와 권력과시를 연결해온 역사의 일단을 보여준다. 긴 목과 큰 덩치, 독특한 얼룩점, 순한 성질의 기린은 구경거리에는 더 없이 적합한 동물이지만, 바로 그 덩치 때문에 원지 수송이 어려웠던 동물이다. 그런 기린을 1486년 처음 유럽에 들여온 것은 이탈리아 피렌체의 메디치 가이다. 그 기린 전시는 대성공을 거두어 호기심 왕성하던 르

네상스기의 이탈리아인들에게 외부세계에 대한 관심과 모험심을 크게 자극하는 효과까지도 거두었다고 전해진다. 유럽에 두 번째 기린이 들어온 것은 피렌체의 기린으로부터 350년이 지난 1827년 프랑스의 샤를 10세 왕에 의해서다. 기린 같은 동물도 그의 통치권 안에 있다는 것을 그는 과시하고 싶었던 것이다. 당시 기린 수송대는 이집트에서 기린을 배에 싣고 간신히 마르세유 항에 도착하긴 했으나, 파리까지 육로로 운송할 방법이 없어 쩔쩔 맨다. 궁리 끝에 나온 것이 기린을 '걷게 해서' 가는 자동 도보 운송법이다. 아프리카 기린으로는 처음 프랑스 땅을 밟은 그 기린은 그렇게 해서 낯선 이국의 산천경개를 구경하며 880킬로미터를 걸어 파리로 간다.

기린의 이 기묘한 전시 여행은 연도 주민들에게 대단한 구경거리를 제공하게 되고, 샤를 10세의 위세를 과시하는 데도 큰 몫을 수행한다. 당시의 기록에 따르면 기린도 기분이 좋아 보였다고 한다. 그는 가는 곳마다 자기를 구경하기 위해 구름처럼 몰려드는 군중들을 전혀 겁내는 기색 없이 시종 의연하고 품위 있는 태도를 견지했다고 전해진다. 유럽인이 육상동물을 보기 위해 우러러 고개를 쳐든 것은 이때가 처음이 아닌가 싶다. 인간이 동물을 '올려다보고' 동물은 인간을 '내려다본' 시선의 이 역전은 흥미로운 데가 있다. 물론 기린이 그 시선 역전을 즐거워했는지 어떤지는 알 길이 없지만.

기린을 들여와서 권력 현시에 활용한 일은 중국에도 있

다. 기린이 처음 중국에 온 것은 15세기 초입의 일이다. 그러나 실물 기린이 나타나기 전부터 중국의 상징체계 속에서 용, 봉, 거북 등과 함께 권력상징으로, 혹은 상서롭고 비범한 존재로 여겨지고 있었던 상상적 동물이 '기린'(중국 발음은 'qilin')이다. 1414년 환관 정화 제독의 함대가 처음으로 기린을 싣고 왔을 때, 중국 통치자계급은 기린을 지칭하는 아프리카 원산지에서의 이름이 소말리아어로 '기린 girin'이라는 사실을 알고 이름의 그 신비한(?) 유사성에 감탄한다. 그리고는 전통적 해석체계를 동원하여 '기린'의 당도가 통치권력의 신성함과 천자의 위광을 보여주는 상서로운 사건이라고 해석한다. 통치자계급은 기린을 우러러보는 시선과 천자를 우러러보는 시선의 정치적 일치를 그런 방식으로 유도해내고자 했던 것이다.

근대 이후 문명에서 인간과 동물의 관계에 발생한 세 번째 큰 변화는 동물들의 실험용 '모르모트화'이다. 여러 종의 동물들이 의학이나 약물 실험을 위해서 혹은 군사 및 기타 목적의 실험용 모르모트가 되기 위해 사육되고 희생된다. 식용동물의 대량생산, 도살, 유통을 목적으로 하는 '동물공장animal factory'의 등장도 네 번째 변화로 추가할 만하다. 동물공장은 농장 규모의 전통적 목축업과는 기본적으로 다른 공장조직과 산업적 운영방식을 동물 사육에 도입한 20세기적 기업의 하나다. 이 기업조직에서 동물들은 사육된다기보다는 생산된다. 거기서 동물은 생명체가 아니라 재료이고 원자재이며, 궁극적으로는 '공산품'이다. 경영 효율화와 이윤 극대화의 원칙에 따라 동물들은 생산물로 관리되고 제조된다.

이런 변화들 외에도 현대문명이 동물의 지위에 발생시킨 변화들 중에는 주목할 만한 것들이 많다. 그러나 지금이 지면에서는 많은 것을 상론할 여유가 없다. 정리 삼아 말하면, 우리는 선사 이후 지금까지 인간이 거의 전적으로 자기 생존의 목적에 맞추어 먹이, 노동, 수송, 구경거리, 실험, 영리, 위안, 권력과시, 산업 등의 용도로 동물의 의미와 가치를 조직하고 동화시켜왔다는 결론에 도달한다. 문명 이전에도 그랬고, 문명의 전개 이후에는 더욱 더 그러하다. 인간 생존을 위한 물질적 토대로서의 문명의 역사는 동물의 노예화, 물품화, 대상화를 연속적으로 강화해온 역사라고 할 만하다.

2. 문명의 마지막 기회

21세기를 살고 있고 또 살아가게 될 사람들은 더 이상 외면할 수 없는 몇 가지 절박한 현실적 문제와 윤리적 요청들에 직면해 있다. 가장 절박한 문제는 지금까지 인간문명이 진행시켜온 것과 같은 속도와 규모로 생태계 파괴를 계속하다가는 이 지구상에서의 인간의 생존 가능성이 점점 좁혀지고, 마침내는 돌이킬 수 없는 파탄을 맞게 될 것이라는 전망이다. 이런 전망은 단순 '예측'이 아니라 높은 '확률'이다. 이 지상에서 인간이 잘살기 위해 고안해낸 제도와 장치의 집합이 문명이다. 그런데 그 잘살기 위해 만들어진 문명이 인간의 생존 자체를 불가능하게 하는 방향으로 치닫고 있다면 역설치고는 그런 우둔한 역설이 없다. 이 역설은 현대인이 개인적으로나 집단적으로 삶의 방식, 태도, 가치관, 행태를 포함한 삶의 모든 영역에서 어떤 중대한 현실적·윤리적 결단의 필요성 앞에 절박하게 서 있다는 사실을 말해준다.

인간을 포함해서 모든 동물은 다른 생명체들과 함께 지구 생태계를 구성하는 요소들이다. 생태계 구성요소들에는 그 생태계를 지키고 보존하는 일 이상으로 중요한 것이 없다. 그것은 그들의 첫 번째 관심사이고 이해관계여야 한다. 인간에게 그 일은 관심사 이상의 '의무'이다. 두 가지 의미에서 그러하다. 첫째, 지구 생태계를 파괴해온 행위의 주역은 인간이기 때문에, 그 파괴된 생태계를 복원해야 할 책임도 인간에게 있다. 둘째, 이 지상에서의 인간종의 절멸을 막고, 그 생존 가능성을 유지해야 할 책임은 인간 자신에게 있다. 그것은 고양이의 책임도 기린의 책임도 아니며, 신의 책임도 아니다.

동물과 인간의 관계를 새롭게 구성하는 일은 생태계를 복원하는 일의 하나다. 생태계는 다양성의 체계이며, 이 체계는 종의 절멸을 싫어한다. 종이 절멸한 생태계는 이미 생태계가 아니다. 동물의 다양한 종들이 최대한으로 보존되어야 하는 이유는 거기 있다. 동물들은 그들 자신의 아름다움, 그들 자신의 품위, 그들 자신의 존재권을 인정받아야 한다. 지금까지 인간문명이 동물 학대, 착취, 노예화에 골몰해왔다면, 문명의 그 행태는 수정되어야 한다. 이 수정을 위해서는 동물에 대해 인간이 취해온 태도의 변화가 필요하다.

인간만을 생태계의 정점에 올려놓는 일은 과학적으로도 근거 없고, 윤리적으로도 정의롭지 못하다. 인간의 몸에는 수억 년 전 박테리아 시절부터 생명체가 진화의 과정에서 수집해온 정보와 반응 능력, 지식과 기억이 보존되어 있다. 인간은 그 긴 생명체 진화 과정의 한 결과이다. 이 점에서 인간의 '우위'를 인정하지 않는 현대 생물학의 입장은 과학적으로 옳다. 인간이 잘난 존재라면, 다른 동물도 잘난 존재들이다. 인간이 아는 것이 많다면, 동물들도 아는 것이 많다. 인간이 아름답다면, 동물들도 아름답다. 아니, 사실을 말하자면 동물들은 우리 자신보다, 우리가 아는 대부분의 인간들보다 훨씬 더 아름답다고 해야 옳다.

윤리적 능력의 면에서 따지면 인간은 동물들보다 훨씬 아랫길에 있다. 동물들은 겸손하다. 그러나 인간은 겸손하지 않다. 그는 건방지고 무례하며 오만하다. 인간은 그의 언어와 이성을 자랑하지만, 동물들도 인간이 모르는 그들의 언어, 인간이 모르는 이성을 갖고 있다. 철학자 비트겐슈타인의 말은 기억할 만하다. "동물들이 언어를 갖고 있다면, 인간은 그 언어에 접근하지 못한다." 인간은 동물이

공주는 어디에 있는가

말 못하는 벙어리, 바보, 멍청이라고 생각한다. 그러나 동물의 침묵이 신의 침묵과 닮은 것이라면? 고대 이집트인들이 고양이에 대해 한 말은 두고두고 기억할 만하다. "고양이는 모든 것을 알고 있다. 그러나 그들은 침묵한다. 그들이 침묵하는 이유는 인간의 일에 끼어들거나 인간의 결정에 영향을 주지 않기 위해서다." 이집트인들이 고양이를 '바스트Bast' 여신으로 섬긴 이유다.

생명체의 품위는 생명 그 자체의 존중에서 확보된다. 이것은 21세기 인간에게 제기되는 윤리적 명령의 하나다. 생명체가 어떤 다른 것을 위한 수단이 되고 생명 이외의 목적과 용도에 종속되는 순간, 생명체의 품위는 사라진다. 그러나 이 명령은 인간들에게 깊은 딜레마를 안긴다. 인간은 먹어야 산다. 그는 살기 위해 배추, 무, 당근을 먹어야 하고, 동물의 살을 섭취해야 하며, 먹을 것의 안정적 공급책을 세워야 한다. 정도의 차이가 있을지라도 생존의 이 절대적 명령에 종속되기는 다른 동물들도 마찬가지다. 지상의 모든 동물들은 살기 위해 다른 생명체들을 파괴한다. 생존은 그런 파괴행위 위에서만 지탱된다. 생명체는 타 생명체의 폭력적 파괴, 희생, 착취를 통해서만 자기 생명을 유지한다. 이것이 생존의 윤리적 딜레마다. 인간은 이 딜레마를 풀어내거나 피해 갈 수 있는가? 인간이 위선에 빠지지 않고 동물의 품위를 말할 수 있는가?

앞서 우리는 삶의 물질적 토대로서의 문명에 의한 동물

의 노예화를 주로 말했지만, 문명의 정신적 차원을 대표하는 예술, 종교, 신화, 의식 등은 인간과 동물의 관계에 끼어드는 '생존의 딜레마'에 대한 깊은 고뇌와 성찰을 담고 있다. 고대 인도와 그리스사회는 "동물을 죽여도 되는가?"라는 질문을 윤리의 차원에서 따지는 사유전통을 갖고 있다. 불교와 자이나교는 그 질문에 간명하게도 "아니다"라는 답변을 내린 대표적 종교들이다. 그리스사회는 대중 의식, 신화, 예술을 통해 그 딜레마의 해법을 모색했고, 그리스를 이어받은 로마사회도 사육제 등의 축제를 통해 그 딜레마의 상징적 해소를 시도한다. 사육제의 가면 축제는 그런 상징적 해소의 좋은 예다. 사육제 기간 동안 사람들은 동물탈을 쓰고 축제에 참가한다. 동물 가면을 쓰는 것은 인간이 동물과 자리를 바꿔 앉고 인간이 동물이 되어보는 상징적 교환의 행사이다. 더 정확히는 인간과 동물이 한 몸이 되어보는 동체구현의 의식이다. 고대 시베리아 부족의 사냥꾼들에게서도 이런 위치교환과 '한 몸 되기'의 의식들이 발견된다.

우리가 생존의 딜레마라고 부른 것은 사실은 누구도 피해갈 수 없는 딜레마임에 틀림없다. 그러나 중요한 것은 생존과 탐욕을 구분하는 지혜이다. 생존의 필요성이나 생존의 욕구는 '탐욕greed'과는 다른 것이다. 탐욕은 욕망과 다르고, 자기이익과도 다르다. 인간문명에서 문제가 되는 부분은 거의 전량 이 탐욕과 관계되어 있다. 탐욕은 인간이 길러온 암덩이와도 같다. 그 암덩이는 그것이 속한 체계의 건강과 안녕에는 아무 관심도 없이 자기만을 키운다. 그 결과는 시스템 자체의 파괴이다. 인간만이 이 지상에서 생존해야 하는 것은 아니다. 인간만이 생존권을 갖고 있는 것은 아니며, 그 생존권의 관철을 위해 타생명체들을 파괴해야 하는 것은 아니다. 종의 생존은 종들의 공존 위에서만 가능하다. 인간은 이 공존의 체계를 유지할 능력을 갖고 있다. 21세기는 인간이 그 능력을 발휘할 마지막 기회일지 모른다.

디지털 시대와 고통의 의미

사람들은 아무도 고통을 원하지 않는다. 거의 모든 사람들에게 삶의 목표는 '행복의 추구'일 수 있어도 감히 '고통의 추구'이기는 어렵다. 풍요와 빈곤의 경우처럼, 행복과 고통도 서로 반대편에 서 있는 것 같아 보인다. 양자는 상호 대립, 배제, 부정의 관계이다. 하나가 없어야 다른 하나가 가능하다. 고통 없는 곳이 행복의 거처이며, 행복이 도망치고 없는 곳, 거기가 고통의 거처이다. 그런데 행복이 사람들에게 의미 있는 것이라면, 고통의 의미는 무엇인가? 행복이 의미 있는 것일 때, 그리고 그 행복의 부재와 부정이 고통일 때, 고통은 불가피하게도 '의미 없는 것'이다. 논리적으로 그것은 의미의 공백이고 결여이며 부정이어야 한다. 유대민족의 오랜 수난과 고통이라는 문제("유대인은 왜 고통받아야 했는가?")에 평생 매달렸던 정치사상가 이사야 벌린이 고통의 성격에 대해 내린 결론도 그런 것이다. "고통은 그 자체로는 무의미하다." 고통이 무의미하다면 '고

공주는 어디에 있는가

통의 의미'를 말하는 일이 가능한가? 무의미의 의미, 의미 없는 것의 의미?

"디지털 시대의 고통의 의미"라는 화두를 쥐는 순간 우리는 두 가지 문제에 봉착한다. 하나는 '의미 없는 고통의 의미'라는 역설과 대면해야 하는 일이고, 또 하나는 '디지털 시대와 고통'의 관계에 대한 보고서를 만들어야 하는 일이다. 역설과 모순을 다루는 일은 다른 어떤 담론보다도 문학의 전문영역 같은 것이어서 모순의 은유적 처리를 시도하는 데는 그리 어려운 노동이 요구되지 않는다. '모순의 골짜기'라는 은유의 가동만으로도 문제는 해결될 것 같아 보인다. 모순의 골짜기에는 행복과 고통이 사이좋게 동거하고, 의미와 무의미가 한 짝으로 산다. 모순 대립물의 이 마술적 통합 관계에서는 행복이 고통을 배척하지 않고, 의미가 무의미를 부정하지 않는다. 오히려 행복과 고통, 의미와 무의미는 각각 한 몸으로 붙어 있어서 하나가 없으면 다른 하나도 없다. 그런데 이 통합의 상상력은 인간의 진실에 대해 무엇을 말해주는가? 고통이 무의미하다면 도대체 그 무의미한 것은 왜 있는가? 고통은 행복과 어떻게 결합하고, 무의미와 의미는 어떻게 연결되는가?

디지털 기술 시대와 고통의 관계를 말하는 일은 문학적 작업이면서 동시에 문화사적 과제이다. 인간의 어깨에서 힘든 노동을 면제시키고 인간이 할 수 있는 일의 범위를 넓힘으로써 자유를 확장할 수 있게 한 것은 기술이 이룩해온 인간학적 성취이며, 이 성취는 기술의 '해방적 기능’을 말할 수 있게 한다. 그 해방 속에는 고통의 경감, 혹은 고통으로부터의 해방이 포함된다. 그렇다면 무엇이 문제인가? 디지털의 등장이 어떤 형태의 고통으로부터 인간을 해방시킨 부분이 있다면 그 해방 자체가 문제인가, 아니면 그것이 충분한 해방이 아니어서 문제인가? 디지털 기술이 오히려 고통을 가중시켜 디지털 이전 시대의 사람들이라면 경험하지 않아도 되었을 새로운 고통의 목록을 현대인에게 안겨주고 있는 것인가? 만약 디지털 기술에 사람들의 행복을 증대시키는 부분이 있을 경우, 그 행복에 이의를 제기하는 일은 트집 잡기 이상의 타당성과 설득력을 가지는가?

아닌 게 아니라 지금은 행복에 대한 기대감과 ‘유포리아(행복감)’가 세계 많은 지역의 사람들을 휘어잡고 있는 시대, 고통으로부터의 최대 도주가 유례없는 가능성으로 떠올라 있는 시대이다. 이 행복감을 주도하는 것은 이 기술시대의 두 총아, 유전자공학과 디지털이다. 20세기 후반에서부터 등장하기 시작한 이 고도기술들은 인간이 불과 반세기 전까지도 상상하기 어려웠던 새로운 가능성의 세계를 열고 있다는 점에서, 그리고 그 세계의 실현 전망을 눈에 보이는 시간대 속으로, 지금의 생존세대가 어쩌면 그 직접적 수혜자가 될 수 있을 것이라는 기대의 지평 안으로 끌고 들어왔다는 점에서 가위 혁명적이다. 그 새로운 가능성의 세계란 물론 ‘공학적 유토피아’이다. 이 유토피아는 인간이 오랜 세월 꿈꾸어왔던 어떤 유토피아의 그림보다

공주는 어디에 있는가

도, 과거의 어떤 사회적 혁명의 약속보다도 강력하고 매혹적이고 환상적이다. 이 공학적 신세계의 전망 앞에서는 이제 다른 어떤 사회혁명의 프로그램도 무력하고 불가능해 보인다. 무력해진 것은 정치적 상상력만이 아니다. 20세기 초반까지 세계문학의 상상력이 그려낸 기술 유토피아의 그림들이 거의 대부분 암울하고 우울한 것이었다면, 지금 대중적 상상력 속에 그려지는 미래세계는 전혀 어둡지 않고 우울하지 않다. 20세기는 세기말의 우울 없이 세기말을 넘긴(21세기로) 세기이다.

암울과 우울은 고통의 색깔이다. 고도기술시대가 현대인의 의식세계에서 어두운 색조들을 걷어내고 있다는 것은 '고통의 소멸'이 발생하고 있다는 사실의 한 실증이다. 지금은 즐거운 오락의 시대이다. 정치와 산업, 심지어 교육조차도, 폭력과 눈물과 죽음조차도, 구경거리 오락의 범주 안에 있다. 사람을 즐겁게 하고 낄낄 웃게 하지 않는 사회문화적 실천과 생산물들은 그 어떤 것도 쓸모없고 무의미하다. 문학에서조차 고통은 이미 금지된 화두이다. 고통을 노래하는 자는 길바닥에 나앉거나 굶어 죽을 준비를 해야 한다. 카프카의 '굶는 광대'는 이 시대 시인의 운명이며 은유이다. 고통이 소멸하는 시대에 고통을 노래하는 자는 시대착오의 광대, 열패자, 사오정이다. 기술시대의 유포리아Euphoria(다행감, 행복)는 시인에게 묻는다. "누가 당신더러 고통을 노래하라 했는가? 누가 그럴 권리를 당신에게 주었는가?" "당신은 감히 고통을 예찬하려는가? 현대인은 고통을 원치 않는다. 그가 원하는 것은 행복이고 '웰빙'이다."
시대착오의 광대에게는 구경꾼도 없다. 외면당하고 경멸받는 자는 구경거리조차 못 되는 존재, 그러므로 존재할 필요가 없는 존재이기 때문이다. 그가 존재한다는 사실만으로도 고통의 광대는 이 시대의 행복감에 찬물을 끼얹고 다수의 안녕과 '웰빙'을 훼손하는 오염요소이며 사회적 수치이다. 사회적 수치는 웰빙의 공동체에서 제거되어야 한다. "고통의 축제라고? 축제 좋아하시네, 너 북한 갈래?"

고도기술시대가 주는 유례 없는 행복감의 근저에는 지금의 공학적 기술 수준이 조만간 인간 고통의 기원 자체를 제거할 수 있는 단계에 이를 것이라는 깊은 믿음이 깔려 있다. 인간이 자기 존재의 조건을 성찰하기 시작한 이후 지금까지 그를 괴롭혀온 가장 큰 고통의 뿌리는 그의 운명적 한계, 곧 '유한성'이다. 인간은 죽어야 하는 존재이다. 그는 전지하지 않고, 전능하지도 않다. 생명의 유한성과 지식의 유한성은 인간의 운명적 한계를 대표하고, 이 한계가 그의 존재를 정의한다. 불멸성과 무한지식은 그의 것이 아니다. 모세 5경의 창세기 에덴서사에서 신이 인간의 접근을 막은 것도 생명의 나무와 지식의 나무이다. 이런 박탈과 금지가 인간에게 준 달갑잖은 선물이 유한성이며, 이 선물은 인간이 반납할 수 없고 제거할 수 없는 고통의 뿌리이다. 무한히 살고 싶어 하면서도 그럴 수 없다는 것은 인간의 고통이며, 무한히 알고 싶어 하면서도 알 수 없다는 것 역시 그의 고통이다. 기록으로 보존된 인류 최초의 서사시 『길가메쉬』가 무엇인가를 얻기 위해 길 떠나는 자의 이야기라는 사실은 매우 흥미롭다. 이 추구서사의 주인공 길가메쉬가 얻고자 한 그 '무엇'은 불멸성이다. 그가 영생을 획득하기 위해 모험여행에 나서는 것은 친구 엔키두의 죽음이 그에게 준 거대한 고통 때문이다. 그 고통은 상실의 슬픔이나 사랑했던 자의 죽음에 대한 애도 이상의 것이다. 그것은 길가메쉬 그 자신도 언젠가 죽어 소멸할 것이라는 전망, 곧 유한성의 자각에서 오는 고통이다.

> 오 친구여, 나도 언젠가 그대처럼 땅에 누워
> 다시는 일어나지 못할 것인가!

『파우스트』의 파우스트도 고통의 존재이다. 무한히 알고 싶어 하면서도 그럴 수 없는 한계조건에 결박되어 있다는 것이 그의 고통이며, 이 고통 때문에 그는 자살을 생각하다가 악마와의 계약에 돌입한다. 그는 무한지식을 얻는 조건으로 자기 혼을 악마에게 넘긴다.

디지털과 생명공학기술은 유한성에 대한 인간의 태도와 인식에 심대한 변화를 일으키고 있다. 생명공학은 인간이 죽음을 면제받거나 최소한 죽음을 상당 기간 연기시킬 수 있을 것이라는 기대를 갖게 하며, 디지털 기술은 무엇보다도 무한지식과 그 활용의 가능성이라는 전망을 열어

놓고 있다. 이를테면 인터넷에 대한 기술주의자들의 주장은 그것이 '정보지식의 바다'라는 것이다. 그 바다에는 인간이 필요로 하는 거의 모든 정보, 거의 모든 지식이 모여 있다. 그것은 지식의 저장고일 뿐 아니라 누구든 원하기만 하면 언제든 순간적 '서핑surfing'만으로 거기에 접근해서 원하는 것을 인출해낼 수 있는 거대한 지식금고이다. 신이 인간에게 전지의 능력을 금지했다면, 인간은 인터넷을 만듦으로써 그 금지를 무력화한다. 인터넷은 금지의 신을 대체하는 허용의 신이다. 이 시대에 파우스트 이야기는 가능하지 않다. 인터넷이 있었다면 파우스트가 악마와 계약할 일은 없었을 것이기 때문이다. 인터넷은 시간과 공간의 한계까지도 허문다. 자원과 시간의 유한성 때문에 인간이 접근할 수 없었던 거의 모든 지역, 거의 모든 조직, 거의 모든 개인들이 접속 가능한 대상이 된다.

이 모든 심대한 변화들 가운데서 빼놓을 수 없는 것이 디지털에 의한 '기억의 해제'와 '몸의 디지털화'이다. 거의 모든 지식, 정보, 텍스트들이 디지털화되어 접근 가능한 곳에 대령하고 있는 한 개인들은 머릿속에 많은 것들을 담고 기억해야 하는 부담과 망각의 고통으로부터 해방된다. 그는 애써 기억하지 않아도 되고, 기억할 필요가 없으므로 망각을 두려워할 이유도 없다. 모든 것은 그의 금고, 그의 인터넷에 디지털의 형태로 갈무리되어 있다고 여기기 때문이다. 헤겔에게 역사가 '기억의 사원'이었다면, 이 시대 기억의 사원은 디지털이다. 디지털 기술과 생명공학, 약물기술 등의 결합이 이미 상당 부분 실현해놓고 있는 것이 '인간 육체의 디지털화'이다. 인간의 몸은 이미 20세기 전반까지의 몸이 아니다. 몸의 비밀은 해지되고 유전자는 대체, 교환, 수정, 제거가 가능한 디지털 정보가 된다. 몸을 바꿀 수 있다면 인간은 몸의 한계가 주는 고통으로부터도 해방된다.

20세기 말의 탈근대론자들은 모든 종류의 '해방의 서사'를 열심히 매도했지만, 디지털 시대가 들려주고 보여주는 것은 더 거대한 해방의 서사이다. 그런데 이 환상적 해방서사의 진실치는 얼마인가? 디지털 시대는 사람들이 고통으로부터 도망치고 고통을 경멸할 수 있는 수천 가지 기술들을 제공한다. 이런 기술들이 제공된다는 사실만으로도 디지털 시대는 행복하다. 그러나 이 시대 사람들은 결코 행복하지 않다. 사람들은 전례 없는 살인적 경쟁환경 속으로 내몰리고 있고, 살아남기 위한 생존투쟁은 밀림시대의 투쟁을 오히려 무색하게 한다. 한순간 사회적 열패자가 되고 길바닥 노숙자로 전락할 수 있다는 두려움 앞에서 사람들은 떨고 있다. 아서 밀러의 연극 『세일즈맨의 죽음』은 판매원으로 평생 열심히 살고자 했으면서도 낙오자가 되어 쓰레기통으로 버려지는 한 인간의 이야기이다. 꽤 오래된 이 작품이 몇 년 전 뉴욕 무대에 다시 올랐을 때, 객석에서 엉엉 소리 내어 우는 월급쟁이 관객들이 있었다는 후문이다. 디지털 시대가 고통의 외면과 경멸과 망각을 부추긴다면, 그것은 사람들이 더 행복해졌기 때문이어서가 아니다. 그것은 오히려 공포 반응이다. 전락의 공포와 실패의 고통이 크면 클수록 사람들은 고통을 잊고 그로부터 도망치고자 하며, 어떤 고통의 장면도 견디어내지 못하는 '고통 혐오' 증세를 발전시킨다. 고통에 대한 이 혐오와 두려움이야말로 디지털 시대 인간의 내부 풍경이며, 그의 정신 상태이다. 디지털이 제공하는 것은 고통 혐오에 필요한 망각의 기술이다.

아무도 고통 그 자체를 추구할 수 없고, 고통 그 자체를 예찬할 수 없다. 그러나 인간이 고통의 존재라는 사실은 망각하고자 해서 망각할 수 있는 것이 아니다. 고통의 외면과 망각은 인간의 자기기만이고 도피일 수 있어도, 그의 존재를 충만화하는 길은 아니다. 기이하게도, 인간은 고통의 길을 피해가고 싶어 하지만, 오히려 그 길을 통해서만 도달할 수 있는 진실들이 있다. 이 진실이 '인간의 진실'이며, 이 진실이 인간 존재를 충만하게 하고 풍요화한다. 고통의 경험이 타인을 향한 이해의 가슴을 열게 한다는 사실, 고통의 이해와 경험이 불가피하게도 유한한 존재자들을 이어주는 연결의 끈이라는 사실, 고통의 경험과 기억에 대한 사회적 공유가 인간의 삶에 도덕성의 차원을 얹어준다는 사실—이런 것들이 인간의 진실이다. 아무도 고통 그 자체를 예찬할 수 없지만, 그러나 인간이 고통 때문에 타락하는 것이 아니라 오히려 상승한다는 것은 인간 존재의 기이한 역설이다. 이것이 고통의 의미이며, 문학의 진리는 인간 존재의 그 기이한 역설로부터 도망치지 않는다.

"

　인간을 포함해서 모든 동물은 다른 생명체들과
함께 지구 생태계를 구성하는 요소들이다. 생태계
구성요소들에는 그 생태계를 지키고 보존하는 일
이상으로 중요한 것이 없다. 그것은 그들의 첫 번째
관심사이고 이해관계여야 한다. 인간에게 그 일은
관심사 이상의 '의무'이다. 두 가지 의미에서 그러하다.
　첫째, 지구 생태계를 파괴해온 행위의 주역은
인간이기 때문에, 그 파괴된 생태계를 복원해야 할
책임도 인간에게 있다. 둘째, 이 지상에서의 인간종의
절멸을 막고, 그 생존 가능성을 유지해야 할 책임은
인간 자신에게 있다. 그것은 고양이의 책임도 기린의
책임도 아니며, 신의 책임도 아니다.
생명체의 품위는 생명 그 자체의 존중에서 확보된다.

"

2부

문명과 그 불만

관용의 핵심은 타자의 인정과 존중이다. 나와 다른 사람, 내 생각과 다른 생각, 내가 가치라고 여기는 것과는 다른 가치, 내 삶의 방식과는 다른 삶의 방식—이런 것이 통틀어 '타자'이다. 이 타자를 인정하고, 단순 인정을 넘어 존중하는 것이 관용이다. 관용은 타자에 대한 인정과 존중이라는 점에서 강자가 약자에게 베푸는 자비, 용서, 관대함과는 다르다. 그것은 타자가 존재할 권리, 그의 자유, 그의 존엄과 품위에 대한 인정이자 존중이다. 관용은 쉬운 능력이 아니다. 그것은 나의 독선과 편협, 나의 진리 주장과 이해관계 관철의 욕망을 희생하도록 내게 요구하고(물론 이 희생은 포기가 아니다), 내가 내 속에 타자의 공간을 만들어줄 것을 요구한다.

단일세계체제적 생산양식은 적극적으로 '차이를 생산'한다. 미학, 취향, 무의식, 스타일은 차이의 무한 착취를 가능하게 하는 새로운 식민영역들이며, 단일 체제적 생산양식은 차이 생산을 통해 수용주체들 사이의 다양해뵈는 '차별짓기'를 가능하게 한다. 이 차별짓기는 개인과 집단들에게 '개성'의 이름으로 사실상 무한한 형태의 차이를 추구할 수 있게 함으로써 상업-소비문화에 의한 동질화를 느낄 수 없게 한다. 차이가 정체성을 대체한다. 차이 추구와 차별짓기는 단일

문명과 그 불만

세계체제 속의 개인들에게 정체성의 상실이 아닌 정체성 유지라는 환상을 가질 수 있게 한다.

자본주의 세계체제가 강요하는 상업문화적 획일화와 소비문화적 동질화는 서구 열강이 제국주의 팽창기에 저지른 과오(비서구 문화자원의 파괴)의 연속선상에 있으면서 문명의 가장 슬픈 성취를 현대에도 되풀이하고 있다. 현재의 생산-소비양식은 인간이 살기 위해 삶의 모태인 자연을 파괴해야 한다는 근원적 딜레마 위에서 불안한 일상을 지탱하고 있다. 이 딜레마는 다른 많은 모순들 중에서도 현대인을 괴롭히는 불안과 불행감의 무의식적 기원이 되고 있다.

개별성의 극단적 강조라는 이데올로기 형식을 통해 주체들의 파편화를 유도하고 그렇게 분산된, 그러나 "나는 다르다, 너와는 다른 모자를 썼으니까"라고 생각하는 개인들을 단일체제의 질서 속으로 통합하며, 이미 생활 문맥을 떠나거나 상실한 전통 문화들의 상업적 가치를 극대화함으로써 국지적 문화정체성을 보존하는 듯한 환상을 갖게 한다. 이 경우 차이 생산을 지배하는 것은 시장 논리이며, 이 논리는 다른 모든 생산의 논리와 동기에 우선하고, 그것들을 단일한 이윤동기 아래로 예속시킨다. 차이의 상업화를 이끄는 이윤동기는 단일세계체제의 생산양식이 가동하는 곳에서는 언제나 그리고 어디서나 동일하다. '깨뜨리고 분산시킨 다음 통합하고, 통합한 다음 차이의 환상을 유지시키는' 자본주의의 이 오래된 전략은 '한 체제 속의 다양성'이라는 자유주의 이데올로기와 결합하여 지금 단일세계체제의 강력한 질서를 구축하고 있다. 그러나 그 다양성이란 끝까지 '한 체제 속의' 다양성이지, '다른 체제'를 생각하거나 실현할 수 있는 다양성이 아니다.

인간의 무지에 대하여 한없는 겸손을 가지면서 의도와 결과 사이에서 발생할 수 있는 역설적 괴리의 가능성을 겸허하게 인정하는 일과 "잘 모르겠다"라는 진술을 발화의 원칙으로 삼는 일은 같은 것이 아니다. "알 수 없다"라는 불가지론적 태도가 합리적 설명의 필요성을 압도하는 지배적 어법이 될 때 사회는 자기를 아는 능력과 자기 정의定義의 능력을 결정적으로 훼손당하게 되고, 이 훼손의 정도가 크면 클수록 사회는 자기를 고쳐나갈 수 있는 능력을 상실한다. 자기를 모르는 사회는 자기를 고칠 수 없기 때문이다.

문명과 그 불만

　근대에 대한 비판으로서의 포스트모더니즘은 근대적 가치들을 적극적으로 비판하는 듯해 보이면서도 실상 그 비판의 본질적 성격을 이루는 상대주의와 회의론 때문에 오히려 비판을 불가능하게 하는 몰비판성, 무비판성, 현실 추수주의를 내포하고 있다.

　낙동강에 몰래 똥물과 폐수를 내다버리는 사람들은 모두 전액골전피질prefrontal cortex(도덕력을 결정한다고 주장된 신경피질)에 중대한 결함이 있어 도덕신경이 마비된 사람들인가? 해부학적 방법으로 그 결함 부위를 손질하고 약물을 투입하면 그들의 행태는 달라질 것인가? 이 간단한 질문들은 신경생물학의 발견이 환원론으로 발전할 경우 어떤 중대한 '판단오류'가 발생할 수 있는지를 암시한다. 폐수 방류를 저지르게 하는 요인은 양심/도덕적 판단력의 결함 유무와는 사실상 관계없는 사회경제적 구조의 차원에 있다. 생물학적 환원주의는 문화적 상징질서(법, 가치, 교육, 규범)의 중요성을 평가절하할 우려가 있을 뿐 아니라, 잘못된 사회구조는 불문에 붙이고 개인의 행태만을 문제 삼는 국소처방법을 사회관리 원칙으로 삼게 할 수 있다.

내일의 파도소리

다음 문명을 위한 인문학적 상상

앞으로 50년 혹은 100년의 세계를 주도할 국가나 국가 군, 문명과 문명권은 어디일까? 이것은 21세기 초반의 초기를 살고 있는 한국인, 아시아인, 세계인들에게 비상한 관심을 촉발하는 질문이다. 50년이라면 지금 생존해 있는 세대의 생애 기간에 포함될 만큼 가까운 미래이며, 이 근접미래의 세계에 어떤 변화가 발생할 것인가(혹은 발생하지 않을 것인가)는 현존 세대의 삶과 운명에 직결된 문제이기 때문이다. 100년이라면 좀 멀어 보이긴 해도 그 역시 지금부터 20년쯤 후인 2030년대에 태어날 세대의 생애기간에 포함될 만한 시간 프레임이며, 이 프레임 속에는 그 세대의 다음 세대가 살게 될 시대가 거의 몽땅 포함된다. 그렇게 보면 100년도 그리 긴 시간은 아니다. 게다가 인간은 계산상 그가 살지 않을 것이 분명해 보이는 시대에 대해서도 깊은 관심을 갖는 동물이다. 그가 살아생전에 그 얼굴을 볼 수 없을 것이 확실한 후속세대를 위해 걱정하고, 그

공주는 어디에 있는가

후대가 살게 될 날들의 아침과 저녁을 위해서 무언가 일을 도모한다는 점에서도 인간은 기이하고 독특한 동물이다. 이 별난 동물이 미래를 생각해본다는 일은 안 그래도 분주한 그에게는 결코 한가한 점괘놀이나 심심풀이 공상놀음 같은 것이 아니다. 그러지 않고서는 그의 '오늘' 자체가 몹시 궁금해지기 때문이다.

인문학적 시각의 한 모퉁이에서 50년 혹은 100년 후의 세계를 생각해본다는 것은 '미래예측' 작업이 아니다. 미래를 예측하는 일이라면 그것을 감당할 만한 다른 학문 분야들이 얼마든지 있고, 노상 틀리긴 해도 예측을 전문으로 하는 '미래학' 계열 업종의 종사자들도 많다. 다음 시대의 문명을 인문학적으로 상상해본다고 할 때의 '상상하기'는 미래문명에 대한 예측이기보다는 어제와 오늘의 인간문명을 '성찰하기'이며, 그 성찰의 바탕 위에서 미래문명의 모습을 미리 '점검하기'이다. 아직 오지도 않은 문명을 미리 점검하는 일은 가능한가?

인문학적 관점에서 미래문명을 말할 때 가장 중요한 것은 '문명의 조건'에 대한 점검, 다시 말해 어떤 문명이 문명이라 불리자면 거기에 요구되는 최소 조건 혹은 기본적 조건이 무엇인가를 점검하는 일이다. 지금까지는 문명을 말할 때 거의 예외 없이 적용되어온 일정한 기준들이 있다. 그 기준들은 "힘이 센가?"라는 단 하나의 기준으로 요약된다. 이 '힘'을 측정하는 잣대도 예외 없이 정치적 힘, 경제적 힘, 군사적 힘이라는 잣대이다. 그러나 문명사의 전개 5,000년을 지나오는 사이에, 특히 20세기 후반 이후, 문명을 보는 인간의 눈에는 상당한 변화가 발생하고 있다. 문명을 보는 '눈'의 변화는 문명에 대한 질문의 변화이다. 문명에 대한 질문이 "힘이 센가?"라는 것에서 "문명을 문명이게 하는 것은 무엇인가?"라는 쪽으로 바뀌고 있다. 문명을 말하는 기준이 힘의 관점에서 '기본 조건'의 관점으로, 다시 말해 "그 문명은 문명이라 불릴 만한 기본적 조건들을 갖추고 있는가?"라는 쪽으로 이동하고 있는 것이다. 세계의 현존 문명들은 이 같은 질문의 변화와 관점 이동에 대해 아직도 매우 둔감하다. 그러나 앞으로 50년 혹은 100년 동안에도 그럴까? 앞으로도 계속 인간은 정치적, 경제적, 군사적 힘의 잣대만으로 문명을 말할까? 이것이 미래 문명을 미리 점검한다고 할 때 그 '점검'이 지니는 첫 번째 중요한 의미이다. 미래의 인간문명, 특히 세계를 감히 '주도'하고자 하는 국가나 문명은 문명을 문명이게 하는 조건의 구비 여부라는 현대적 기준을 결코 피해 갈 수 없을 것이다.

지금의 세계질서가 상당 기간 큰 변화 없이 유지될 것인가, 아니면 어떤 새로운 질서에 의해 대체될 것인가라는 두 개의 전망 가운데 어느 쪽으로 개연성의 저울이 기울 것인지 생각해보는 것도 물론 점검작업에 속한다. 지난 60년간 세계를 주도해온 나라는 미국이고, 결정적으로 18세기 이후 200년 이상 세계를 장악해온 문명은 미국이 포함된 서유럽 문명이다('주도'라는 용어는 비판적 관점에서는 환영할 만한 것이 아니지만, 현실적 관점에서는 그것을 대체할 다른 마땅한 용어가 없다). 국가로서는 미국, 문명권으로서는 서유럽 문명이 주도하고 있는 세계의 현상질서는 앞으로 얼마나 지속될 수 있을까? 가까운 미래에, 21세기 안에, 그 지배세력을 대체할 만한 다른 세력으로서 지금 사람들의 가시권 안에 들어오는 나라나 문명이 있는가?

동아시아의 중국은 가장 현저하게 눈에 띄는 강력하고 야심만만한 대체 후보의 하나이다. 세계의 눈은 지금 중국으로 쏠리고 있다. 세계가 미국과 중국의 한판 경쟁을 보고 있다는 생각도 널리 퍼져 있다. 그러나 미국이냐 중국이냐의 판도 변화를 정치적 영향력, 경제력, 군사력 등 힘을 기준으로 예측하는 것은 인문학적 관점에서는 거의 무의미하다. 그런 예측이라면 그것은 단순한 통계상의 수치 변화를 따라가는 일만으로도 얼마든지 가능하기 때문이다.

더 중요한 질문이 있다. 중국은 세계의 주도국으로 올라설 만한 '문명의 자산civilizational assets'을 갖고 있는가? 미국은 경쟁국들을 뿌리치고 계속해서 세계를 주도해나갈 만한 문명의 자산을 보유하고 있는가? 중국이 힘을 길러 세계의 주도국으로 부상한다면 그 중국은 어느 문명에 속하고, 어떤 문명을 대표한다고 말할 수 있을까? 미국이 주도국의 지위를 유지한다면, 그 능력은 미국이 가진 어떤 문명적 자산으로부터 나오는 것이라 말할 수 있을까? 미국도 중국도 아닌 또 다른 제3의 세력이 나타난다면 그 새로운 세력은 어떤 문명적 자산을 힘의 기반으로 하는 것일까? 어떤 국가도 '문명'을 기반으로 하지 않고서 세계의 주도국으로 올라서는 일은 없다. 이것이 문명의 중요성이며, 국가와 문명이 다른 이유이다.

칭기즈칸의 몽골제국은 이렇다 할 문명의 기반 없이 제국을 구축할 수 있었던 예의 하나이다. 로마는 어떤 문명을 기반으로 해서 출발하고, 또 제 손으로 문명을 만들어 나갔던 제국의 예에 속한다. 그러나 몽골은 바람처럼 한때 중앙아시아를 제패했던 제국의 이름으로만 기억될 뿐, 어떤 문명적 유산으로 현재에 살아 있지 못하다. 로마제국도 몽골제국처럼 멸망했지만, 몽골과는 달리 로마가 남긴 문명적 자산은 지금도 계승되고 있다. 미래의 상당 기간에도 국가라는 것이 존속하는 한 모든 국가는 국익 추구라는 명령으로부터 놓여나기 어려울 것이지만, 어떤 국가도 자국 이익의 추구만으로 세계의 주도국이 될 수 있는 것은 아니다. 이 결정적 차이를 만드는 것이 지금까지 우리가 '문명적 자산'이라 부른 것의 유무이다. 국익은 서로 나눌 수 있는 것이 아니다. 그러나 문명적 자산은 국가들 사이에서 공유될 수 있다. 이 공유 가능한 자산의 있고 없음을 점검하기—이것이 앞에서 우리가 인문학의 관점으로 미래문명의 모습을 미리 점검할 수 있다고 말했을 때 그 '점검'의 두 번째 중요한 의미이다.

그런데 그 문명적 자산이란 구체적으로 무엇인가? 우리

공주는 어디에 있는가

는 계몽철학자 볼테르에게서 쉬운 예를 하나 꾸어올 수 있다. 지금 우리가 말하고 있는 문명적 자산이라는 것과 유사한 의미에서 볼테르가 문명의 가장 중요한 자산이라 생각한 것은 '관용tolerance'이다. 관용이라는 것의 핵심은 타자의 인정과 존중이다. 나와 다른 사람, 내 생각과 다른 생각, 내가 가치라고 여기는 것과는 다른 가치, 내 삶의 방식과는 다른 삶의 방식—이런 것이 통틀어 '타자'이다. 이 타자를 인정하고, 단순 인정을 넘어 존중하는 것이 관용이다.

관용은 타자에 대한 인정과 존중이라는 점에서 강자가 약자에게 베푸는 자비, 용서, 관대함과는 다르다. 그것은 타자가 존재할 권리, 그의 자유, 그의 존엄과 품위에 대한 인정이자 존중이다. 관용은 쉬운 능력이 아니다. 그것은 나의 독선과 편협, 나의 진리 주장과 이해관계 관철의 욕망을 희생하도록 내게 요구하고(물론 이 희생은 포기가 아니다), 내가 내 속에 타자의 공간을 만들어줄 것을 요구한다. 쉽지 않기 때문에 관용은 문명이 힘들게 만들고 지켜가려는 '자산'이다. 한 가지 예에 불과하지만, 문명을 문명이게 하는 것은 이런 자산이다. 관용의 가장 큰 자산적 가치는 그것이 없거나 무시될 때, 바스라지고 파괴될 때, 인간들 사이의, 국가와 국가들 사이의 공존은 가능하지 않다는 데 있다. 공존은 문명의 정의正義이다. 어떤 문명이 정의로운 문명just civilization인가 아닌가, 문명의 거죽을 쓴 야만인가 아닌가를 결정하는 것은 공존의 가능성 유무이며, 공존의 정의를 가능하게 하는 가장 큰 자산은 관용이다.

　인문학의 관점에서 정의할 때 문명은 무엇보다도 '야만에 대한 저항과 거부'이다. 물론 역사상 모든 문명이 야만에 대한 저항이자 거부였다고 말할 수는 없다. 오히려 그 반대이다. 문명사에 오르내리는 과거의 문명들은 거의 예외 없이 그것들 자체로 야만의 체제였거나 야만의 요소를 잔뜩 내장한 폭력체제였다고 말할 수 있다. 그러나 모든 문명이 예외 없이 야만의 체제를 지향했던 것은 아니다. 인간문명의 내부에는 문명을 문명일 수 있게 하는 조건들을 생각하고, 그 조건들을 만들어내려는 강력한 정신적·도덕적 지향이 존재했고, 지금도 그러하다. 문명을 외적·물리적 조건만으로 규정하는 습관은 문명이 지닌 이 내적 지향성을 무시하는 데서 생겨난다. 독일 제3제국의 나치즘은 서유럽 문명의 한복판에서 터져 나온 야만성이고 야수성이다. 그러나 그 야만성 때문에 서유럽 문명 전체가 야만의 체제로 규정되어야 하는 것은 아니다. 마녀 사냥, 이단 화형, 이교도 박해, 진리독점주의 등은 기독교 문명이 노정했던 야만의 역사를 장식한다. 그러나 그 야만성 때문에 기독교 문명 전체가 야만의 체제가 되는 것은 아니다.

　어떤 문명이 자신의 오류를 수정하고 야만성을 제어하려는 정신적·도덕적 지향을 그 내부에 갖고 있는가 어떤가—이런 자체 교정력의 유무가 한 문명의 성패를 좌우하고, 그 운명을 결정한다. 그 교정력은 말할 것도 없이 한 문명을 문명이게 하고, 그 문명을 지속시키는 강력한 자산의 하나이다. 이 자산의 유무를 점검하는 것이 인문학적 관점에서 미구의 문명을 점검한다고 할 때의 그 점검이 지니는 세 번째 중요한 의미이다. 그 자산이 없거나 미미한 문명은 단명한다. 그런 문명은 제아무리 강한 물리적 힘과 영향력을 갖고 있어도 세계의 주도적 문명으로 올라서지 못한다. 국가의 경우도 마찬가지다.

이상에서 우리는 어떤 국가나 문명이 세계 주도적 세력으로 올라설 수 있게 하는 조건들과 그 조건들을 점검한다는 것의 인문학적 의미를 탐색해보았는데, 이런 기준으로 50년 혹은 100년 후의 주도국이나 주도적 문명의 모습을 그려볼 수 있을까? 이 작업은 현재에 대한 재고·점검으로부터 출발한다. 국가의 경우, 중국이 50년 안팎의 기간 안에 세계 주도국의 자리에 오를 가능성은 현재로서는 무망하다. 산업 생산량과 교역량을 합친 중국의 경제력은 향후 10년 안팎에 미국을 넘어설 것이라는 믿을 만한 통계들이 나오고 있다. 경제력의 신장은 중국의 정치적 영향력을 크게 증대시킬 것이고, 군사력에서도 상당한 힘의 과시가 가능할 것이다. 말하자면 중국은 정치, 경제, 군사의 세 측면에서 조만간 세계의 주도국으로 올라설 만한 힘을 비축해가고 있다. 그런데 왜 중국은 "아니다"로 판정되는가? 그 가장 큰 이유는 현재 중국 지도부의 머릿속에는 중국의 과거 영광을 재현하고 주변국들, 특히 한국과 일본을 완전히 제압해서 중국의 패권 아래 두려는 야심 말고는 이렇다 할 다른 세계적 비전이 들어 있지 않기 때문이다.

중국 지도부가 영광의 재현이라는 열망을 세계에 극적으로 선포한 것은 2008년의 베이징 올림픽 개막식에서이다. 그 개막식의 거대한 장경場景들은 중국의 힘을 과시해보고자 하는 열망을 조기에 시각화하는 데는 성공했을지 몰라도, 그 열망의 물량적 표현과 그 표현을 조직하기 위해 중국이 동원해야 했던 전체주의적 방법들은 오히려 그 열망의 초라함과 왜소함을 역설적으로 과시하고 만 그런 사례이다. 중국 지도부가 진정으로 관심을 가져야 할 '헤게모니Hegemonie'는 힘의 물량적 과시가 아니라 세계인들을 설득할 다른 의미의 헤게모니, 곧 도덕적 주도성이다. 현재의 중국은 이 의미의 헤게모니를 갖고 있지 못하다. 이 사실은 한 가지 대표적 사례를 드는 것만으로도 충분히 드러난다.

지난 10년 남짓한 사이에 중국에서는 두 사람의 노벨상 수상자가 나왔는데, 한 사람은 2000년도의 문학상 수상자 가오싱젠高行健이고, 다른 한 사람은 2010년의 평화상 수상자 류샤오보劉曉波이다. 둘 다 중국 정부의 박해 대상이다. 가오싱젠은 '반국가적' 작품을 썼다는 이유로 입국이 금지되어 프랑스로 망명한 인물이고(사실 그는 반국가적 작품을 쓸 정도의 강한 정치적 성향을 가진 사람도 아니다), 류샤오보는 '반정부' 인사라는 이유로 투옥되어 노벨상 시상식에도 참석하지 못한 사람이다. 이들에 대한 박해는 위대한 부활을 꿈꾸는 거대한 나라 중국의 도덕적 왜소성을 세계에 과시하고 있다(이런 왜소성을 보여주는 중국적 사례는 물론 이 밖에도 무수히 많다). 설혹 반체제 인사라 하더라도 그들을 박해해야만 중국의 국가적 권위가 바로 서고 힘이 과시되는 것은 아니다. 오히려 그 반대이다.

지금의 세계에서 불관용은 힘이 아니라 수치이며, 권위주의적 국가체제는 모델이 아니라 타기의 대상이다. 세계는 이미 불관용의 권위주의 시대를 넘어서 있다. 중국 현 지도부는 물론이고 다음 세대의 지도부가 이런 왜소성을 그대로 유지하는 한 중국이 세계의 주도국으로 올라설 가능성은 희박하다. 미래의 세계에서 권위주의 국가가 세계를 이끌 가능성은 전체주의 국가에 의한 세계 장악의 가능성만큼이나 상상하기 어려운 것이다. 중국이건 다른 어떤 나라이건 간에 도덕적 권위의 상실은 현대 세계에서 한 국가가 저지를 수 있는 실패 가운데 최악의 것이다. 그런데 국가로서의 중국을 넘어서서 그 국가의 실패를 교정할 '중국문명'이 있다면, 그 문명은 무엇인가? 그런 내적 교정력을 가진 문명이란 중국의 경우 무슨 문명을 말하는가? 유교문명, 사회주의 문명, 아니면 자본주의 문명?

앞서 우리는 한 문명의 성패를 좌우하는 힘이 '문명적 자산'의 유무에 달려 있다는 주장과 함께 '관용'을 그런 자산의 한 예로 들었는데, 관용 외에도 그 자산목록에 들어갈 항목들은 여럿이다. 그 다수의 항목들을 인간문명의 자산 목록에 오를 수 있게 하는 것은 어떤 자산이 공유 가능한 가치를 지닌 것인가 아닌가라는 단 하나의 기준이다. '공유 가능한 가치'란 표현은 '보편가치'라는 말의 현대적 수정판이다. '보편'이라는 말에 대한 반감과 비판이 워낙 드센 시대에 그것을 대체할 거의 유일해 보이는 다른 용어가 '공유 가능한'이라는 표현이다. 그런데 중요한 것은 표현 자체의 운명이 아니라 그렇게 표현해야 할 어떤 공통 가치의 유무 – 세계 어디서이건 간에 인간이 살아가는 데 없어서는 안 될, 그래서 '공통성commonality'의 범주 속에 묶어 존중할 만한 가치 혹은 가치들이 있는가 없는가 하는 문제이다. 공유 가능한 공통의 가치란 그것의 중요성과 필요성이 '입증된' 가치이다. 그것은 이론적으로 구성되는 추상적 가치도 가설적 가치도 아닌, 문명의 오랜 과정을 통해 인간의 삶의 경험이 지속적으로 그 필요성을 증거해낸 가치이다. 가장 손쉬운 방법으로 요약하면 그것은 '인간이 살아 있다는 것의 기쁨'을 경험하게 하는 가치, 그것 없이는 삶이 초라해지고 비참해지는 그런 가치, 무의미한 세계 속에서도 인간 존재의 '품위와 영광'을 드러내는 가치이다.

'인권human rights'은 그런 가치들의 목록 첫 머리에 오를 만한 토대적 가치이다. 이 가치의 존중이 아니고서는 인간의 품위와 삶의 영광이 보장될 길이 없다. 이것은 단순한 주장이 아니라 경험적 진실의 확인이다. 자유를 쟁취하기 위한 노예들의 거듭된 반란, 평등을 실현하기 위한 인간의 오랜 투쟁, 인간 품위의 근거를 확립해보려는 수천 년에 걸친 긴 윤리적 모색 등은 인권이라는 가치의 토대가치적

공주는 어디에 있는가

성격을 드러내는 역사상의 증거이다. 그 인권은 서양 근대 문명의 '발명품'이다. 물론 인간존중의 사상은 지성사적 의미에서는 동서양에 걸친 오랜 역사를 갖고 있다. 그러나 그 존중의 토대가 되고 근거가 될 인권 개념을 사상 차원을 넘어 제도와 법률로 옮겨내고 정착시킨 것은 근대문명의 업적이다. 자유민주주의와 근대헌법은 인권 개념을 '양도할 수 없는 기본 권리'로 제도와 법률에 정착시킨 근대문명의 대표적 업적이다. 인권, 민주주의, 근대헌법 등은 말하자면 근대문명이 만든 문명적 자산이며, 그 문명의 유산이다. 그 자산과 유산은 지금 이 시대에도 고스란히 그 효력을 이어가고 있다.

그러나 이 대목에서 우리가 주목해야 할 아주 중요한 문제 하나는 근대문명의 그 자산이 아직도 서유럽 문명만의 것인가, 아니면 어떤 지구적 보편성 혹은 앞에서 우리가 '공통가치'라 부른 인류 전체의 공유자산으로 확대되었다고 볼 수 있는가라는 문제이다. 이것은 민감한 사안이다. 이슬람 문명권의 일부에서는 인권, 자유민주주의, 근대헌법이 세속주의와 함께 이슬람 문명의 정체성을 위협하고 와해시키려는 '서구적' 근대성modernity의 대표상품이라는 관점을 유지하고 있다. 정도의 차이는 있지만 중국의 입장도 이와 유사하다. 인문학의 관점은 어떤 것일 수 있는가? 특정의 정치적 입장이나 특정 이데올로기의 어느 한쪽에 줄 서지 않는 것은 인문학의 전통이다. 가치에 관한 문제에서 인문학의 제1 관심사는 어느 하늘 밑에서 살건 인간의 품위를 높이고 그의 삶을 의미 있게 하는 데 없어서는 안 될 가치가 무엇인가를 사유하고 탐색하는 일이다. 그러므로 인문학적 판단 기준은 어떤 가치가 바로 그 같은 공통성을 인정받을 만한 것인가 아닌가로 좁혀진다.

이 관점에서 우리는 이런 질문을 던져볼 수 있다. 미래문명이 근대문명의 문명적 자산들을 거부하거나 부정하고서도 문명으로 성립할 수 있겠는가? 그 자산의 상당 부분은 인간문명을 문명이게 하는 '최소' 조건이 아닌가? 더 분명한 말로 내 판단을 말하라면, 그 최소 조건을 충족시키지 못하는 문명은 제아무리 강력한 힘을 쌓아도 미래세계를 이끌 주도적 문명의 자리에는 오르지 못할 것이라 나는 생각한다. 근본적으로 그것은 결여의 문명, 저항을 촉발하는 불만의 문명일 것이기 때문이다. 그리고 나는 이런 생각에 감히 '인문학적 관점'이라는 표현을 사용하고 있다.

근대 서구문명은 그 업적 못지않게 치욕으로 가득 찬 문명이다. 제국주의, 자원 수탈, 대규모 노예 장사, 전쟁, 환경 파괴는 문명의 이름으로 야만의 체제를 연출한 그런 치욕의 장들을 대표한다. 그런데 여기서도 중요한 것은 그 야만에서 벗어나고 수치스러운 역사를 되풀이하지 않으려는 자기 교정력이 그 문명의 내부에 있는가 없는가 하는 문제이다. 우리가 앞에서 문명적 자산이라는 것에 높은 중요성을 부여한 것은, 그 자산이 무엇보다도 그 같은 자기 치유와 교정의 능력을 발동시키는 힘의 원천이기 때문이다. 이 원천이 없거나 파괴되면 어떤 문명도 지속성을 갖지 못한다. 이 역시 이론적 주장이 아니라 문명사의 진실이다. 우리가 서유럽 문명의 지속적 주도성 여부를 판단코자 할 때 동원할 수 있는 기준도 그것이다. 또 이 관점에서 미국을 포함한 현재의 서유럽 문명이 안고 있는 위기의 진단도 가능하다. 서유럽 문명은 그 문명을 강한 문명이게 할 수 있었던 문명적 자산의 점진적 약화라는 위기를 안고 있다. 강점이 되레 약점이 되고 있다. 이것은 유럽문명이 자기 자신에 대한 확신을 상실해가는 데도 그 원인이 있지만, 더 본질적으로는 '문명의 약속' 그 자체가 문명을 약화시킬 수 있다는 아이러니에 기인한다. 유럽문명은 이 아이러니의 파괴성을 타 넘을 수 있을까? 유럽문명의 미래는 이 문제에 달려 있다.

역사의 또는 문명의 미래를 예측한다는 것은 도대체 가능한 일인가? 미래는 인간이 가진 어떤 예측력도 벗어나는 우연성의 영역이어서 그 미래를 전망한다는 것은 애당초 무용한 작업이라는 관점이 없지 않다. 이 관점은 상당히 매력적인 것이다. 실제로 역사상 이런저런 문명들이 우연한 사건에 의해 그 흥망성쇠의 순간을 맞았던 경우들이 없지 않다. 화산 폭발, 홍수와 가뭄을 포함한 기후변화, (한때의) 역병 등은 인간의 통제력을 벗어난 것들이라는 의미에서 우연성의 개입 사례에 속한다고 볼 수 있고, 이런 종류의 우연성이 문명의 몰락을 초래하는 수도 있다. 그러나 그렇게만 말할 수 없는 경우도 허다하다.

게르만의 오도아케르가 로마 성문을 밀치고 들어선 것이 우연한 일이 아니듯, 로마문명은 우연히 붕괴된 것이 아니다. 서유럽 근대문명이 세계의 지배적 문명으로 올라선 것은 우연이 아니며, 19세기 말 동아시아 유교문명의 쇠락도 우연한 사건이나 불운한 사건의 연속에 의해서가 아니다. 이슬람 문명은 14세기 이후부터 서유럽 문명에 밀리기 시작했는데, 이 후퇴 역시 우연한 일이 아니다. 국가의 경우도 그러하다. 청조淸朝의 멸망이 우연한 일이 아니라면, 대한제국의 쇠망도 우연은 아니다. 미하일 고르바초프라는 인물 한 사람이 어느 날 난데없이 나타났기 때문에, 혹은 다른 어떤 우연 요소의 불가해한 발생 때문에 소련이라는 나라가 지구상에서 없어진 것은 아니다.

문명을 포함한 인간 역사가 우연과 비우연을 씨줄과 날줄로 해서 교직되어 왔다고 말하는 것은 지혜로운 자의 어법같아 보인다. 그러나 문명의 흥망사에서 궁극적으로 중요한 것은 그 '비우연'의 요소가 무엇인가라는 것이다. 어떤 문명도 이유 없이 쇠락하거나 패망하지 않듯, 한 문명이 다른 문명을 대체하거나 어떤 문명이 독특한 발전과 흥융을 보이게 되는 데는 합리적 설명의 요구를 충족시킬 만한 이유와 원인이 존재한다. 성공하는 국가가 있듯 실패하는 국가도 있고, 성공하는 문명이 있듯 실패하는 문명도 있다. 국가나 문명의 실패에서 인간의 통제력을 벗어난 힘의 작용을 제외했을 때 남는 것은 '비우연적 요소'이다. 왜 실패했는가? 이 질문에 대답하기 위해서는 책임의 문제가 제기되고, 책임은 행위자actor의 존재를 전제한다. 이 집단 행위자는 '인간'이다. 인간의 행동과 비행동, 그의 선택과 오판, 결정과 비결정 같은 것은 문명의 성패를 좌우하는 비우연적 요소이다. 이런 요소를 빼버리면 국가, 사회, 문명에 발생하는 실패는 누구에게도 책임이 없는 실패, 이유를 알 수 없는 실패, 설명 불가의 모호한 실패로 돌아간다.

문명의 미래 혹은 미래의 문명을 전망하는 데도 우리는 같은 방식의 논리를 적용할 수 있다. 문명은 이유 없이 쇠락하거나 실패하지 않는다. 그러므로 문명의 미래가 '알 수 없는' 다수의 가능성들에 열려 있다는 생각, 인간의 예측기술로는 그 다수의 가능성을 모두 고려할 수 없기 때문에 미래는 거의 전적으로 어둠에 가려진 영역이라는 등의 생각은 인간의 오만을 경계하는 데는 유용한 것일 수 있어도, 인간사에 대한 '인간 자신의 책임'을 깊게 고려하는 데는 별 도움이 되지 않는다.

다음 시기의 문명을 인문학적으로 상상해보는 일은 무엇보다도 '문명에 대한 인간의 책임'이라는 문제의식을 떠나서는 가능하지 않은 작업이다. 문명에 대한 인간의 책임이란 오류와 수치, 억압과 파괴의 문명을 가능한 한 차단하고, 그런 문명을 미래에 되풀이하지 말아야 한다는 책임이다. 그것은 야만의 역사를 되풀이하지 않아야 할 책임과 동일하다. 지금의 세계인은 현존하는 다수의 문명들로부터 이어받을 것과 버릴 것을 가려내어 인간을 위한 인간의 문명을 구축 또는 재구축해야 할 책임을 지고 있다. 최종적 책임은 인간 그 자신의 행동에 달려 있다. 이것이 인문학적 관점에서 미래문명을 점검한다는 일의 마지막 의미이다.

문화의 세계화 또는 아큐阿Q 현상

1. 홍콩, 미국, 카리브의 아큐들

최근 홍콩의 중국계 신문《밍바오明報》에 실렸다는 「한 중국인의 미국식 하루」라는 제목의 글이 우리 국내 신문 (《조선일보》, 1997년 10월 23일자)에 소개되고 있다. 이 기사 속의 가상적 중국인에게 편의상 '아큐阿Q'라는 이름을 붙여주고 약간의 손질을 보태어 내용을 간추리면 이러하다. "아큐는 아침에 일어나 나이키 신발과 운동복 차림으로 한바탕 조깅을 하고, 콜게이트 치약으로 이를 닦고, 질레트 면도기로 얼굴을 민 다음, 맥심 커피를 마신다. 그는 말보로 담배를 한 대 피우고 나서 모토롤라 핸드폰을 들고 출근한다. 사무실에는 마이크로소프트 사의 윈도우 95가 장착된 IBM 컴퓨터와 휴렛팩커드 프린터가 그를 기다린다. 바쁠 때 아큐의 점심은 맥도날드 햄버거와 코카콜라이다. 오후에 아큐는 보잉 여객기 편으로 출장에서 돌아오는 동료들을 마중나간다. 주말이면 TV 프로그램 선택을 놓고 가족들 사이에 실랭이가 벌어진다. 마이클 조던을 숭배하는 아들놈은 미국 프로농구 중계를 보고 싶어 하고, 아내는 새로 나온 할리우드 영화를 보고자 하며, 아큐 자신은 핵주먹 마이클 타이슨의 권투 경기가 보고 싶다." 국내 신문에 보도된 《밍바오》 기사에 따르면 이런 아큐 씨는 홍콩에만 있는 것이 아니라 베이징이나 상하이 같은 중국 본토 대도시에도 있다. 젊고 학력 수준이 높은 고소득 엘리트층일수록 미국풍에 물든 아큐들이 많다. 《밍바오》는 수천 년을 내려온 중국문화가 불과 20여 년 만에 미국의 상업문화에 종속돼가고 있다고 보도했다 한다. 아큐는 홍콩, 베이징, 상하이에만 있지 않다. 서울에서 홍콩 아큐 이야기를 읽는 한국 독자의 상당수는 그게 바로 자기 이야기라는 걸 안다. 아니, 홍콩 아큐에 비하면 서울 아큐가 훨씬 더 웃길의 아큐일 수 있다. 서울 아큐의 하루는, 요즘 한창 영어를 배우러 다니는 다섯 살짜리 딸이 눈 뜨기 무섭게 "굿모닝, 대디" "굿모닝, 마미"라며 뱉어놓는 아침인사를 듣는 것으로 시작된다. 서울 아큐는 세수할 때 콜게이트 치약과 질레트 면도기만 쓰는 것이 아니다. 그가 면도하면서 들여다보는 거울 속 얼굴에는 콜게이트 면도거품이 허옇게 발라져 있고, 면도 후에 그가 즐겨 바르는 것은 화끈한 올드스파이스 로션이다. 그의 아침식사는 스머커즈 스트로베리 잼이나 피넛버터를 바른 토스트 두어 쪽, 달걀 스크럼블과 소시지 혹은 햄, 델몬트 오렌지주스, 야채 셀러드, 맥심보다는 급수가 높은 핀리 원두 모카 커피 등으로 구성된다. 그가 잠시 퍼드는 아침신문은 분명 한국 신문이긴 한데 거긴 무슨 '섹션'을 표시한다며 이태원 골목 술집 간판 같은 영어가 부끄러울 것 없다는 듯 큰 몸집으로 출몰하고 있다. 현관을 나서는 그에게 아내는 "드라이빙 조심해요"라고 말하고, 딸 아이는 "해브 어 나이스 데이, 대디"라며 손을 흔든다.

이왕 '아큐'라는 이름을 쓰기로 한 이상, '아큐 현상'이라는 작명도 불가능할 것이 없다. 루쉰魯迅의 1921년 소설 『아큐정전阿Q正傳』이 유행시킨 '아큐주의AQism'라는 용어는, 밖에서 실컷 얻어맞고 집에 돌아와서는 "나는 패하지 않았다. 나는 정신적으로 승리했다"고 믿는 정신상태(루쉰이 노린 것은 외세에 노상 패하고서도 '정신적 승리'를 주장하는 중국인에 대한 비판이다)를 말한다. 우리의 '아큐 현상'이 의미하는 것은, 쉽게 말하면, 문화적 혼합성의 정도가 높아 자기 정체성을 주장하기가 사실상 불가능해지고 무의미해지는, '이것도 아니고 저것도 아닌 잡종화 현상'이다. 아주 한자 이름도 아니고 아주 영어 이름도 아닌 '아큐'는 잡종성-혼합성의 좋은 표상이다. 이 아큐 현상에는 두 종류의 대조적인 심리상태가 따라붙는다. 하나는 자기 것이라곤 아무것도 남아 있지 않은데도 "여전히 나는 나다. 나는 잡종이 아니다. 나는 순수하다"고 믿는 심리이고, 다른 하나는 "나는 잡종이다. 혼합성은 새로운 세계의 모형이다. 나는 새로운 종족이며, 미구에 올 신인류의 조상이다"라고 생각하는 정신상태이다. 서울 아큐의 경우가 보여주듯, 아큐 현상은 현대 중국인의 미국화만을 의미하지 않는다. 중국인의 '아큐화'는 이미 오래전부터 온 세계에 퍼진 '범세계적 아큐 현상'의 일부에 불과하다. 홍콩 아큐 이야기가 본토 중국인들에게는 신기할지 몰라도, 사실 홍콩 사람들에게는 화제감조차 되기 어려운 구문이고 일상이다. 허버트 쉴러 같은 이들이 문화제국주의론을 펴면서 '세계의 미국화 Americanization'라는 표현으로 미국 상업주의 문화의 세계적 확산을 비판하기 시작한 것은 벌써 30년 전부터의 일이다.

그런데 흥미로운 것은 그 비판의 과녁이었던 미국에서는 미국대로 지금 '미국판 아큐 현상'이 논의되고, 영국 같은 데서는 '영국의 아큐 현상'이 화제가 되고 있다는 점이다. '미국화'라는 말은 지금도 비판적 문맥에서 쓰이고는 있지만, 1990년대 세계문화의 판도에서는 세계화 또는 지구화globalization라는 용어가 미국화라는 말을 대체하고 있다. 문화영역에서 보면 '세계화'라는 용어는 '미국'에 가해지는 비판의 초점을 상당 부분 희석시켜주는 효과를 갖고 있다. 세계화는 반드시 미국화를 의미하는 것이 아니라 세계의 하나됨, 모든 문화의 섞임과 혼성, 문화품목의 탈국경적 유통과 소비, 새로운 21세기적 문명을 향한 변화의 시작, 정보화사회의 대두, 탈중심적 세계와 신인류의 등장, 근대성 벗어나기 등으로 파악되어야 한다는 것이다. 미국화에 대한 문화제국주의론의 비판 과녁을 비켜가기 위한 다종의 대응책들이 '세계화'라는 용어를 선호하게 된 것은 이 용어에 포함된 '세계성'의 개념이 문화의 혼합성을 강조함으로써 미국에 가해지는 비판 강도를 크게 약화시켜 주기 때문이다. "미국화, 미국화라지만 미국을 보라 — 미국은 혼합문화로 된 아큐들의 나라가 아닌가"라고 말할 수 있게 되는 것이다.

홍콩 아큐와 서울 아큐가 미국식 아침식사를 하는 동안, 런던에서는 런던 아큐가 인도식 아침식사를 한다는 것이 영국 아큐 이야기이다. 요즘 영국인의 식탁에서 영국음식은 찾아보기 힘들다는 보고가 있다. 인도음식이 영국을 점령했기 때문이라는 것이다. 그런가 하면 인도 한복판 뉴델리 시내 호텔에서는 진짜배기 인도음식을 맛볼 수 없다고 인도 커리 애호가들은 투덜댄다. 거기 호텔 음식은 인도식도 양식도 아닌 '튀기'이기 때문이다. 한 관광객이 인도인 주방장을 불러다 "이건 인도음식이 아니다. 진짜를 만들어줄 수 없는가?"라고 주문하자 주방장은 "만들 줄 모른다"고 대답한다. "당신은 집에서 무슨 음식을 먹나? 인도음식 아닌가?" 주방장 왈 — "그렇다. 하지만 집에서는 마누라가 음식을 만든다." 탈식민론을 전개하는 사람들은 런던 아큐 같은 일종의 '역아큐 현상'이 제국주의의 구중심부를 강타하는 구식민지 문화들의 '역습'이라 표현하고, 탈중심론자들은 "이제 중심부문화는 없다"고 말한다.

시인 데렉 월컷을 배출한 카리브의 섬나라들에는 또 거기대로 '카리브의 아큐'들이 있다. 안토니오 베니테스-로

호Benitez-Rojo라는 사람의 묘사(1992)에 따르면 카리브 연안 국들은 '잡종'들의 혼합사회이다. 런던이나 파리 같은 서구 중심부에서 공부하고 돌아와 백인녀와 사는 흑인 지식인, 부두voodoo(서인도 제도의 주술적 다신신앙)를 열심히 믿으며 흑인녀와 사는 백인, 겉으로는 백인이면서 아이를 낳아 보면 흑인아를 출산하는 혼혈 혈통의 여자, 흑인이면서 부자인 사람과 백인이면서 가난뱅이로 사는 친구, 그리고 그 반대 경우들 — 이런 사람들이 카리브의 주민들이다. 어떤 흑인은 자기 정체성을 아프리카에서 찾으려 하고, 혼혈인들은 "인종이란 없다"고 말한다. 카리브의 아큐들은 말할 것도 없이 제국주의 역사의 산물이다. 시인 월컷은 이런 다인종 혼혈사회의 카리브인들을 두고 "나는 바다를 사랑하는 붉은 검둥이 / …… / 화란인, 검둥이, 영국인이 내 속에 흐르네 / 나는 아무것도 아니거나, 아니면 하나의 민족이다"라고 노래한 적이 있다. '아무것도 아니거나, 아니면 하나의 민족'이라는 월컷의 이 마지막 시행은 의미심장하다. 그것은 지금의 세계화 또는 지구화globalization 과정이 발생시키고 있는 세계적 아큐 현상에 대한 퍽 정확한 그림 하나를 보여주기 때문이다.

2. 잡종화의 시대: 탈문맥화와 탈영토화

문화영역에서 말하면, 지구화globalization 현상은 문화품목의 생산과 수용, 수용 주체의 의식consciousness과 주체 형식 등의 차원에서 발생하고 있는 '탈문맥화'와 '탈영토화'라는 두 가지 주요 국면들의 복합적 현상이다. 탈문맥화 decontextualization라는 말은 문화의 전 영역에서 생산의 고유 문맥을 떠나 파편화된 문화요소들이 다른 문화문맥들 속으로 이동하고 혼합·접목되는 현상을 의미한다. 탈영토화 deterritorialization는 문화의 영토적 혹은 영역적 기반들 사이의 경계와 문화적 국경이 얇아지는 경계선 박막화薄膜化 또는 투명화 현상이다. 물론 이들 두 국면은 서로 밀접하게 연관되고, 많은 지점에서 서로 겹쳐 있다. 탈문맥화 현상은 문화품목과 그 구성요소들을 생산문맥으로부터 이탈시켜 전혀 새로운 방식으로 조합하고 새로운 수용환경에 위치시킨다는 점에서 이미 그 자체로 탈영토적 현상이기도 하며, 문화적 국경/경계선의 박막화 현상은 문화요소들의 탈문맥화를 조장하고 심화시킨다. 그러나 문맥 이탈이 문화환경과 문화상품의 '생산형식'에 더 많이 관계된 것이라면 영토 이탈은 '문화수용 형식(수용자의 의식, 태도, 취향, 연결)'에 더많이 관계된 것이기 때문에 그 두 국면은 일단 분리해서 생각해볼 필요가 있다.

탈문맥 현상이 갖는 가장 현저한 특성은 고유 문맥과 토착 환경으로부터 단절되고 파편화된 이질적 문화요소들을 뒤섞어 새로운 문화환경과 문화상품을 구성해내는 혼합성 hybridity의 생산 테크놀로지이다. 이 혼합주의는 문맥 이탈,

파편화, 잡종화 등을 특징으로 하는 새로운 문화생산 형식의 핵심기술이다. 이를테면 상품영역에서는 일본식 사무라이와 미국 개척시대 총잡이를 뒤섞은 영화들, 동서양 설화 자원들로부터 뜯어온 모티프들로 합성되는 전자게임들, 역사적 문화-예술 장르들의 관습이탈적 혼합으로 만들어지는 생산물들, 기존 작품들을 과격한 문맥 파괴의 방식으로 변형시키는 문화상품 등은 이미 지구화 문맥 속에서의 문화생산 방식을 급격히 바꿔놓고 있다. 문화환경의 측면에서도 이 혼합주의의 위력은 눈부신 데가 있다.

탈문맥화가 문화환경과 문화상품을 잡종화하는 새로운 '상품생산 형식'이라면, 탈영토화는 문화 수용자들의 수용 태도에 변화를 일으킴으로써 수용주체를 잡종화하는 새로운 '주체생산의 형식'이다. 이 형식은 문화 수용주체들이 속해 있는 국지문화의 영토적·영역적 기반으로서의 국민국가, 사회, 집단, 민족에 대한 그들의 정서적·이념적 결속, 유대, 충성, 동질감을 약화시키거나 단절시키고, 자기 종족 또는 민족의 집단적 기억을 박약하게 하여 종족의 역사적 연속성으로부터 이탈하게 한다. 이런 단절과 이탈은 문화향수, 상호연대, 충성과 결속에 있어 새로운 방식을 추구하는 신형의 수용주체들을 탄생시킨다(이를테면 미국화한 홍콩 아큐는 본토 중국인들보다는 미국화한 서울 아큐나 필리핀 아큐, 혹은 일본 아큐와 정서적으로 더 가깝다). 이 새로운 수용주체들의 존재방식은 국지적 영토성을 벗어난 파편화, 분산, 유동이며, 그들의 의식을 특징짓는 것은 국지성locality이 아니라 지구성globality이다.

　탈문맥화와 탈영토화라는 지구화의 두 국면이 지금 지
구상의 거의 모든 국지문화, 종족 집단, 민족에 제기하고
있는 것이 이른바 '정체성identity의 위기'라는 것이다. 탈문
맥화는 잡종문화의 지구화를 조장함으로써 국지적 문화
정체성을 위협하고, 탈영역화는 잡종화된 주체들의 생산
을 지구화함으로써 문화 정체성을 위협한다. 이 잡종화 현
상을 우리는 앞서 '아큐 현상'이라 불렀는데, 그 아큐 현상
앞에서 중국인은 중국의 정체성을 걱정하고, 일본인은 일
본의, 한국인은 한국적 문화의 정체성 소멸을 우려한다. 흥
미로운 것은, 이 세계적 아큐 현상을 걱정하기는 자본주의
선진국들의 경우도 마찬가지라는 점이다. 런던 아큐 현상
을 보며 영국인들은 "영국의 전통적 가치는 어디로 갔는
가?"고 자문한다. 세계적 아큐 현상의 진원지로 곧잘 지목
되어온 미국에서도 '미국적 가치의 실종'과 공동체적 윤리
의 실종을 우려하는 소리들이 높다. 자본주의 선진국들이
자국의 문화 정체성을 걱정한다는 것은 적어도 1970년대
적 문화 제국주의론의 관점에서는 설명하기 어려운 부분
이다. 이는 지금의 세계적 아큐 현상이 미국 상업주의 문
화의 확산이라는 설명만으로는 이해되지 않는 측면들을
갖고 있다는 의미이기도 하다.

　지구적 현상으로서의 탈문맥화와 탈영토화는 모든 문
화의 역사적 형성과 발전에서 발견되는 동화assimilation 현

상과는 그 성격과 양상이 근본적으로 다르다. 문화자원과 문화요소들은 그 물질성의 정도가 약하기 때문에 언제나 국경 초월적 이식, 전파, 확산의 가능성을 갖고 있다. 타문화들과의 교류, 이질 요소들의 도입과 교환과 모방, 특정 요소들의 문맥 초월적 확산 등은 모든 문화의 통시적 구성과 발전 과정에서 발견되는 공통적 양상이며 이 점에서 문화의 혼융은 역사적으로 새삼스러운 현상일 수 없다. 문화에 관한 한 '100퍼센트 순수성'이란 역사적 현실이 아니라 문화국수주의의 상상적imaginary 구성물이다. 랠프 린턴은 「100퍼센트 미국적인」이라는 글(1937)에서 미국적 국수주의를 풍자하기 위해 미국인의 일상을 지배하는 문화적 소도구들의 근원적 외래성을 지적한 적이 있다. 이를테면 미국인의 아침식탁에 나온 자기 그릇들은 그 기원지가 중국이고, 식탁의 삼지창(포크)은 이탈리아가 기원이며, 커피는 아랍인들이 아비시니아의 한 식물에서 발견한 뒤 온 세계로 퍼뜨린 기호식품이고, 설탕은 인도의 발명품이다. 그가 커피에 타는 크림은 소아시아인들의 소젖짜기 기술에서 유래한 것이다. 비 오는 날 그가 쓰는 우산은 원래 인도인의 아이디어이고, 그가 타는 출근 기차는 영국의 발명품이다. 신문을 살 때 그가 사용하는 동전은 고대 리디아인의 발상에서 기원한 것이다.

그러나 이 의미의 문화적 혼융은 이질 요소들이 상당히 오랜 기간의 흡수-동화 과정을 거쳐 특정의 국지적 수용 문맥 속으로 재문맥화되는 느린 성격의 통시적 '문화

공주는 어디에 있는가

통합'인 반면, 현재 지구화가 발생시키는 탈문맥적 문화는 동화 과정이 아니라 이질요소들의 급속한 혼성, 병치, 접목, 합성에 의한 과격하고 새로운 형태의 '혼합문화hybrid culture'라는 특징을 갖는다. 통시적 동화가 국지문화의 정체성에 가하는 위협의 정도는 미약한 반면, 지구적 혼합성은 국지문화의 토착성, 고유성, 정체성을 매 순간 크게 교란하고 위협한다. 역사적 문화혼융이 문화의 통합성을 반드시 불가능하게 하지 않는 반면 지구적 혼합문화는 한 문화의 통합문맥과 공시적 안정성을 파편화하고 해체할 수 있다. 랠프 린턴이 그려보인 문화혼융은 홍콩 아큐의 급격한 혼합문화와는 다른 것이다. 이런 사정은 민족 정체성 개념의 경우에도 비슷하다. 민족 역시 역사적 구성물이기 때문에 만약 '민족 정체성'이라는 개념으로 특정 민족의 생물학적 고유성이나 혹은 어떤 본질론적 특성을 지시하려든다면 그런 의미의 정체성은 옹호되기 어렵다. 정체성 자체가 이미 가변성을 전제하는 역사적 개념이다. 그러나 지구화 현상이 지금 제기하는 문제는 역사적 의미에서의 민족 정체성이라는 개념까지도 극히 불안하게 한다는 점이다. 이를테면 탈영토화 현상을 특징짓는 이동성, 비고정성, 세계성은 특정 문화의 영토공간이나 민족집단의 과거, 기억, 애국심, 충성 등과는 상당한 거리를 유지하는 것이기 때문에 이 경우 분산된 개별주체들의 정체성 구성은 새로운 각도로부터의 조명을 요구한다.

3. 단일세계체제의 대두, 그리고 문제들

이미 일정 정도의 근대적 산업체제를 확립했거나 산업화를 진행시키고 있는 나라들, 그리고 근대적 산업체제를 넘어 고도 정보화사회로 진입하고 있는 나라들의 경우, 지구화는 부인할 수 없는 세계적 현상으로서의 보편성을 획득하고 있다. 무엇이 지구화 현상을 일으키는가? 이 현상의 배후세력은 무엇인가? 지구화 현상의 배후에는 새로운 세계질서 또는 질서 재편으로서의 '단일세계의 대두'라는 중대한 변화가 개입해 있다. 이 변화를 초래한 역사적 동력의 한 축은 자본주의 생산양식의 세계체제화이고, 다른 한 축은 비영토적 정보공간의 확대를 가능하게 한 정보기술의 세계화이다. 오랜 역사적 진전 과정 끝에 1990년 소비에트 붕괴를 계기로 신속히 표면화된 자본주의적 세계체제는 세계적 단일생산양식으로서의 자본주의, 세계적 보편문화로서의 자본주의적 소비문화, 시장-자유무역 체제를 옹호하거나 최소한 그 체제에 반⋉하지 않는 국가 정치체제, 시장-자유무역 질서를 유지하기 위한 초국가적 이념-감시체제 등의 현저한 가시적 대두와 세계화를 그 내용으로 하고 있다. 정보기술에 의한 세계의 단일화는 그 기술 개발과 상업화의 견인력이 자본이라는 사실에도 불구하고 자본주의적 세계체제와는 구별될 필요가 있는 별개 차원, 곧 '생산력 발전'으로서의 기술혁신이라는 차원을 갖고 있다. 신매체 기술은 아직은 많은 지점에서 자본주의 세계체제에 종속되어 있지만, 영토 개념을 뛰어넘는 새로운 공간(사이버스페이스)의 무한확장이 시사하는 미래 변화의 가능성은 현재로선 그 범위를 측정하기가 어렵다. 이들 두 개의 변화축에 의한 단일세계의 대두는 제1세계, 제2세계, 제3세계라는 식의 분할법에 의거한 종전의 세계인식지도를 사실상 무용화하고, 국민-민족국가들을 포함한 국지적 단위국가들의 주권과 권력범위에 변화를 초래하며 개별주체와 집단의 연대, 충성, 활동방식에 새로운 형식을 부여한다.

자본주의 생산양식과 정보기술에 의한 '단일세계의 대두'는 좀 더 정밀히 관찰했을 때 국지문화들에 대하여 몇 가지 어려운 문제들을 제기한다. 우선 자본주의 단일세계체제가 경제적 생산과 문화적 소비의 단일양식을 지구화하고 있는 상황에서 국지적 정체성의 문화는 가능한가? 역사적으로, 경제적 생산양식과의 긴밀한 연관 관계 속에서 형성되고 발전해온 것이 문화랄 때, 지금 제기되고 있는 문제의 심각성은 "생산양식의 지구적 단일화가 진행된 세계체제 안에서 단일하지 않은 문화생산은 가능한가?"라는 질문으로 요약된다. 특정의 단위국가-사회가 이미 단일한 세계체제적 생산양식 속으로 편입되고 그 편입을 거부할 수 없을 때, 그 일반 생산양식과는 관계 없는 별개의 문화생산 양식을 발전시킬 수 있는가?—다시 말해 "일반생산양식 따로, 문화생산 양식 따로"의 공식은 가능한가? 생산양식의 세계적 단일화는 문화영역을 예외로 두지 않는다.

문화생산 양식은 일반생산양식의 논리와 법칙에 종속되고, 그 소비 양식 역시 일반적 소비문화 논리에 지배된다. 이 종속과 지배로부터 발생하는 문제적 국면은 그간 문화제국주의론이 특정 지배문화의 세계적 보편화, 상업문화의 세계화, 토착-고유문화의 파괴와 소멸 등등의 이름으로 부단히 지적해온 세계적 문화획일화와 동질화 현상이다. 상업-소비문화의 세계적 획일화와 동질화 현상은 말하자면 단일세계의 '문화적 세계체제'이다. 이 체제 속에서 국지적 문화정체성은 그 생존 가능성이 극히 희박한 영역으로 위축되고, 모든 민족문화 담론은 그 성립 조건을 뒤흔드는 근본적 제약에 직면한다.

그러나 문화의 상업주의적 동질화 현상에서 놓칠 수 없는 부분은 그 동질화가 흥미롭게도 많은 경우 표면상 '이질화'의 방법으로 진행된다는 사실이다. 자본주의적 생산의 이해관계에서 볼 때 문화영역은 다른 어떤 영역보다도 특징적으로 '모든 가능한 차이differences의 개발과 착취'를 시도할 수 있는 자원이며, '차이의 무한 상업화'가 가능한 영역이다. 이 관점에서 보면 단일세계체제적 생산양식은 문화 층위에서 적극적으로 '차이를 생산'한다. 대표적으로 미학, 취향, 무의식, 스타일은 차이의 무한착취를 가능하게 하는 새로운 식민영역들이며, 단일체제적 생산양식은 차이 생산을 통해 수용주체들 사이의 다양해 보이는 '차별짓기'를 가능하게 한다. 이 차별짓기는 소비문화적 환경에 사는 개인과 집단에 '개성'의 이름으로 사실상 무한한 형태의 차이를 추구할 수 있게 함으로써 상업-소비문화에 의한 동질화를 느낄 수 없게 한다. 차이가 정체성을 대체한다. 말하자면 차이 추구와 차별짓기는 단일세계체제 속의 개인들에게 정체성의 상실이 아닌 정체성 유지라는 환상을 가질 수 있게 하는 것이다.

지구화 현상이 제기하는 또 다른 문제는 "주체구성형식에 중대한 변화를 발생시키고 있는 단일세계체제 속에서 어떻게 '민족'이라는 거대집단의 동질성과 정체성을 말할 수 있는가?"라는 점이다. 자본주의적 단일생산양식하의 개별주체들은 이미 민족을 말하기 어려울 정도로 각기 다른 충성과 연대의 대상을 갖고 있고, 각기 다른 현실적 이해관계에 따라 분산되고 이질화되어 있다. 특정 민족집단, 계급, 영토에 대한 소속감, 동질감, 연대감은 현실적 이해관계, 목표, 취향 앞에서 언제든지 포기되거나 수시로 재조정될 수 있고, 경우에 따라 결정적으로 삭감될 수 있다. 국지성의 의식은 이미 세계성의 의식에 침투되고 개체와 개체, 집단과 집단 간의 연대 내지 연결도 이미 영토적 국가차원이나 국지차원을 넘어서고 있다. 지구화 문맥 속의 개별주체들은 탈영토적 '노마드'의 속성을 갖는다. 이들의 집단적 연대를 지배하는 결속원칙은 반드시 국가, 민족, 영토, 국지성에 대한 충성이 아니며, 단위국가, 민족, 영토에 대한 충성은 오히려 이들의 이해관계 추구를 저해하는 부정적 요소가 될 수 있다. 연대의 방식도 반드시 항구적이거나 고정적이지 않다. 그것은 수시적 결속과 해체—다시 말해 주체들의 위치이동성, 가변성, 비고정성을 특징으로 하는 연대이다. 여기서 제기되는 질문은 "민족 성원들의 이질화가 극단화되고, 주체의 구성형식 자체가 이미 국가 혹은 민족 차원을 넘어서는 이동성과 가변성이 현저화할 때 민족-민족정체성이라는 통합적, 총체적, 동질적 범주는 유효한가?"라는 것이다.

이런 문제들은, 지금 진행되고 있는 지구화/세계화 현상이 간단히 정리되기 어려운 국면들을 갖고 있다는 사실에 주목하게 한다. 자본주의적 단일체제는 그 체제의 유지를 위한 이데올로기 외에는 민족의 내부 성원들을 이념적으로 통합할 어떤 수단도 허락하지 않는다. 단일세계체제는 개인주체들을 현실적 이해관계의 면에서 파편화하고, 그 파편화된 개인들을 획일화된 소비문화로 싸안은 다음, 차이와 차별짓기를 허용함으로써 '하나 속의 다양성'을 실현한다. 단일생산체제는 한편으로는 문화 동질화의 방식으로 국지문화의 정체성을 위협하고, 다른 한편으로는 차이 생산과 이질 문화요소들의 혼합을 통해 국지적 문화 정체성을 교란하면서 거대한 체제 내적 통합을 달성한다. 동질화와 마찬가지로 이 이질화도 문화 정체성을 보존하는 것이 아니라 그 반대 결과, 곧 문화적 고유성, 토착성, 정체성을 위협하고 교란한다. 그러나 단일세계체제 속으로 편입되어 있는 단위국가들은 그 체제에 반(反)하는 어떤 다른 문화, 다른 이념, 다른 가치를 생각할 수 없기 때문에 자본주의 생산양식의 인간파괴적이고 문화파괴적인 성향에 맞서려는 모든 문화집단과 운동단체들, 삶의 다른 가치를 추구해보려는 개인들과 이들을 억압하는 체제순응적 국가 사이에는 부단한 마찰, 갈등, 대립이 발생한다. 이 사실은 국가와 민족문화의 관계에 대한 근본적으로 다른 방식의 규정이 필요함을 말해준다.

체제순응적 국가들과 단일세계체제의 추악성에 맞서려는 문화집단 및 운동단체 사이의 갈등은 지구화 문맥 속에서 또 다른 차원의 복잡성을 발생시킨다. 비판적인 문화집단, 문화생산자, 운동단체들 사이에는 국제적 연대가 형성되고, 이 연대는 그 자체로 이미 초국가적이며 탈국경적이다. 예컨대 환경운동, 여성운동, 노동운동 등의 영역에서 집단 간의 연대, 결속, 실천은 단위국민국가에 대한 충성('애국심')이나 국가적 국민적 이해관계의 고수라는 강령에 지배되거나 종속되기 어렵다. 오히려 많은 경우 국가적 이해관계나 애국심 등은 체제비판적 운동단체들의 실천의 효율성을 저해하거나 떨어뜨린다. 대만의 핵폐기물 북한 수출 문제가 발생했을 때 벌어진 상황은 한 좋은 본보기이다. 대만을 항의방문한 한국의 한 환경운동 단체 대표들은 타이페이 시민들과 우익단체들로부터 격렬한 저항을 받았는데, 이 저항의 도화선 가운데 하나는 한국인들이 '태극기'를 몸에 두르고 갔다는 사실이다. 국가의 상징물을 내걸고 감으로써 그들은, 안 그래도 한국에 대한 감정이 좋을 리 없는 대만인들에게 환경운동 단체 아닌 한국의 '애국단체'로 비칠 수 있는 소지를 제공한 것이다. 이 경우 특정 국가에 대한 애국심 발휘는 환경운동의 세계적 명분과는 사실상 무관할 뿐 아니라, 그 명분을 희석하고 왜곡한다. 이런 사례들은 지금의 세계화 현상 속에서 벌어지고 있는 일들의 복잡성과 다면성을 드러냄과 동시에 민족, 정체성, 문화를 말하는 방식의 전면적 재검토가 왜 필요한가를 보여준다.

현재의 단일세계체제와 그것이 강요하는 현대적 삶의 방식은 현 역사단계에서 인류가 쉽게 내팽개칠 수 없는 '알바트로스'임과 동시에 대안적 체제의 제시를 어렵게 하는 문명사적 딜레마이다. 게다가, 현재의 단일세계체제는 역설적이게도 이미 그 스스로 감당할 수 없을 정도의 혼란과 파편화를 경험하고 있다. 이익성과 이윤동기 외에는 그 어떤 동기도 무력해지는 세계에 필연적으로 닥치는 것은 무가치-몰규범이라는 극단적 혼란이다. 이 혼란 속에서 모든 공동체는 붕괴되고, 결속의 끈들은 토막나고, 삶을 가치 있게 하는 의미망들은 찢겨져 없어진다. 이것은 인간이 살 수 없는 불안하고 황폐한 세계의 모습이다. 그러므로 이 세계를 넘어서고 그것을 수리하기 위해서는 적극적인 실천의 방도와 전략이 모색되지 않으면 안 된다. 문화 층위에서 그 전략의 하나는 '국지적 수준에 뿌리를 둔 비판적 대안문화 운동의 세계화'이다. 단일세계체제에서는 그 체제에 대한 부단한 비판이 요구되고, 그 체제의 파괴성을 극복하려는 대안운동 자체의 세계화도 필요하다. 민족과 문화와 정체성에 관한 사유와 논의도 이런 비판적 대안 운동의 세계화라는 방향에서 전개될 필요가 있다. 지금의 혼란과 불안은 이 점에서 새로운 세계를 향한 모색의 기회를 제공한다.

자본주의 세계체제가 문화의 영역에 강요하는 상업문화적 획일화와 소비문화적 동질화는 서구 열강이 제국주의 팽창기에 저지른 과오(비서구 문화자원의 파괴)의 연속선상에 있으면서 문명의 가장 슬픈 성취를 현대에도 되풀이하고 있다. 문화 다양성은, 자연계의 생물 다양성과 유사하게, 무엇보다도 인간이 아직 발견하지 못했거나 그 중요성을 인식하지 못한 문제들에 대한 귀중한 해답들을 저장하고 있다는 점에서 파괴될 수 없는 자원이다. 예컨대 "미래는 앞에 있지 않고 뒤에 있다"는 한 북미 원주민 부족의 시간관은 인간의 사유를 풍요화하고 시간성에 대한 경험을 다양화한다. 한 민족집단이 그 생존 과정에서 자연을 비롯한 외부세력과의 교섭을 통해 터득한 경험, 지혜, 기억, 사유, 가치, 표현들은 그 집단 특유의 문화적 특성들을 구성하며, 이 특성들의 긍정적인 비배타적 총화와 결집이 문화 정체성이다.

정체성의 개념이 여전히 중요한 것은 그것을 상정하지 않을 때 다양성과 차이라는 것 자체가 성립하지 않기 때문이다. 민족국가라기보다는 다민족에 의한 근대 국민국가로 출발한 미국의 경우에도 다문화주의가 내거는 '차이의 정치학'은 다민족-다인종 집단들의 문화정체성이 보존되고 유지될 때에만 가능하다. 차이의 정치학은 정체성의 정치학을 전제할 때에만 의미 있고 유효하다. 앞에서 잠깐 언급했지만, 이 경우 정체성은 본질론적 실체도 생물학적 순수성도 아니다. 국민은 물론 민족이라는 것 자체가 형이상학적 실체가 아닌 정치적 실체이며, 이 실체는 국민국가의 위상이 많은 부분에서 마모되고 있음에도 불구하고 인간의 현 역사 단계에서는 정치적 생존을 위한 거의 절대적인 요청이다. 역사는 아직 국민-민족국가를 소멸시킬 수 있는 단계에 와 있지 않다. 그 가장 큰 이유는, 바로 애덤 스미스가 이미 오래전에 관찰했듯이, 국가의 보호 없이는 자본주의적 기업행위부터가 불가능하기 때문이다. 시장-자유무역 질서를 지키기 위한 초국가체제가 확립되어 있는 지금에도 사정은 마찬가지이다. 이 지적은 국가옹호론의 차원에서 제기되는 것이 아니라, 여전히 소수의 국가들이 초국가체제를 관리하고 생존을 위한 국가 간 경쟁이 더 격렬해지고 있는 엄중한 현실을 참조할 때 국민국가 소멸론이나 '중심의 해체/부재'론이 어떻게 허구적인가를 말하기 위한 것이다.

"세계체제적 단일생산양식하에서 그 양식과는 다른 문화생산이 가능한가?"라는 질문은 모든 국지문화에 도전적인 정책적 과제를 제기한다. 여기서 '정책'이라 함은 국가 차원의 공공정책을 의미하는 것이 아니라(국가의 문화정책은 세계체제에 순응한다), 모든 문화생산-수용 단위들의 개인

공주는 어디에 있는가

적·집단적 선택과 노력, 투쟁과 저항을 의미한다. 저항의 차원에서 보면, 자본주의적 생산양식하에서는 불가피하게 자본주의적 문화형식만이 가능하다는 주장은 일반 생산양식의 영향력에 대한 강조는 될지라도 전면적으로 타당하지는 않다. 그 주장은 조악한 결정론에 빠질 위험을 안고 있고, 무엇보다도 인간이 발휘하는 대안적 상상력의 힘과 크기를 무시한다. 지금의 단일체제적 생산양식이 강요하는 사회관계는 행복감보다는 오히려 깊고 모호한 불안과 억압감, 표피적 만족 속의 이상한 두통과 불행감, 처리하기 어려운 정신적 공허와 허무감을 증대시키고, 삶의 경제적 방식과 문화적 가치 사이에 끼어드는 거대한 괴리를 경험하게 한다. 이를테면 현재의 생산-소비양식은 인간이 살기 위해 삶의 모태인 자연을 파괴해야 한다는 근원적 딜레마 위에서 불안한 일상을 지탱하고 있다. 이 딜레마는 다른 많은 모순들 중에서도 현대인을 괴롭히는 불안과 불행감의 무의식적 기원이 되고 있다. 소비문화는 이같은 근원적 불안과 불만을 표피적으로 미봉하고 감출 수는 있어도 그것들의 잠복과 폭발을 막을 수 없다. 그 잠복과 폭발이 여러 상징적·징후적 형태를 띠고 나타나는 곳이 문화-예술의 영역이다. 이것이 단일생산양식의 지배체제 속에서도 문화가 획일화를 허용하지 않는 이유이며, 민족문화가 체제 내적 순응주의 미학을 거부하고 또 거부해야 하는 이유이다. 이 경우 민족문화는 단일생산체제가 지배하는 문제적 세계에서 민족 성원들이 어떻게 그 세계에 대응하고 어떤 고통과 딜레마를 경험하며, 그 딜레마를 처리하기 위해 어떤 특수하고 특별한 상징적 사유와 표현을 발전시키는가, 인간파괴와 억압에는 어떤 특별한 방식으로 저항하는가를 보여준다. 민족문화가 민족문화이면서 세계문화의 차원으로 올라서는 것은 이런 지점에서이다. 인간파괴적 체제에 대한 깊은 반성과 그 체제로부터 이탈, 그 체제 문법의 위반, 그리고 억압에 대한 저항과 고통의 표현은 문화의 몫이다.

자본주의 단일생산양식이 소비문화적 획일화만을 초래하는 것은 아니고, 오히려 차이 생산을 통한 다양성의 문화를 진작시킨다는 관찰 역시, 상업주의 문화가 차이의 무한 상품화로부터 그 활력을 얻고 있다는 현상적 측면을 드러내기는 하되, 상업적 차이 생산을 곧 다양성의 문화로 연결시키는 위험한 등식화이다. 그 등식은 부당하고 위험하다. 차이의 상업화는 자본주의 단일체제가 파괴하는 문화 정체성을 개성의 이름으로 표피 층위에서 복구하고, 그 체제가 박탈하는 정치적·이념적 자유를 외피적 차별짓기의 자유로 보상한다. 그것은 개별성의 극단적 강조라는 이데올로기 형식을 통해 주체들의 파편화를 유도하고 그렇게 분산된, 그러나 "나는 다르다, 너와는 다른 모자를 썼으니까"라고 생각하는 개인들을 단일체제의 질서 속으로 통합하며, 이미 생활문맥을 떠나거나 상실한 전통문화들의 상업적 가치를 극대화함으로써 국지적 문화정체성을 보존하는 듯한 환상을 갖게 한다. 이 경우 차이 생산을 지배하는 것은 시장논리이며, 이 논리는 다른 모든 생산의 논리와 동기에 우선하고, 그것들을 단일한 이윤동기 아래로 예속시킨다. 차이의 상업화를 이끄는 이윤동기는 단일세계체제의 생산양식이 가동하는 곳에서는 언제나 그리고 어디서나 동일하다. '깨뜨리고 분산시킨 다음 통합하고, 통합한 다음 차이의 환상을 유지시키는' 자본주의의 이 오래된 전략은 '한 체제 속의 다양성'이라는 자유주의 이데올로기와 결합하여 지금 단일세계체제의 강력한 질서를 구축하고 있다. 그러나 그 다양성이란 끝까지 '한 체제 속의' 다양성이지, '다른 체제'를 생각하거나 실현할 수 있는 다양성이 아니다.

홍콩 아큐는 그가 미국식 아침식사를 한다고 해서 곧 미국인이 되는 것은 아니며, 자기는 끝까지 중국인이라 생각할지 모른다. 서울 아큐는 생존을 위해 아이들에게 영어를 배우게 하지만, 그런다고 아이들이 모두 잡종이 되는 것은 아니라는 위안을 가질지 모른다. 한 층위에서는 이런 관점도 성립한다. 뉴욕 아이들처럼 차리고 다닌다 해서 서울 아이들의 한국성이 소멸한다고 곧바로 말하기는 어렵다. 그러나 상업적 혼합문화는 근본적으로 획일문화이기 때문에 문화 다양성의 모든 기반과 형식을 파괴하며, 궁극적으로는 아무 차이가 없는 문화로 세계를 도배질할 수 있다. 그 세계는 거기 태어나는 개인들을 좀비zombie적 존재―멕시코 사람 과달루페 로에아사의 지적처럼 "나는 구매한다, 고로 존재한다"거나 "나는 소비한다, 고로 존재한다"를 유일한 존재의 명제로 삼는 '얼간이 주체'들을 형성할 수 있다. 이 좀비의 즐거움은 그가 인간 자체를 절멸시킬 수 있는 체제의 무의식적 지지자이고 동조자라는 사실을 의식하지 않는 데 있다. 그는 온통 쓰레기로 뒤덮힌 세계에서도 그저 많이 소비할 수 있으니까 행복하고 즐겁다. 세계화 시대의 모든 개인적·집단적 주체들이 그들 자신의 문화정책과 선택과 결단을 행사해야 하는 이유는 그들이 지금 인간적 삶의 방식을 택할 것인가 아니면 비인간적 생존방식을 유지할 것인가의 갈림길에서 결단을 행사해야 하는 순간에 있기 때문이다.

문화와 포스트모더니즘
모더니티와 포스트모더니즘, 수용과 비판

1. 군소리

얼마 전 일본을 다녀온 어떤 기자의 보고에 따르면, 거기서도 포스트모더니즘을 둘러싼 일본 지식인들 사이의 논란을 정리하기 위한 어떤 토론이 있었는데, 그 토론의 참가자들이 도달한 잠정적 결론은 "포스트모더니즘이 무엇인지 잘 모르겠다"라는 것이었다고 한다. 이 소식을 전한 기자의 보고 내용이 정확한 것인지 어떤지는 확실하지 않지만, 일본 지식인들이 포스트모더니즘을 놓고 '결론 유보'의 결론을 내렸다는 정보는 흥미로운 데가 있다. 우선 그 결론은 그 자체로서 매우 포스트모더니즘적이다. 적어도 근대적 의미의 지식인 전통에서 본다면 지식인 집단이 어떤 사회/문화적 현상에 대해 "잘 모르겠다"라는 결론을 내린다는 것은 거의 불가능한 일이기 때문이다. 합리적이고 논리적인 언어로 설명되지 않는 사회문화적 현상의 존재 가능성에 대한 영원한 부정과 거부, 그것이 근대적 지식인의 태도이다. 또 "잘 모르겠다"라는 입장은 문화현상으로서나 철학적 논의양식으로서의 포스트모더니즘이 워낙 다종다양한 것이어서 그것을 수미일관한 한 줄의 실에 꿰어내려는 시도부터가 잘못된 것이라는 일부 포스트모더니즘 논자들의 주장을 지지하는 것으로 볼 수도 있다. 이 주장에는 경청할 만한 근거가 없지 않다. 단일성과 동질성의 언어로 체계화하기 어려운 현상을 하나의 패턴으로 그려낸다는 것은 단순화의 폭력에 해당하는 일이기 때문이다. 그러므로 "잘 모르겠다"라는 태도는 하나의 일목요연한 그림으로 혼란을 질서지우고 한두 개의 기조 어휘와 개념으로 다양한 현상들을 정리/통합해내려는 근대적 체계화의 정열을 겸손하게 포기하는 일이다. 이 점에서도 예의 그 "잘 모르겠다"는 매우 포스트모더니즘적인 결론이 될 수 있다.

일본의 그 겸손해 보이는 지식인들처럼 "포스트모더니즘이 무엇인지 잘 모르겠다"라는 입장을 취한다면, 나는 오늘 내가 잘 알지 못하는 포스트모더니즘이라는 화두에다가 내가 더더욱 잘 알지 못하는 또 하나의 화두인 문화까지 얹어서 두 개의 내가 잘 모르는 막강한 화제를 놓고 여러분과 토론해야 하는 일생일대의 곤궁에 처하게 되었다고 말해야 옳다. 사실 나는 그렇게 말하고 싶다. 이를테면 어떤 보건 관계 모임에 연사로 초빙되어간 버나드 쇼가 "나는 돈에 대해서라면 모르는 것이 없지만, 굴뚝에 대해서는 아는 것이 없다"라는 고백으로 운을 뗐던 고사를 빌어 "나도 원숭이춤에 대해서는 다소 아는 것이 있지만, 포스트모더니즘과 문화라면 아는 것이 없다"라고 말하고 싶다. 그러나 물론 나는 그렇게 말하지 않을 것이다. 그렇게 말하지 않기로 한 가장 중대한 이유는 첫째, 오늘 이 토론의 자리에 온 여러분들이 언론사 기자들이고, 기자란 무엇보다도 "잘 모르겠다"로 시작해서 "잘 모르겠다"로 끝나는 식의 기사는 결코 쓸 수 없는 사람들이며, 따라서 그런 사람들과의 토론석상에 내가 "잘 모른다"를 고백하기 위해 나설 필요는 없기 때문이다. 기자는 지식인과 동업자이고, 그 자신도 지식인이다. 그러므로 동업자들 앞에서 얘기한다는 절대적 안도감을 누릴 수 있는 이 드문 장소에서 구태여 내가 "잘 모르겠다"는 식의 내숭떨기에 매달려야 할 까닭은 없다. 둘째, "잘 모르겠다"라는 어법 자체가 지니는 문화적 함의야말로 문화와 포스트모더니즘이라는 화두에서 가장 먼저 짚어야 할 사항일지 모른다. "포스트모더니즘이 무엇인지 잘 모르겠다"라거나 일반론을 펼 수는 없다고 말하는 사람들의 겸손한 어법은 마땅히 높게 평가받아야 하겠지만, 동시에 우리는 그 겸손이 특정 현상을 어떤 알 수 없는 것으로 신비화하고, 이런 신비화는 발화자가 의식하지 못하는 일종의 오만을 은폐한 것일 수 있다는 가능성을 지적할 필요가 있다. 인간은 무얼 잘 모르는 존재임에 틀림없지만(그러나 신은 인간보다도 더 무지하다), 잘 모른다는 사실 때문에 그의 지식을 향한 정열과 그 지식의 유용성(많은 경우 그 지식이 이데올로기라 하더라도)이 무화되는 것은 아니다. 더구나 사회문화적 현상은 무엇보다도 인간 자신이 제 손으로 만든 환경이기 때문에 그 환경을 "모르겠다"라고 말하는 것은 인간이 제 손으로 만들고 초래한 어떤 현상을 신비화하는 오만의 일종이 된다. 그러므로 인간의 무지에 대하여 한없는 겸손을 가지면서 의도와 결과 사이에서 발생할 수 있는 역설적 괴리의 가능성을 겸허하게 인정하는 일과 "잘 모르겠다"라는 진술을 발화의 원칙으로 삼는 일은 같은 것이 아니다. "알 수 없다"라는 불가지론적 태도가 합리적 설명의 필요성을 압도하는 지배적 어법이 될 때 사회는 자기를 아는 능력과 자기 정의定義의 능력을 결정적으로 훼손당하게 되고, 이 훼손의 정도가 크면 클수록 사회는 자기를 고쳐나갈 수 있는 능력을 상실한다. 자기를 모르는 사회는 자기를 고칠 수 없기 때문이다. 문화는 무엇보다도 한 사회가 자신을 대상화함으로써 자기를 앎과 동시에 자신을 부단히 수정해나갈 수 있는 능력이며, 이 의미에서의 문화를 나는 '사회의 반성적 자의식'이라 부르고자 한다. 나는 오늘 문화에 대한 이 잠정적 정의로부터 문화와 포스트모더니즘이라는 화두에 접근하려한다.

공주는 어디에 있는가

2. 포스트모더니즘: 모더니티에 대한 비판적 자의식

문화를 한 사회의 반성적 자기의식이라고 할 때, 문화로서의 포스트모더니즘은 근대(모더니티)와 근대주의(모더니즘)에 대한 반성이자 근대사회에 대한 비판적 자의식의 한 형태라 정의될 수 있다. 주지하다시피 서구세계는 계몽시대로부터 기산하더라도 200년이 넘는 기간 동안 근대사회라는 역사적 기획을 추진하고 실현해왔다. 모더니티로 통칭되는 근대적 기획이란 이성적 자율주체들에 의한 사회의 합리적 재편을 의미한다. 이 근대기획의 골간을 이룬 사상적·문화적 가치는 이성, 역사(진보), 주체라는 것이었다. 이 세 개의 근대적 가치범주들을 가리켜 우리는 넓은 의미의 모더니즘 또는 모더니티의 문화라 부를 수 있는데, 이 의미의 모더니즘은 모더니티 이전의 전통적 봉건사회에 대한 적극적 비판과 자의식의 산물이다(내가 여기서 사용하고 있는 모더니즘의 개념은 그러므로 전근대를 넘어서려는 비판적 자의식이며, 계몽주의는 이 자의식의 가장 격렬한 표현이다). 근대 계몽주의는 전근대사회가 사회관계를 설명할 때 지배적으로 동원했던 형이상학, 섭리론, 신비주의, 미신, 숙명론을 거부하고(형이상학 비판은 포스트모더니즘에서 시작된 것이 아니라 모더니즘에서 시작되었고, 이것이 근대적 비판철학의 전통을 이룬다), 그것들을 이성, 진보, 주체의 범주로 대체한 역사적 문화운동이다. 계몽시대의 가장 강력한 은유는 어둠과 빛이었는데, 디드로에서 볼테르, 칸트에 이르기까지의 계몽사상가들과 비판철학자들이 수행코자 했던 것은 어둠(형이상학, 미신, 무지, 섭리론)을 이성의 빛으로 몰아내는 일이었다. 이성, 진보, 주체의 가치를 제시함으로써 암흑을 추방하려 한 것이 모더니티의 문화로서의 모더니즘이라면, 암흑 추방을 통해 사회의 합리적 재편을 도모한 것이 모더니티 또는 모더니티의 기획이다. 이 문맥에서 본다면 포스트모더니즘이란 무엇인가? 가장 간단하게 우리는 그것이 모더니티와 모더니즘에 대한 비판적 자의식의 한 형태—다시 말해 이성, 역사(진보), 주체라는 근대적 가치들에 대한 불신과 비판의 일종이며, 그 가치들에 입각해서 추진되어온 근대적 사회기획에 대한 반성과 도전의 한 형태라 정의할 수 있다. 이 정의는 포스트모더니즘을 역사적 문맥 속에 위치시키는 유용성을 갖고 있다. 장 프랑수아 리오타르가 자신의 포스트모더니즘 철학을 근대에의 불신이라 규정한 것이나 대부분 포스트모더니스트들이 이성, 진보, 주체를 적극적 비판의 대상으로 삼고 있다는 사실은 포스트모더니즘에 대한 우리의 정의가 일단 유용한 것임을 말해준다(리오타르는 포스트모더니즘을 역사적 용어로 사용하는 데 반대하지만, 포스트모던을 근대에 대한 불신이라 말한 그 자신의 규정은 그 개념의 역사성에 의존했을 때만 가능하다).

포스트모더니즘이 근대성에 대한 비판적 자의식의 한 형태라는 정의는 다음과 같은 두 가지 중요한 관찰을 가능하게 한다. 첫째는 근대 이성과 합리주의에 대한 비판은 포스트모더니즘에 와서 처음으로 제기된 것이 아니라 이

미 20세기 전반에서부터 서구에서 여러 갈래로 진행되어
온 것이고, 따라서 포스트모더니즘은 이 여러 비판들 중의
하나(그래서 한 형태이다)이자 가장 최근의 것이라는 점이다
(근대 계몽이성의 도구적 타락에 대한 신랄한 비판은 호르크하이머,
아도르노 등 프랑크푸르트학파의 좌파 이론가들에게서 시작된다.
진보라는 근대 특유의 이데올로기와 주체 범주에 대한 비판도 포스
트모더니즘에 앞선 일련의 선행 논의들에 의해 제기되어 왔다). "그
렇다면 포스트모더니즘을 포스트모더니즘이게 하는 특징
적 요소는 무엇인가?"라는 질문이 제기된다. 둘째, "포스트
모더니즘을 근대성에 대한 비판적 자의식의 문화라고 말
한다면, 근대를 제대로 경험하거나 성취하지 못한 사회들
(아프리카, 남미, 중동, 일부 동남아시아)의 경우 포스트모더니
즘 문화를 말할 수 있겠는가?"라는 문제가 대두한다. 이 두
번째 문제는 무엇보다도 우리 사회 자체의 근대적 경험 여
부와 관계된 것이므로 우리가 포스트모더니즘을 논의한다
고 할 때의 현재적 타당성을 점검하기 위해 먼저 검토해볼
필요가 있다.

3. 우리 현실과 포스트모더니즘

포스트모더니즘이 근대/근대주의를 전제하는 것이라
면, 우리 사회는 포스트모더니즘을 논할 수 있는 단계에
있는가? 달리 말하면 이 질문은 "우리가 근대 비판을 수

행하고 근대적 가치에 대한 비판적 자의식을 가질 수 있을 정도로 근대 자체를 경험하고 성취했는가?"라는 것이다. 이것은 논자에 따라 그 답이 달라질 수 있는 문제라기보다는, 우리 자신의 경험이 이미 부정적 답변을 내려놓고 있는 사항이다. 우리의 경우 근대는 지금까지도 미성취의 것으로 남아 있다. 구한말에 잠시 고개를 들었던 근대화의 시도가 일제의 손으로 넘겨지면서 우리는 식민통치하에서 착취의 목적으로 도입된 극히 부분적이고 왜곡된 형태의 근대 문물을 경험하게 되었다. 해방 이후 조국 근대화가 정책목표로 제시된 것은 1960년대 박정희 정권에 의해서였다. 그러나 박 정권의 근대화 목표는 산업 근대화에 초점을 둔 것이지 정치적·사회적 근대화를 목적으로 한 것은 아니었기 때문에 1960년대 이후 우리가 경험한 근대화 역시 전근대적 정치문화와 결합한 극히 왜곡된 형태의 것이었다. 그러므로 식민시대로부터 유신시대에 이르기까지 우리는 단 한 번도 근대적 사회를 제대로 경험한 일이 없다(한 예로 근대사회의 척도 가운데 하나인 대학의 자율화를 보라. 대학의 자율화가 입에나마 오르내리기 시작한 것은 극히 근년의 일이고, 아직도 그 자율화는 이루어지지 않고 있다).

서구의 경우와는 달리 우리가 근대를 제대로 경험하지도 성취하지도 못했다는 역사적 사실은 이 땅에서 포스트모더니즘을 얘기할 때 고려하지 않으면 안 되는 하나의 큰 제약이자 한계이다. 이 말은 근대부터 성취한 다음에 탈근

공주는 어디에 있는가

대를 얘기해야 한다는 순차론도 아니고, 서구가 경험한 근대주의의 역기능이나 부정적 측면을 전면으로 도외시한 채 오로지 근대적 합리성의 가치를 좇아가야 한다는 주장을 펴기 위한 것도 아니다. 내가 강조하려는 것은 우리가 근대를 제대로 경험하지 못했다는 바로 그 사실 때문에 근대성/근대주의에 대한 비판적 반성과 자의식으로서의 포스트모더니즘 역시 우리 자신의 경험과 생활 체험에서 나온 우리 자신의 문화적 반성이 아니라 수입된 의식이라는 사실이다. 포스트모더니즘 논의의 국내 수입이 그동안 학문적으로나 대중적 수용의 차원에서 막심한 혼란을 야기시키게 된 것도 바로 이런 사실에서 연유한다. 근대적 이성과 이성적 비판의 전통이 극히 일천한 나라에서 이성 비판을 부르짖고, 형이상학적 문제가 전혀 현실감을 주지 않는 풍토에서 형이상학 비판을 외치고 나오는 것은 거의 소극笑劇에 가까운 일이다. 근대적 자율주체의 확립이 무엇보다도 시급한 정치적·사회적 과제였던 나라, 근대적 자율성의 가치 확립이 아직도 요원해 보이는 나라에서 주체 해체를 외친다는 것은 있지도 않은 것을 해체하겠다는 유령 사냥에 해당한다. 이 문맥에서 본다면 포스트모더니즘 논의의 국내 수입은 해방 이후 지금까지 줄곧 계속되어온 우리의 문화적 대외 종속성, 모방적 추수성, 그리고 의존성의 긴 역사에 덧붙여진 또 하나의 희극적 에피소드라고 말해야 할 것이다.

그러나 포스트모더니즘의 도입과 논의를 희극적 소동이라는 한 가지 묘사만으로 종결짓는 것은 균형 있는 진단은 아니다. 지금의 우리 사회는 전근대/근대/후근대적 사회의 여러 성질들을 동시에 중층적으로 혼재시키고 있는 복합국면의 사회이다. 전통사회 또는 전근대사회의 특성이 근대성과 병존하는가 하면, 근대적 현실과 구분될 만한 후근대적 문물이 동시에 존재하기 시작한 것이 지금의 우리 사회이다. 다시 말하면 우리 사회는 전근대와 모더니티와 포스트모더니티를 동시적으로 안고 있다. 1960년대에서부터 1980년대에 이르기까지 한 세대에 걸친 근대화 노력은 근대적 시민사회의 형성과는 거리가 있지만(천민자본주의를 보라), 최소한 부분적으로나마 경제적 근대화를 경험하게 한 것이 사실이다. 산업경제 영역의 근대화와 함께 1980년대 후반에 들면서 우리는 모더니티와 여러 면에서 구별될 만한 후근대(포스트모더니티)적 문물들을 현실적으로 갖게 되었고, 사회조직과 운영, 개인의 생활세계에서도 후근대적 변화를 경험하게 되었다. 컴퓨터와 전자통신장비에 의한 정보사회로의 진입과 소비문화의 확산, 매체문화의 발전은 포스트모더니티의 가장 현저한 국면이다. 말하자면 우리는 선진산업국들이 경험하고 있는 것과 부분적으로 유사한 형태의 포스트모더니티를 현실적으로 갖기 시작한 것이다. 이런 현실 변화는 포스트모더니즘의 가치에 대한 회의에도 불구하고 "지금 우리는 달라진 시대에서 살고 있다"라는 다소 막연한 의식과 함께 많은 사람들로

공주는 어디에 있는가

하여금 포스트모더니즘에 대한 심정적 동조를 느끼게 하는 요인이 되고 있다. 이런 동조감은 근년의 국제정세 변화가 몰고 온 충격과의 상승 작용을 통해 새 시대의 새로운 문화적 가치를 모색해보려는 욕구로 나타나고 있다.

4. 문화로서의 포스트모더니즘

사회의 합리적 재편을 내걸었던 모더니티의 기획은 서구에서 발원한 이후 지난 두 세기 동안 적어도 표면상으로는 근대화를 모토로 하지 않는 나라가 없을 정도의 전 지구적 기획으로 확산되었다(근대화는 현대 국가들의 피할 수 없는 운명이라고 사회학자 피터 버거는 말한 일이 있다). 근대화의 확산과 함께 근대적 이념과 가치로서의 모더니즘문화 역시 지역에 따른 수용 정도의 차이에도 불구하고(이를테면 이슬람세계의 현재적 딜레마는 아직도 모더니즘의 수용 여부이다), 세계적 현상으로 확대되었다. 모더니티/모더니즘의 이 같은 성공은 이성, 진보, 자율주체라는 이념적 지표들이 전통사회로부터 근대사회로의 이행을 매혹적인 것이게 하는 강력한 긍정적 가치들을 제시했기 때문이다. 미신과 무지, 운명론과 섭리론(칸트는 이것들을 인간의 미성숙이라 불렀다)으로부터의 탈출은 전통사회의 질곡에 매어 있던 사람들을 해방시켰고(위르겐 하버마스는 근대이성의 이 같은 해방적 소임이 아직 다 끝나지 않았다고 주장한다), 권위와 규범의 세속화는 전통사회의 붕괴를 가져온 반면 어떤 고정적 권위도 인정하지 않는 변화의 사회를 촉진했다. 자율주체의 이념은 세계 지성사상 처음으로 근대적 권력주체(이는 플라톤의 기억주체, 데카르트의 사고주체에 대비된다)와 욕망주체를 탄생시키고 '역사진보의 주체로서의 인간'이라는 개념을 확립한다. '합리적 기획'이라는 가치는 인간의 삶에 끼어드는 우연의 개입을 합리적 계획을 통해 차단/통제할 수 있는 장치들을 탄생시켰다(근대적 보험제도는 우연에 대비함으로써 우연의 지배로부터 벗어나려는 우연 통제장치의 가장 손쉬운 본보기이다). 인간은 자신의 정치경제사회를 알 수 있을 뿐 아니라, 이성적 비판을 통해 그 사회를 부단히 변형/발전시켜나갈 수 있다는 믿음(사회와 인간의 완벽한 합리화 가능성에의 신봉)도 근대적 이데올로기의 빼놓을 수 없는 요목이다.

포스트모더니티의 한 문화적 표현으로서의 포스트모더니즘은 어떤 새로운 가치들을 제시하는가? 앞서 우리는 포스트모더니즘이 모더니티/모더니즘에 대한 비판적 자의식이며 근대적 가치의 전면적 부정과 비판이라 규정한 바 있다. 이성, 역사, 주체 등의 근대적 가치들을 부정/비판한 다음의 포스트모더니즘적 대안 가치들은 무엇인가? 그 대안 가치들은 근대 이후의 변화된 후근대사회를 지탱할 만한 긍정적 요소들을 얼마나 가지고 있는가? 이런 문제들을 치밀하게 논하기로 한다면 우리의 토론은 연말까지 계속돼야 할 것이다. 그러므로 우리는 여기서 요약 논의의

공주는 어디에 있는가

단순성이라는 위험을 감내하면서 그 단순화가 시사하는 내연의 폭을 우리 스스로 넓혀보는 방식을 선택하지 않으면 안 된다. 가장 심하게 단순화할 경우 포스트모더니즘의 문화적 충동은 ① 극단적 해체와 무규범성의 정열, ② 상대주의와 회의론, ③ 우연주의이다.

해체의 정열은 기본적 의미에 있어서 포스트모더니즘 보다는 모더니즘에 기원을 둔 열정이라 해야 옳다. 예컨대 형이상학의 해체는 모더니즘의 작업이었고, 모든 고정된 것들을 끊임없는 변화의 소용돌이에 던져넣기 역시 모더니즘의 충동이다(포스트모더니즘을 모더니즘의 극단적 연장이라고 보는 논자들의 입장은 기본적으로 이 점에 근거하고 있다). 그러나 포스트모더니즘의 해체적 열정은 모더니즘이 설정한 이성, 역사, 주체 등의 대표적 가치들 자체를 해체해야 할 대상으로 잡는다는 점에서 모더니즘을 앞지르는 극단적 과격성을 갖고 있다. 모더니즘이 섭리주의(신)와 형이상학적 진리 범주들을 이성의 이름으로 해체했다면 포스트모더니즘은 그 이성 자체의 광기madness와 폭력성을 들추어냄으로써 이성을 해체한다. 근대적 자율주체가 어떻게 자율성의 신화에 입각한 것인가를 보임으로써 포스트모더니즘은 주체범주를 해체한다. 이 주체 해체는 모더니즘이 신을 해체하고 폐위시킨 뒤 그 자리에 올려세웠던 바로 그 인간의 해체이다. 사실 인간주체의 해체dissolution는 구조주의에서 시작되어 포스트모더니즘으로 계승되지만, 구조주의가 인간 해체의 자리에 대입했던 언어와 구조까지도 다시 해체의 대상으로 삼은 것이 포스트모더니즘의 열정이다. 이 긴 해체사의 과정에서 마지막까지 해체되기를 거부하며 버티던 것이 문법의 신(문법은 이성 또는 정상성normalcy의 가장 막강한 보루이다)인데, 포스트모더니즘의 문학과 철학적 글쓰기는 이 문법적 정상성까지도 폭력을 내재한 이성의 한 형태로 보고 그것의 해체를 시도한다. 이 시도의 결과는 말할 것도 없이 문법 구조를 파괴한 비문非文(비문법적 문장), 아무도 알아듣지 못하는 정신분열증 환자의 언어이다. 그러므로 예컨대 "지금 우리는 밥이 먹는다"라는 비문의 가치는 "지금 우리는 밥을 먹는다"라는 정문正文의 정상성을 뒤집어엎는 데 있고(혁명적 전복), 따라서 두 문장의 가치는 적어도 등가의 것이다. 아무도 정문의 권위가 비문의 가치를 능가하는 우월적 위치에 있다고 말해서는 안 된다. 정문/비문이라는 이분법적 구별 자체가 무효이다. 셰익스피어의 작품들이 초등학교 학생의 작문보다 더 낫다라고 말할 수 있는 확실한 객관적 근거는 없다. 이른바 정전正典(canon)의 권위는 거부되고 부정되어야 한다.

포스트모더니즘의 해체 열정에 관한 이상의 언급들은 포스트모더니즘의 문화 속에서 가치, 권위, 진리, 윤리와 도덕 등이 어떻게 극단적 상대주의와 회의론의 늪으로 침몰할 수 있는가를 보여준다. 포스트모더니즘의 문화 속에서는 진리와 객관성의 지위가 극도로 약화되어 상대적 지위로 위축될 뿐 아니라 진리/허위, 진짜/가짜, 현실/허구,

진품/모조 등의 오랜 구분이 진/위의 형이상학을 근거로 하고 있다는 이유로 배격된다. 이 때문에 근년 우리 문화계가 수차 경험한 바 있는 표절 시비 같은 사건이 발생하는데, 문제는 포스트모더니즘의 사전 속에는 '표절'이라는 항목이 존재하지 않고 표절을 표절로 단정할 어떤 정당한 근거도 인정되지 않는다는 데 있다. 만약 예술작품이 모두 예외 없이 표절이고 모조라면(이것이 포스트모더니즘의 주장이다), 어느 누구도 자기 작품의 진품성과 독창성을 주장할 수 없게 된다. 윤리적 규범, 진리판단의 기준, 객관성의 경우에도 같은 문제가 발생한다. 보편적 윤리·규범이란 존재하지 않고, 일체의 진리와 규범은 상대적으로만 타당하다. 또 필연, 인과관계, 연속성과 지식의 축적 등도 인정되지 않는다. 역사란 불연속과 단절의 계기일 뿐 거기에는 어떤 진보도 지속적 발전도 없다. 과학의 경우에도 새로운 발견이란 마치 문학작품 속의 은유처럼 돌발적으로 발생하는 예측불가능한 사건이지 지속적 발전이나 지식의 연속적 축적 위에서 이루어지는 것이 아니다. 과학사를 포함한 모든 역사는 진보도 발전도 아닌 우연이다.

5. 문화와 포스트모더니즘

나는 포스트모더니즘의 문화논리가 포스트모더니티로 불리는 새로운 변화의 시대를 끌고 갈 만한 긍정적 가치들을 제시하고 있는지 어떤지에 대한 나 자신의 판단을 유보하고자 한다. 그 판단은 여러분의 것이다. 다만 나는 지금 우리가 목격하고 있는 현실변화를 포스트모더니티라고 부르건 아니면 어떤 다른 이름으로 부르건 간에 그 변화가 지금까지의 근대사회와는 다른 새로운 세계를 가져올 것이라는 전망에 대해서만은 의심하지 않는다. 그러나 여기서 중요한 것은 현재 진행되고 있는 사회변화의 현실과 포스트모더니즘을 구별할 필요가 있다는 점이다. 포스트모던 또는 포스트모더니티라는 용어 자체는 근대사회와 현재의 사회를 구별하는 데 유용하고 매혹적인 용어이다. 게다가 인간은 자기의 시대를 늘 어떤 새로운 이름으로 부르고자 하는 명명의 욕구를 가지고 있다. 그러나 이 새로운 변화의 시대를 포스트모더니티라 부른다 하더라도 나는 지금 포스트모더니즘의 이름으로 제시되고 있는 문화논리와 가치들이 반드시 그 포스트모더니티의 문화이자 가치가 될 필요는 없다고 생각한다. 이것은 포스트모더니티와 포스트모더니즘의 구별이다. 현대사회의 후근대적 변화에 대해서는 이미 여러 형태의 이론과 기술 방법, 명칭들이 나와 있고(예컨대 후기 산업사회, 정보화사회, 매체사회 등), 포스트모더니즘의 사회이론은 이 여러 기술방법들 중의 하나에 지나지 않는다. 근대성에 대한 비판이라는 점에 있어서도 포스트모더니즘만이 유일한 근대비판은 아니다. 포스트모더니즘을 포스트모더니즘이게 하는 특징적 요소들은 조금 전 내가 기술한 몇 가지 포스트모더니즘적 주장과 가치에 의해 규정된다. 근대에 대한 비판으로서의 포스트모더니즘은 근대적 가치들을 적극적으로 비판하는 듯해 보이면서도 실상 그 비판의 본질적 성격을 이루는 상대주의와 회의론 때문에 오히려 비판을 불가능하게 하는 몰비판성, 무비판성, 현실추수주의를 내포하고 있다. 예컨대 현재의 복사기술과 복제기술은 진짜 인감과 전혀 구별할 수 없는 위조인감을 만들어낼 수 있고, 실제로 우리는 그런 사건을 경험했다. 이 같은 복제기술의 발달은 명백히 포스트모더니티의 한 국면이며, 이 현실이 시사하는 것은 국립감정원이나 기타 감정기관들의 존재가치를 위협하고 진/위의 구분을 절망적인 것이게 한다. 그러나 이런 포스트모던적 현실 때문에, 그러므로 "모든 진/위의 구분은 무효이다"라는 포스트모더니즘의 논리가 정당해지는 것은 아니다. 우리는 여전히 진/위를 구별해야 하고 진짜와 가짜, 겉과 속을 가려야 하며 현실과 환상, 사실과 허구를 구분해야 한다. 또 모든 영역에 있어서의 모순과 불일치는 지적되고 비판될 수 있어야 한다. 매체문화의 발달은 매체현실이라는 개념과 현상을 가져온 것이 사실이지만, 그러나 텔레비전이 전하는 영상 이미지가 곧바로 현실의 전부인 것은 아니다.

나는 지난 10년 동안 서구에서 진행된 포스트모더니즘의 문화논리가 기원전 4세기 소크라테스와 플라톤의 시대에 풍미했던 궤변학파들의 주장과 극히 유사한 신소피스트의 논리라는 생각을 가지고 있다. 소피스트의 논리는 흥미롭고 자극적이나 인간의 사회를 지탱하는 데 공헌할 적극적 가치로 올라서지 못한다. 향후 전개될 포스트모더니티의 시대와 세계에서 우리가 모색해야 할 것은 오히려 비포스트모더니즘적 문화와 가치일 것이다. 여기서 다시 강조하고 싶은 것은 포스트모더니즘이 그 명칭의 유사성 때문에 곧바로 포스트모더니티의 전면적 문화논리로 오인될 필요는 없다는 점이다. 우리는 포스트모더니티의 문화를 위한 적극적 대안가치들을 모색하지 않으면 안 된다.

공주는 어디에 있는가

문명과 그 불만

프로이트·라캉 담론의 의의

1. 생물학적 인간관 ──21세기의 지적 도전

현대학문의 최근 동향 중에서 우리가 단연 주목해야 할 거대한 지적 모험이 이루어지고 있는 분야는 생물학의 분야이다. '지적 모험'이란 말은 유전생물학, 사회생물학, 신경생물학 등의 분야에서 이미 이루어진 일련의 중요한 발견들과 이에 입각한 새로운 가설들이 인간과 사회와 문명에 관한 지금까지의 인식틀을 근본적으로 뒤바꿔놓을지도 모를 심대한 지적 도전을 제기하고 있고, 이 도전은 21세기 초반에 가서 인간의 지식, 사회정책과 사회조직 원리, 선호체계, 문명의 향방을 좌우하게 될지도 모른다는 전망을 표현하기 위한 것이다. 잘 인식되고 있지 않지만, 20세기 후반에 이루어진 가장 중요한 '과학적' 발견은 제임스 왓슨/프랜시스 크릭에 의한 'DNA 구조 발견'이다. 이 발견은 지금까지 미지의 부호체계로 남아 있던 유전정보망을 읽어낼 수 있게 하고, 인간의 유전정보체계에 관한 정밀한 과학적 '지도 그리기'의 길을 열어놓았다는 점에서 '혁명적'이다. 그러나 이 발견의 결과가 내포하는 암시의 혁명성은 생물학적 차원 이상의 것이다. 그 혁명성은 현대 생물학이 인간에 관한 현재까지의 모든 인문/사회과학적 접근들을 압도하는 '새로운 지식과 인식의 틀'을 제시할 뿐 아니라 '놀라운 미래세계'의 비전까지도 내놓게 되었다는 데 있다. 그 놀라운 신세계는 어떻게, 어느 정도로 놀라운가?

이 그림에서 드러나는 것은 생물학적 에피스테메epistéme와 문화적 패러다임 사이에 전개되고 있는 거대한 지적 대결과 갈등이다. 이 대결은 대중의 인식 수준이 미치지 않는 곳에서 진행되고 있다. 그러나 그 사실 때문에 이 거대한 갈등의 중요성이 감소하는 것은 아니다. 학문 차원에서 보면 현대 생물학의 주요 연구들은 인문/사회과학 담론들의 지배적 경향들과는 정반대 방향에서 전개되어왔다고 말할 수 있다. 1960년대 이후 국제적 인문/사회과학이론들과 연구 방법들은 여러 형태의 결정론, 환원론, 본질론으로부터의 '최대 이탈'이라는 경향을 보여온 반면, 생물학 영역에서는 거꾸로 '환원론에의 접근'이 주 경향을 이루어왔기 때문이다. 환원론reductionism은 복잡성의 정도가 높은 어떤 전체적 체계를 이해함에 있어 체계 내부의 '부분'들을 분리/고립시키고, 이 부분들의 성질 연구로 체계 이해를 대체하는 방법이다. 최근 신경생물학 분야에서는 인간의

공주는 어디에 있는가

'도덕적 능력'이 두뇌신경피질의 특정 부위에서 결정되며, 따라서 이 신경 부위에 결함 내지 훼손이 있을 경우 도덕적 판단력은 결정적으로 감소, 파괴, 제거된다는 주장이 제기되고 있다. 이 주장의 근거가 된 신경생물학적 연구 자체는 중요한 것이다. 도덕적 능력을 주관하는 두뇌 부위의 위치가 알려진다는 것은 분명 인간 정신활동의 전모를 이해하는 데 유용하고도 중요한 지식을 제공할 것이 틀림없다. 그러나 문제는 인간 정신활동의 최고 형태 가운데 하나인 도덕적 판단력이 '전적으로' 특정 신경피질의 결함 유무에 따라 결정되는 것이라는 주장의 환원론적 위험성에 있다. 이 위험성은 지금까지 '양심'이나 불리워온 어떤 능력이 단순한 해부학적 문제로 귀착하게 될지도 모른다는 가능성에만 있는 것은 아니다(공상소설가에게 이 가능성은 흥미로운 소재이다. 21세기의 인간은 태어나자마자 출생신고와 함께 '양심 수준 검사'를 받고 '양심등급'을 판정받게 될지 모른다. 아니, 그는 태어나기 이전 태아 단계에서 미리 검사를 받고 불합격 판정일 경우에는 아예 세상 구경할 기회를 회수당할 수도 있다). 낙동강에 몰래 똥물과 폐수를 내다버리는 사람들은 모두 전액골 전피질prefrontal cortex(도덕력을 결정한다고 주장된 신경피질)에 중대한 결함이 있어 도덕신경이 마비된 사람들인가? 해부학적 방법으로 그 결함 부위를 손질하고 약물을 투입하면 그들의 행태는 달라질 것인가? 이 간단한 질문들은 신경생물학의 발견이 환원론으로 발전할 경우 어떤 중대한 '판단오류'가 발생할 수 있는지를 암시한다. 폐수 방류를 저지르게 하는 요인은 양심/도덕적 판단력의 결함 유무와는 사실상 관계없는 사회경제적 구조의 차원에 있다. 생물학적 환원주의는 문화적 상징질서(법, 가치, 교육, 규범)의 중요성을 평가절하할 우려가 있을 뿐 아니라, 잘못된 사회구조는 불문에 부치고 개인의 행태만을 문제 삼는 국소처방법을 사회관리 원칙으로 삼게 할 수 있다. 이것은 말할 것도 없이 지금까지의 자본주의적 사회관리 원칙에 그대로 부합한다.

최근 미국에서는 피터 크레이머Peter Kramer(브라운대학교 교수)가 쓴 『프로작의 얘기 듣기Listening to Prozac』라는 책이 베스트셀러가 되어 있다. '프로작'은 모 제약회사가 신경생물학/심리약학 등의 도움을 받아 개발한 '기적의' 우울증 치료제이다. 우울증은 정신질환의 일종으로 여겨져 전통적으로 정신의학적 대상 정신분석 치료법의 대상이 되어 왔다. 그러나 프로작의 등장과 함께 우울증 환자는 긴 의자에 드러누워 치료자에게 '자기 이야기'를 해야 하는 방식의 정신분석적 치료법에 더 이상 의존할 필요가 없게 되었다. 치료자는 증세진단만 하고, 환자에게 '프로작'을 먹이기만 하면 된다. 이 약은 단기적이고 일시적인 우울증 환자들에게만 효과 있는 것이 아니라 평소 소심하고 비사교적인 성격 소유자들에게도 유효해서 활동성이 떨어지는 사람들까지도 '성공적 세일즈맨'으로 바꿔놓을 수 있는 것으로 알려져 있고, 실제로 그 약효가 입증되고 있기까지 하다. 그것이 '기적의 약'으로 불리는 것은 이 때문이다(21세기의 인간은 '슬픔'을 경험할 일이 없다. 그는 실연하고서도 프로작 몇 알만 먹

　　　　　　　　공주는 어디에 있는가

으면 희희낙락할 수 있다). 이 기적의 약이 시사하는 것은 무엇인가? 우울증 때문에 자살하거나 자살을 고려하는 사람이 없어질지도 모른다는 가능성은 분명 반가운 소식이 아닐 수 없다. 그러나 인간의 성격/개성이 약 몇 알로 개조될 수 있다면 '인간'은 무엇인가? 슬픔의 형식이 존재하지 않는 사회는 건강한가? 더 중대한 문제는 사람들에게 우울증을 일으키는 사회적 환경과 구조에 대한 비판, 질문, 개선은 이 경우 전혀 필요 없는 것이 되고, 개인 환자의 '치료'만이 전능한 해결책이 된다는 점이다. 프로작의 사회는 그러므로 완벽한 '적응의 사회'이다. 사회적 모순에 대한 질문 대신 프로작이 만사를 해결한다. 프로작은 장식하게도 '자본주의의 약'인 것이다.

2. 정신분석 담론의 현대적 의의

프로이트적 정신분석이 전적으로 문화론적 패러다임에 서 있다고 말할 수는 없다. 그의 심리학적 모형들 가운데 상당수는 생물학에서 빌려온 것이고, 그의 학문적 목표는 인간의 정신·심리구조와 역학에 대한 '과학'으로서의 정신분석학을 수립하려는 것이었다. 그러나 프로이트의 목표와는 다르게 오늘날 그의 정신분석학은 정신질환 치료술이나 과학으로서보다는 '문화론적 담론'으로서의 중요성과 유용성을 더 많이 인정받고 있다. 유전/신경생물학, 심리약학의 시대에 프로이트적 정신분석이 거둘 수 있는 치료 효과의 범위는 점점 축소되고 있다. 그럼에도 불구하고 그의 이론, 개념, 방법이 여전히 유용한 이유는 근자의 생물학적 발견들이 손대지 않거나 손댈 수 없는 영역들의 지속적 중요성을 그의 담론이 부단히 환기하고 있기 때문이다. 인간의 정신질환이 개인사의 과정에서 발생한 박탈, 억압, 금제, 금기에 그 뿌리를 두고 있다는 그의 통찰은 다분히 문화론적인 것이다. 박탈과 억압, 금제와 금기는 그 대부분이 사회적이고 문화적인 것이기 때문이다. 그가 인생 말년의 12~13년간『문명과 그 불만』등의 '문화론적 저술'에 몰두했던 것도 그의 정신분석이 이미 그 초기 단계에서 세웠던 가설들 자체가 문화론적 성격의 것이었다는 사실과 무관하지 않다. 인생을 경험한 어사들에게서 발견되는 신경증적 질환은 그들의 생물학적 유전정보와는 사실상 관계없는 것일 수 있고, 사회적 억압구조 때문에 정신분열 증세를 보이거나 미쳐버린 사람은 '원래 미치기로 프로그램된 유전자정보'를 갖고 있었던 것이 아니다. 프로이트적 정신분석은 말하자면 현대 생물학이 제시하는 환원론적 결론들에 대한 필요하고도 강력한 제어력을 갖고 있고, 생물학적 결정 이외의 요인에 주목할 것을 요구한다. 그의 담론이 지니는 1차적 중요성은 거기 있다.

인간을 불행하게 하는 정신질환들이 여러 형태의 사회문화적 박탈, 억압, 금제에 기원을 두고 있다는 생각은 매우 당연하게도 그 박탈/억압의 기제와 구조에 대한 '비판적 담론'을 발생시킨다. 이것이 프로이트적 정신분석이 지니는 두 번째 중요성이다. 이를테면 그는 문명의 억압적 성격과 구조가 '현실원칙'과 '쾌락원칙' 사이의 갈등을 폭발점으로 몰고 갈 수 있다는 데서 '문명의 위기'를 발견한다. 현실원칙에 의한 억압은 문명에 대한 심대한 불만을 야기시키고, 이 불만은 자살, 정신병, 사회적 파괴행위를 유발한다. 인간이 억압을 더 이상 견딜 수 없을 때 문명은 폭발한다. 마르쿠제를 비롯한 프랑크푸르트학파 이론가들이 비판이론과 프로이트의 접목을 시도했던 것은 사회적 억압 구조에 대한 프로이트의 통찰을 비판이론에 인용하고 물화된 세계(상품사회)의 노예로 전락한 인간의 '해방' 가능성을 그의 '에로스(쾌락원칙)론'에서 발견하기 위한 것이었다.

프로이트적 담론이 현대에 지니는 세 번째 중요성은 그의 주요 개념들과 이론들이 스스로 안고 있는 기원회귀적·환원론적 위험성을 부단히 탈피하면서 '열린 담론'의 가능성을 제시한다는 데 있다. 프로이트의 초기 계승자들에게서 발견되듯 프로이트의 이론 내부에는 과학적 환원론의 강한 암시가 들어 있다. 그러나 그의 현대적 유용성은 바로 그 자신이 그 같은 환원주의로부터의 이탈을 시도했다는 데 있다. 이를테면 정신질환 치료에서 그가 언제나 목표로 했던 것은 질환의 원인이 된 '사건'(그의 용어로는 '원초적 사건')을 환자 자신의 이야기로부터 판별해내고 잡아내는 일이었다. 그러나 그가 종국적으로 발견한 것은 이 '기원적 사건'이 실제로 발생한 사건이 아니라 '만들어지고 꾸며진 사건'일 수 있다는 점이었다. 과거라는 것은 고정되어 있지 않고 수정과 재편이 가능한 것이라는 이 발견은, 개인 역사(병력)의 비순수한 서사적·혼합적 성격에 대한 통찰을 낳게 했고, 이 통찰은 오늘날 문화론, 역사학, 문학이론에 매우 강력한 비환원적 방법론을 제공하고 있다.

잘 알려진 바이지만 프로이트적 정신분석이 서구적 사고양식에 몰고 온 '혁명'은 인간을 '의식주체'로 파악해온 서구의 사고가 프로이트에게 와서 전복되었다는 데 있다. 그의 유명한 언명대로 "인간은 자기 집의 주인이 아니다." 왜냐면 그 집의 주인은 '의식'이 아니라 '무의식'일 수 있기 때문이니, 명징한 의식의 패권에 가해진 이 전복적 반란의 전통은 프로이트적 정신분석이 후대에 남겨준 가장 중요한 유산이다. 이 유산의 상속자는 수없이 많다. 사르트르는 무의식에 의한 의식의 전복을 무산계급에 의한 지배계급의 전복 가능성을 정식화하는 데 원용했고, 자크 데리다는 주변the marginal, periphery에 의한 중심부center의 와해, 해체, 전복과 양자(중심/주변) 사이의 경계 와해라는 이론으로, 또 최근 일고 있는 탈식민이론post-colonialism은 구종속국가-국민들the subaltern에 의한 구종주국에의 '반격'이라는 이론의 모태로 프로이트적 통찰을 현대에 계승하고 있다. 해체론의 데리다와 탈식민론의 호미 바바Homi Bhabha가 발전시킨 '잡종성hybridity' 개념에 최초로 학문적 개념으로서의 지위를 부여한 것도 프로이트이다. 현대 서구사상의 여러 내용들을 파악하는 데는 이처럼 프로이트의 이해가 필수적이다.

라캉의 정신분석 담론은 프로이트를 계승하면서 이탈한다. 라캉이 중시하는 '프로이트의 진정한 유산'은 '꿈의 해석'에서 프로이트가 사용한 방법론의 언어학적 성격이다. 그러나 바로 이 파악방식에서 라캉은 프로이트를 계승함과 동시에 이탈한다. 라캉은 프로이트가 설정한 사회적 억압과 금제명령의 체계(그의 '초자아')를 '상징질서'라는 이름으로 개편했는데, 그가 말하는 상징 질서란 '언어'이다. 무의식이 억압의 산물이고, 이 억압의 기제가 프로이트의 경우 초자아라면, 라캉의 경우 그것은 당연히 상징질서, 곧 언어이다. 이로부터 라캉의 결정적 언명—"무의식은 언어적 구조를 갖고 있다"가 나온다. 라캉의 '무의식'은 언어적인 것이고, 언어의 산물이다.

라캉의 프로이트 읽기에서 또 하나 중요한 것은 프로이트 담론에 여전히 남아 있는 '총체적 지식의 가능성에 대한 확신과 그 추구'를, 그리고 이 가능성이 시사하는 인간주의적 함의들을 라캉이 과격하게 배격하고 해체한다는 점이다. 라캉은 지식의 가능성을 믿지도 않고 추구하지도 않는다. 그는 이 점에서 다분히 푸코/니체와 공유하는 부분을 갖고 있다. 지식이 곧 권력구조이고 권력관계라는 생각은 라캉에게도 강하다. 그가 '주체subject'를 균열의 범주로 파악하는 것은 그 주체라는 것이 의식의 주체일 수도 없고, 지식의 주체일 수도 없다는 생각 때문이다. 정확히 말하면 라캉의 주체는 '오인(메코네상스méconnaissance)'의 주체—곧 지식 아닌 것을 지식으로 알고 있는 분열된 주체이다. 라캉의 이 같은 주체관은 해체론의 주체 해체와 마찬가지로 서구의 자유주의적 개인주의(나/자아/주체) 신화체계에 균열을 일으키기 위한 것으로 볼 수 있고, 이 점에서 라캉 담론의 '비판적' 성격이 인정될 만하다. 하지만 라캉 자신은 언어적 분석을 통해 무의식에 대한 지식을 확립하는 '지식의 주체'가 아닌가? 분열주체를 정식화하는 것은 지금 제기되고 있는 생물학의 도전 앞에서 유용한 대응이 될 수 있을까? 그러나 21세기에 가서도 라캉의 통찰이 여전히 유용하다면, 그 유용성은 바로 환원론적 에피스테메에 대한 부단한 비판이 라캉적 담론으로부터 그 힘을 얻을 때일 것이다.

문화유전자의 비밀

인체유전자집단(게놈)의 지도가 완성되었다는 것은 아닌 게 아니라 큰 사건이다. '몸'은 플라톤이 생각했듯 그 자체가 아무 정보도 갖고 있지 않은 '망각의 자루'가 아니다. 서사시 『오디세이아』가 24장으로 구성되어 있다면, 몸은 23장(23개 염색체쌍)으로 짜여진 세포핵들의 유전자집단, 곧 '유전자 책'이다. 지금까지 신의 비밀장부로 남아 있던 그 책을 인간이 읽어낼 수 있게 되었다는 것이 유전자지도 완성의 의미이다. 그 책에는 한 개체의 생물학적 생애를 결정하는 모든 유전자정보들이 들어 있다. '몸'은 이제 비밀도 우연도 아니다. 개체의 미래도 그러하다. 탄생의 순간 그는 이미 자신의 미래가 적힌 일기장을 갖고 태어난다. 그 일기장에는 이를테면 이렇게 씌어 있다. "나는 29세부터 심부전증을 앓고, 마흔에 발작할 것이며, 쉰아홉에는 후두암에 걸린다."

인간이 흥미로운 존재인 것은 그에게 비밀이 많기 때문

이다. 비밀이 없을 때는 비밀을 만드는 것이 인간이다. 유전자지도 완성은 인간에게서 비밀을 뺏고 그를 완벽한 투명성의 존재로 만드는 것 같아 보인다. 그러나 정말 그럴까? "한국인은 정이 많다"랄 때의 그 '정'의 비밀을 게놈지도로 읽어낼 수 있을까? "내 유전자는 그리움의 정보밖에는 가진 것이 없다"고 우리의 한 시인은 읊고 있다. 그 '그리움'을 게놈 독법으로 읽어낼 수 있을까? 한국 남자들은 왜 술자리에 여자가 있어야 한다고 생각하는지, 왜 목에 힘주고 길바닥에 가래침 뱉기 좋아하는지 유전자 독법으로 해독해낼 수 있을까? 한국 여성들이 왜 남아를 선호하고, 아들의 대학 합격을 위해 백일기도하고 입시장 담벼락에 엿을 갖다 붙여야 하는지 유전자지도로 해명할 수 있을까? 그럴 수 없다. 인간은 생물학적 존재이기만 한 것이 아니라 문화적 존재이며, 이 문화적 존재로서의 인간은 생물학적 해명의 대상이 아니기 때문이다.

'문화의 세기'라는 말의 유행에도 불구하고 문화의 크기, 중력, 기능에 대한 우리의 사회적 인식은 그리 깊지 않다. 문화라면 대개 우리는 '문화예술'의 문화, '전통문화'나 '문화산업'의 문화, 대중 또는 고급문화의 '문화'를 머리에 떠올린다. 그러나 실제 생활세계에서 보면 우리가 쓰는 문화라는 말의 의미는 넓다. 음주문화, 교통문화, 청소년문화, 청탁문화, 뒷거래문화, 파쇼문화, 반공문화, 경장敬長문화, 관료문화 — '문화'가 들어가지 않는 곳이 없다. 실제로

이 넓은 의미의 것, 이 다양한 용도의 것이 '문화'이다. 영국 시인 오스카 와일드는 인간의 삶을 감싸는 거대한 '봉투'가 문화라고 말한다. 봉투라는 말은 오히려 협소하다. '문화라는 이름의 우주'라고 말하는 편이 더 정확하다. 사람은 문화의 우주 안에 태어나고, 그 우주 안에서 '인간'이 된다. 그의 출생은 생물학적 사건이지만, 그의 성장은 문화적 사건이다.

그런데 그 봉투, 그 우주의 비밀은 무엇일까? 그 비밀이 무엇이기에 사람들은 제각각 차이와 다양성을 가진 존재로 성장하는 것일까? 특정의 문화권에서 태어난 사람들은 왜 비생물학적 공통성을 나눠 갖는 것일까? 쌍둥이도 서로 다른 문화권에 집어넣어 키우면 아주 다른 어른으로 자란다. 문화의 이 비밀은 아직도 많은 부분이 밝혀지지 않고 있다. 우리가 아는 것은 "세 살 버릇 여든까지 간다"라는 속언의 진실, "특정 문화는 특정의 사회관계를 재생산한다"라는 통찰의 진실뿐이다. 가부장제 문화에서 자란 사람은 가부장제적 사회관계를, 권위주의문화에서 자란 사람은 권위주의체제를 재생산한다. '세 살 버릇'이 의미하는 것도 이미 세 살 때 개체가 체득한 문화, 곧 그의 문화유전자이다. 이 문화유전자의 중력은 강하고, 그 수명도 길어서 노망의 순간까지 우리를 지배한다.

문화는 한 개체에게는 주어지는 우주이다. 그러나 그 우주는 인간이 만든 것이므로 바꿀 수 있고, 거기서 탈출

할 수도 있다. 시대에 맞지 않는 문화, 사람 괴롭히는 고약한 문화는 바꾸고, 새로운 문화를 만들어야 한다. 이것이 '문화 개혁'이다. 민주주의문화는 비민주적 문화의 개혁 위에 피어나는 새로운 문화이며. 시민사회의 '기부문화' 만들기도 시민적 공공성이 빈약한 문화를 자발성과 공공성에 높은 관심을 가진 문화로 바꾸어내는 일이다. 이 문화 개혁의 기획을 담당해야 하는 것이 바로 시민사회다.

문명 충돌론

헌팅턴 가설의 허구

뉴욕의 '그라운드 제로Ground Zero(세계무역센터 건물이 무너진 자리)'를 방문하는 사람들은 마음이 무겁다. 그곳은 사자의 땅, 그림자의 나라, 지금은 아무것도 남지 않은 빈자리이다. 방문자는 자신이 그곳을 '방문'한 것이 아니라 '초대'된 것인지 모른다는 생각에 잠시 시달린다. 그를 초대한 것은 "그 많은 사람들이 왜 죽어야 했는가?"라는 질문이다. 그러나 그는 낭패를 당한다. 마땅한 답이 떠오르지 않기 때문이다. 그라운드 제로 근방의 담벼락에 사람들이 남긴 이런저런 글귀들이 그의 시선을 끈다. "증오를 중단하라." "관용만이 희망이다." 시인 오든의 시구도 인용된다. "우리는 서로 사랑하거나 아니면 죽어야 한다."

증오의 중단? 사랑과 관용? 하버드대학교의 정치학자 새뮤얼 헌팅턴이 들었다면 코웃음 칠 소리다. 헌팅턴에 따르면 인간은 사랑이나 관용의 존재가 아니라 '증오하는 존재'다. 인간은 증오의 천재다. 인간이 타자를 증오하는 이유는, 미워할 적을 선택하는 것이 그에게는 자기 정체성 확립의 길이기 때문이다. "인간은 정체성을 필요로 하며, 그는 그 정체성을 자신이 선택하는 적을 통해 확립한다." 헌팅턴의 유명한 '문명 충돌론'의 배후에는 이런 보수주의 인간관이 깔려 있다. 이 인간관에 따르면 증오는 인간의 생래적 성향이고 조건이다. 냉전 시대가 끝나면서 사람들에게는 새로운 정체성이 필요해지는데, 그 정체성은 '적'을 어디서 어떻게 발견하고 구성하는가에 달려 있게 된다. 적의 발견에 가장 중요한 것이 '차이'이다. '나와 다른 자'의 차이가 가장 두드러지게 나타나는 곳은 종교와 문화다. 종교적·문화적 '차이'는 그렇게 해서 21세기 세계에서 갈등과 충돌의 새로운 신신이 된다. 이것이 1993년에 발표된 이후 9·11 사태를 넘기면서 미국의 정계, 우파 지식인, 보수 대중에게 이슬람의 대미 증오에 대한 가장 설득력 있는 설명법으로 힘을 얻게 된 헌팅턴식 문명 충돌론의 이론적 얼개다. 헌팅턴은 뉴욕 테러가 문명 충돌이 아니라 테러집단의 범죄 행위라고 입장을 정리한 적이 있지만, 서구와 이슬람의 갈등이 21세기의 가장 현저한 전선이 될 것이라는 그의 기본 입장에는 변화가 없다. 또 그의 '충돌' 가설에서 보수 대중의 호응을 받고 있는 것도 '서구 대 이슬람'이라는 대립 구도다. 9·11 직후 부시 대통령의 언행을 보면 그가 얼마나 강하게 헌팅턴식의 문명갈등론에 기대고 있었는가가 드러난다. "오늘 우리는 악의 얼굴을 보았다." "그들은 문명의 적, 정의의 적, 미국의 적이다." 나중에 부시는 "이슬람 전체를 적으로 돌려서는 안 된다"는 신중론에 따라 "이슬람권 모두가 아니라 일부 과격 근본주의세력"이 문제라는 쪽으로 입장을 조정하지만, 그의 기본적인 문제의식은 여전히 헌팅턴류의 대립 구도에 밀착해 있다.

문명 충돌론이 얻고 있는 대중적 인기는 간명한 선악 구도, 다시 말해 우주공상영화나 마법담 판타지처럼 "적을 선명히 보여주는" 현실적 설명력에 있다. 헌팅턴에 따르면 무슬림은 호전집단이며, "그 호전성과 폭력적 성향"은 무슬림 자신이나 비이슬람권 사람들이 다 같이 인정하는 '사실'이다. "무슬림의 이런 폭력적 성향"은 21세기의 세계 평화와 미국에 대한 가장 중대한 도전이라고 그는 말한다. 그는 이슬람 내부의 '일부' 근본주의세력이 문제라는 관점을 단숨에 배격하고, '이슬람 전체'가 '서구'에 문제적 존재라고 규정한다. "서구에 제기되는 근본적 문제는 이슬람 근본주의가 아니라 이슬람 자체이며, '이슬람'이라는 이름의 다른 문명"이다. 마찬가지로, "이슬람권에 제기되는 문제는 미국 정보부나 국방성이 아니라 서구 그 자체, 곧 서구라는 이름의 다른 문명"이다. 두 문명의 충돌은 불가피하다. 이슬람은 자기 문화의 우월성을 확신하고, 서구는 자기 문화의 보편성을 확신한다.

헌팅턴의 충돌 가설이 이론으로서나 정책 제안으로서 얼마나 허구적이고 위험한 것인가는 많은 비판자들이 지적하고 있다. 비판은 주로 세 층위에 집중된다. 첫째, 그의 주장은 문명이 불변의 고정된 성질을 가졌다고 보는 본질론에 빠져 있다. 어떤 문명도 그런 성질을 갖고 있지 않다. 둘째, 문명과 문명 사이에는 충돌만 있는 것이 아니라 교류와 접변, 섞임과 혼융도 있고, 이것이 문명사의 더 흔한 실제 모습이다. 셋째, 삶의 방식과 가치를 둘러싼 충돌과 불만과 길항관계는 서로 다른 문명들 사이에만 있는 것이 아니라 동일 문명 내부에도 강하게 존재한다. 그러므로 문명들이 마치 각자 불변의 성질들을 가지고서 아무런 내적 균열도 모순도 갈등도 없이 뭉쳐 있다고 보는 것은 문명의 실상에 대한 왜곡이다.

그러나 중요한 것은 헌팅턴 가설의 오류나 허구성이기보다는 그것이 인기를 누리면서 미국의 장단기 세계정책에 영향력을 행사한다는 사실이다. 오사마 빈 라덴이나 '문명 간 대립론'으로 자기중심주의를 세우려는 나라들도 헌팅턴 가설을 환영한다. 지금 세계의 유일 초강대국 미국에 그 가설이 천거하는 것은 "더 강해져야 하고, 적을 쓸어버려야 한다"는 패권주의 노선이다. 이 경우 '타자를 인정하고 차이를 존중하는 체제'로서의 '관용'의 문화적 프로그램과 그것의 정치적 중요성은 쓸모없는 것이 된다. 지금까지 인간들 사이의 분할과 배제, 제거와 청소의 메커니즘이 되어온 것은 "나와 다르다"에 입각한 차이의 정치학이다. 인간이 이런 분할과 대결과 지배의 정치학을 넘어설 수 있는가가 21세기 세계에 안겨진 도전이다. 관용의 문화 없이는 어떤 문명도 공존의 정의를 실현시킬 윤리적 토대를 갖지 못한다. 그러나 패권주의자들에게 차이의 존중, 사랑, 관용이라니, 얼마나 허약해 보이는 제안인가!

마호메트 만화 사건의 겉과 속

유럽의 우울과 공포

서유럽과 이슬람 사이의 '대충돌' 기미까지 보이던 마호메트 풍자화 사건이 그럭저럭 수습 국면을 맞고 있다. 폭탄 두건을 쓴 마호메트 등 12개의 풍자만화를 실어 소동을 일으킨 문제의 덴마크 신문은 "사과할 수 없다"던 당초의 강경 입장을 바꾸어 "미안하게 됐다"로 물러서고, 이 신문을 지원하기 위해 풍자화를 전재하면서 '표현의 자유'를 외쳐댔던 서유럽 12개국 신문들의 맹렬한 기세도 머쓱하게 꼬리를 내린 형국이다. 사태가 이 정도에서 진정된 데는 이슬람을 자극하지 않으려는 미국과 영국 두 나라의 정치적 유화 발언이 큰 역할을 한 것으로 보인다. 그러나 이번 사건은 서유럽과 이슬람 사이에 발생해온, 그리고 앞으로도 끊임없이 발생할 수많은 갈등의 한 말초적 폭발에 불과하다. 더 본질적인, 본질적이기 때문에 '정치'만으로는 풀 수 없는 대립과 갈등의 요소들은 여전히 잠복해 있다. 그 대립과 갈등의 잠재적 폭탄들은 우리에게도 결코 '강

공주는 어디에 있는가

건너 불' 같은 구경거리가 아니다.

　이번의 풍자만화 소동에서 우리가 눈여겨볼 것의 하나는 '서유럽의 우울과 공포'라는 문제다. 19세기가 서유럽 제국주의 팽창의 절정기였다면, 20세기는 유럽의 세계 지배가 쪼그라들기 시작한 시대다. 그 세력 위축은 지금도 상당히 빠른 속도로 진행되고 있다. 이것이 '유럽의 우울'이다. 이 쪼그라든 서유럽은 유럽을 유럽이게 하는 '유럽의 정체성'을 지키고 유지할 수 있을까? 제2차 대전 이후 서유럽 국가들이 경험하게 된 것은 '비서구 세력'들의 부상이라는 사태 진전만이 아니라, 유럽인들이 오랫동안 '이질적'이라 생각했던 인구학적·문화적 요소들의 유럽 분포 유입 사태다. 한때 서유럽 국가들의 식민지였던 지역들에서 다수의 인구가 유럽으로 흘러들어 빠르게 팽창하고, 그들과 함께 들어온 문화 요소들이 유럽의 핵심 지역들에 퍼지게 된 것이다. 유럽 내부의 무슬림 팽창은 이런 사태의 단적인 예다. 유럽은 비서구 요소들에 행랑채 내주고 안방까지 위협받는 지경에 이른 것 아닌가? 이것이 '유럽의 공포'다.

　이 공포의 밑바닥에는 유럽이 결코 내줄 수 없고 양보할 수 없다고 생각하는 '문명의 토대' 문제가 깔려 있다. 현대 유럽문명의 토대는 기독교가 아니라 '세속주의secularism'다. 세속주의의 핵심은 정교 분리의 원칙이다. 정치와 종교를 분리하고, 국가와 교회를 분리하는 근대 민주주의의 알맹이가 세속주의다. 민주주의로 대표되는 이 '세속도시'의 신질서는 근대 유럽의 발명품이자 수출품이고, 지금의 유럽 국가들이 절대로 양보할 수 없다고 생각하는 유럽문명의 정체성이다. "민주주의를 하는 나라인가"라는 것이 유럽연합 가입 허용의 첫 번째 조건이자 기준이 되어 있는 것도 그래서 전혀 이상한 일이 아니다.

세속주의문명은 어떤 신성한 것도 남겨두지 않는다. 그 문명의 질서 안에는 신도 교회도 국가도 풍자와 농담의 대상이 된다. 신이 풍자의 대상이 될 수 있다면 인간이 풍자의 대상이 되는 것은 너무도 당연하다. 근대 이전의 정치질서에서 왕들이 비교, 풍자, 비판을 죽도록 싫어했다면, 세속도시에서 이것들은 독재와 전체주의를 막아내는 힘의 토대다. 민주주의를 지키는 것은 '선거와 풍자'라는 것이 세속도시의 사고방식이고 문화다. 이 문화의 최대 가치에 속하는 것이 '표현의 자유'다. 표현의 자유가 있는 곳에서만 비판과 풍자가 가능하다. 풍자는 모든 신성한 것들을 땅바닥으로 끌어내리고 모든 권위들을 구멍 내어 웃음의 대상이 되게 하는 대신, 신성의 이름으로 사람들을 짓누르는 억압권력을 막아낼 수 있다고 세속문명은 생각한다. 비판과 풍자를 견디어 낼 힘이 있는가가 세속도시의 정치판은 물론이고, 그 문명의 테두리 안에 사는 모든 사람들의 첫 번째 능력이다.

이 문명의 관점에서 보면 이슬람 창시자에 대한 풍자만화를 신문에 싣는다는 것은 전혀 문제될 일이 아니다. 서유럽 신문들이 표현의 자유를 내걸고 만화를 동조 게재한 것도 그래서다. 그들이 발끈해서 "누가 마호메트를 두려워하랴?"며 나선 데는 '유럽문명을 위협하는 사태'들이 지난 몇 년 여기저기서 발생했다는 배경 사정도 들어 있다. 인도 출신 작가 살만 루슈디가 이슬람에 모욕적인 소설을 썼다 해서 살해 대상으로 지목된 일, 그 소설을 일본어로 번역했던 사람의 피살, 이슬람에 비판적인 영화를 만든 한 네덜란드 영화감독이 칼에 찔려 죽은 사건 등등이 그런 배경 사정이다. 만화 소동에도 비슷한 사정이 있다. 한 아동문학 작가가 아이들에게 읽힐 요량으로 이슬람을 소개하는 책을 쓰면서 마호메트 인물 그림을 그려줄 삽화가를 구하는데 아무도 응하지 않았다는 것이다. 이 소식이 알려지자 문제의 신문 문화부장이 "이거 뭐 이래?"라며 34명의 만화가들에게 마호메트 '풍자화'를 그리도록 청탁한 것이 사건의 발단이다. 그중에서 '용감하게' 청탁에 응한 사람이 12명이다.

아이들을 위한 책자가 이슬람 비판서가 될 리 없고, 삽화가들이 두려워해야 할 이유도 없다. 그런데도 그림꾼들이 선뜻 나서지 못한 것은 신성한 존재를 그림으로 그려낼 수 없다는 '재현 불가'의 이슬람 전통을 그들이 알고 있기 때문이다. 그리기 어려워서가 아니라 그려선 "안 된다"는 것이 이 경우의 재현불가론이다. 이 대목에 이르면 우리는 고대 그리스 이후 근대 기독교에 이르기까지 모든 신성한 존재들을 그림으로, 조각으로, 아이콘으로 표현해온 '형상의 문명'과 '형상을 거부하는 문명'의 대립을 보게 된다. 이것은 풍자의 문제가 아니라 재현의 문제 자체를 둘러싼 근본적인 문화적 대립이자 갈등이다. 재현할 수 없다면 풍자도 불가능하다. 이런 대립 속에는 경전 '해석'의 방법과 자유에 관한 문제, 여성 인권, 문화적 차이의 존중과 통합, 공동체 정체성의 유지 같은 깊고도 본질적인 문제들이 줄줄이 연관되어 있다.

이런 문제들을 어떻게 풀어나가는가, 이것이 지금 서유럽과 이슬람의 숙제이고 세계 전체의 과제다. '근대성'과의 관계를 어떤 방식으로건 새롭게 정립해나가야 하는 것이 이슬람의 숙제라면, 단순 톨레랑스Tolérance(관용)를 넘어 '다문화의 유럽'을 만드는 것은 유럽의 숙제다. 우리는 이런 숙제들이 우리 자신의 안녕과도 직결되어 있다는 사실을 알아야 한다. 그 연결의 사정을 아는 데는 정치나 경제 지식만으로는 어림없다. 거기에는 문화적 상상력과 인문학적 훈련의 사회적 확대가 절실히 필요하다.

공주는 어디에 있는가

"

인간의 무지에 대하여 한없는 겸손을 가지면서
의도와 결과 사이에서 발생할 수 있는 역설적 괴리의
가능성을 겸허하게 인정하는 일과 "잘 모르겠다"라는
진술을 발화의 원칙으로 삼는 일은 같은 것이
아니다. "알 수 없다"라는 불가지론적 태도가 합리적
설명의 필요성을 압도하는 지배적 어법이 될 때
사회는 자기를 아는 능력과 자기 정의定義의 능력을
결정적으로 훼손당하게 되고, 이 훼손의 정도가 크면
클수록 사회는 자기를 고쳐나갈 수 있는 능력을
상실한다. 자기를 모르는 사회는 자기를 고칠 수 없기
때문이다.

"

3부

공론의 납치자들

서슴없이 말하건대 우리 사회에서 공적 담론을 납치하고 실종시킨 것은 정치, 자본, 미디어의 세 세력이다. 정치? 오늘날 우리 사회의 정치집단은 사적 이익 추구집단과 거의 구별되지 않는다. 정당은 공당公黨이기보다는 공당을 참칭하는 '사당私黨'이며, 그것이 추구하는 것은 공공의 선이 아니라 정당의 사적 소유 구조를 영속화하고 독과점적 '정치계급'을 공고화하려는 이해관계이다. 이런 이해관계의 고착과 그것에 의한 조작 때문에 우리의 경우, 마침내, 선거조차도 민주주의에의 기대를 배반한다. 정당 정치 행태는 유권자로 하여금 투표할 이유를 알 수 없게 하고, 정치언어는 공론의 언어가 끼어들기 어려운 기만과 욕설의 언어가 되어 국어 타락의 한 절정에 도달하고 있다. 권력과 돈 외에는 아무것도 진실일 수 없는 사회는 이미 무의미한 사회, 활력의 가면 아래 시드는 허무한 사회이다.

미국 독립전쟁 당시 워싱턴은 영국군이 식민지 독립군 포로들을 가혹하게 다룬다는 보고와 함께 "우리는 어떻게 해야 합니까?"라는

공론의 납치자들

부하 질문을 받는다. 포로 처우에 관한 제네바협정 같은 것이 존재하지 않았던 시절인데도 워싱턴은 영국군 포로들을 인간답게, 품위를 지켜 대우하라고 지시한다. 로리 케네디는 그때의 워싱턴의 말을 인용한다. "도덕의 나침반을 잃으면 우리가 지금 무엇을 위해 싸우는지 알 수 없게 된다." 케네디의 마음속에는 인간과 문명의 가장 좋은 전통을 기억하고 이어가는 것이 대학의 소임이며 대학생들의 할 일이라는 생각이 맴돌고 있다.

땅의 유형은 문명의 스캔들이면서 동시에 한국인의 삶에 가해지고 있는 고통의 기원이다. 이 고통의 신랄함은 지금 우리 자신이 그 고통의 생산자라는 사실에 있다. 과거의 제국주의는 세계의 땅을 공간적 물리적으로 강점하고 그 점유 지역에 진보와 문명을 '이식'시킨다는 계몽의 논리 위에 진행되었다. 지금 땅을 점유하는 것은 제국의 탐욕이 아니라 문명의 시간표이고 개발의 논리이다. 그러나 이 개발의 논리는 더 이상 타자적 명령이 아닌 우리 자신의 것이며, 우리의 삶에 이 새롭고 거대한 탐욕의 시간표를 둘러씌우고 있는 것도 우리 자신이다. 땅은 지금 우리 자신의 손에 나포되어 유배되고 식민지로 전락한다. 식민 형식의 이 재생산으로부터 우리가 얻는 것은 정확히 광기와 고통이다. 땅은 생명의 모태일 뿐 아니라 문명 자체의 모태이다. 모태란 유배시킬 수 없고 식민화할 수 없는 것이다. 그 유배시킬 수 없는 것의 유배를 통해서만 번성하려는 개발의 어리석음—지금 우리를 사로잡고 있는 것은 이 광기와 어리석음의 설득이며 우리를 전율케 하는 것은 그 설득의 사슬 끝에 매달린 죽음의 그림자이다.

모든 실패는 뒤집어 보면 '실패의 선택'이다. 사회는 함부로 망하는 것이 아니라 망할 이유가 있기 때문에 망한다. 사회를 망하게 하는 이유 가운데 가장 치명적인 것이 결정의 오류, 곧 틀린 결정을 선택하고 그것을 따라가기다.

공론의 납치자들

우리사회를 어떤 사회로 바꾸어 나가야 할 것인가 라는 우리 사회 개조작업의 핵심에 놓여 있는 것은 '사람을 존중하고 사람이 살 수 있는 사회'로 만들어간다는 비전과 약속이며, 이 비전과 약속의 사회적 공유다.

미결사회의 특징은 각기 이해관계가 다를 수 있는 다양한 사회 구성원들과 구성요소들을 묶어줄 공통의 가치, 공통의 마당, 공통의 이상 말하자면 '사회적 공통성'에 대한 인식이 빈곤하거나 부재하다는 점이다. 공유가치에 대한 인식과 헌신이 없을 때 사회통합은 무망하고 공정사회, 평등사회의 꿈도 요원해진다. 사회통합은 돈의 문제로 환원되지 않는다. 소득수준이나 계층간 차이에 관계없이 사회 구성원들이 어떤 기본적 가치를 공유하고 그 가치의 유지에 자발적으로 동의하지 않으면 사회를 지탱할 기본동력은 생겨나지 않는다.

공공 지식인의 비참과 지식인 계급

공론의 납치자들

근년 우리 사회에서 가장 문제적인 상황 하나를 정의하
란다면 그것은 공론公論의 실종, 더 정확히 말해 '공론의 납
치'이다. 일부 식자들의 생각과는 달리 공론은 '하버마스의
유령' 같은 것이 아니다. 사적 이해관계들이 세어보다 복잡
하게 얽힌 사회라 해도 그것들을 조정하고 넘어서는 공적
삶의 공간이 확보되지 않을 때 사회는 몰가치, 무규범, 무
의미의 혼돈에 빠진다. 그 공적 삶public life의 공간을 만들
고 지키는 데 필요한 것이 공공담론으로서의 공론이다. 그
것은 한 사회가 최소한 어떤 방향, 가치, 목적에 안내되어
야 하는가를 사유하기 위해 이성의 공적 사용을 시도하는
담론이다. 그것은 허깨비가 아닌, 공존의 정의正義로부터
요청되는 필요성의 담론이다. 그런데 그 공론이란 것은 지
금 한국에서 실종상태이다. 공론이 백이·숙제처럼 제 발
로 걸어 어디 산 속으로 숨어버린 것인가? 아니다. 공중납
치 당한 것이다.

납치한 자는 누구인가? 서슴없이 말하건대 우리 사회에서 공적 담론을 납치하고 실종시킨 것은 정치, 자본, 미디어의 세 세력이다. 정치? 오늘날 우리 사회의 정치집단은 사적 이익추구집단과 거의 구별되지 않는다. 정당은 공당公黨이기보다는 공당을 참칭하는 '사당私黨'이며, 그것이 추구하는 것은 공공의 선이 아니라 정당의 사적 소유구조를 영속화하고 독과점적 '정치계급'을 공고화하려는 이해관계이다. 이런 이해관계의 고착과 그것에 의한 조작 때문에 우리의 경우, 마침내, 선거조차도 민주주의에의 기대를 배반한다. 정당정치 행태는 유권자로 하여금 투표할 이유를 알 수 없게 하고, 정치언어는 공론의 언어가 끼어들기 어려운 기만과 욕설의 언어가 되어 국어 타락의 한 절정에 도달하고 있다.

자본? 시장체제의 세계화와 생존논리가 우리 사회에 특징적으로 등장시킨 것은 시장유일주의 멘탈리티의 분별없는 사회적 확산, 시장중심논리의 공영역 접수와 지배, "시장은 언제나 옳고 선하며 실패하지 않는다"는 사고의 편만현상이다. 시장에서의 성공이 모든 것을 용서하고 허용한다. 신神은 시장에만 있고, 그 신은 열패자만을 골라 응징한다. 가진 자가 못 가진 자를 향해 "못난 놈"이라며 내놓고 경멸할 수 있게 된 것도 최근 몇 년 사이의 일이다. 시장체제의 한국적 전개에서 가장 두드러진 것은 자본과 시장의 이해관계가 공익이 되고, 상업주의적 가치와 판단이 공론을 압도하는 공론이 되었다는 사실이다.

미디어? 공론의 납치에서 미디어가 수행한 역할도 눈부시다. 객관성, 신뢰도, 공정성은 대다수 보도매체의 경우 이미 아무런 기준도 강령도 아니다. "객관성? 그런 것은 없다"가 오히려 보도의 기준이 되고 편가르기, 왜곡, 굴절, 호도, 은폐는 보도매체의 예외가 아니라 관행이자 상도(常道)가 되어 있다. 미디어가 이처럼 과감하게 타락할 수 있는 것은 스스로 권력집단이 된 매체조직의 오만, 독자를 항구히 속일 수 있다는 자신감, 여론은 조작될 수 있다는 확신 때문이다. 그러나 이 타락의 근본 요인은 매체조직이 공론이나 공공성보다는 권력, 상업주의적 이득, 특권 향유를 자기 조직의 더 중요하고 결정적인 관심사로 앞세우게 되었다는 사실에 있다.

지식인사회의 위기, 혹은 지식인의 자기성찰이라는 화두에서의 지식인은 그냥 지식인이 아니라 사실은 '공공 지식인public intellectual'이다. 공공 지식인이란 이성의 사회적 사용이라는 원칙 위에서 공공의 사회적 가치와 선과 규범을 위해 공적 삶의 문제에 개입하고자 하는 지식인이다. 그는 특정 분야의 전문지식을 가진 사람일 수도 있고 아닐 수도 있다. 지식근로자, 일반 시민, 지식산업종사자, 예술인 할 것 없이 공영역의 문제에 관심을 갖고 거기에 담론 제시의 방식으로 개입하는 사람이면 누구나 공공 지식인이다. 말하자면 그는 '공론을 제기하는 사람'이다. 그러나 그 지식인에게는 최소한 세 가지 자격조건이 요구된다. 사적인 혹은 상업주의적인 이해관계를 떠날 수 있을 것, 이성의 도구적 사용에 정지명령을 내릴 수 있을 것, 불이익을 감수하면서도 사회와 문화의 모순을 직시할 수 있을 것 등이 그것이다. 공공 지식인이 기능적 지식소유자나 방법적 전문가와 구별되는 것은 이런 조건들 때문이다.

그러나 지식인을 문제삼기에 앞서 우리가 먼저 성찰해야 하는 것은 공론의 장을 극단적으로 위축시켜 공공 지식인의 존재와 역할을 조롱하고 그의 설자리를 박탈하는 사회적 조건들이다. 공론의 장이 휘발한 곳에서 공공 지식인은 무엇을 할 수 있는가? '공론 제시'의 역할을 수행코자 하는 사람이 공적 담론을 펼 시간도 공간도 얻지 못할 때 그는 어디로 가야 하는가? 지식인이 공론을 펼 수 있는 최선의 공간은 공공의 매체이다. 그런데 그 매체공간이 그의 담론을 배척하고 그것에 적대적일 때, 그의 투항을 유도할 때, 그가 할 수 있는 일은?

물론 이것으로 얘기를 끝낼 수 있는 것은 아니다. 우리의 경우 '지식인사회'라 불리는 곳은 사실은 공공 지식인의 동네이기보다는 공론의, 여론의, 또는 의견의 이름으로 공론 납치세력들과 결탁하고 그들의 이해관계에 고용되거나 고용되기를 자청한 사람들의 활동공간일 때가 많다. 정치영역에서 항구한 과두정치계급이 형성되어 있듯 이른바 지식인사회에서도 '지식인 계급'이 등장하고 있다. 정치, 자본, 미디어는 권력 유지와 팽창을 위해 약간의 미끼로도 유혹이 가능한 지식인 계급을 파트너로 삼고자 하고, 지식인 계급은 또 그 자체의 이득을 위해 공론 납치세력과 제휴한다. 이것이 권력과 돈과 지식의 한국판 공생관계이다.

시인 파블로 네루다가 "자본의 치즈에 빌붙은 벌레들" 혹은 "무덤 위의 빛나는 초현실적 양귀비"라 부른 것과 극히 유사한 이 한국적 지식인 계급은 의견 자유와 나양성을 내세워 객관성, 진리, 공론, 보편 등의 성립 불가능성을 곧잘 주장한다. 이 계급의 활동이 눈부실수록 사회는 무엇이 진실이고 무엇이 거짓인지 판별하기 어려운 혼돈 속으로 빠져들고, 민주주의는 민주주의처럼 보이는 이 계급의 어법 속에서 공론과 함께 납치된다.

권력과 돈 외에는 아무것도 진실일 수 없는 사회는 이미 무의미한 사회, 활력의 가면 아래에서 시드는 허무한 사회이다. 지식인 계급이 그런 사회를 조래하고 있다면, 거기야말로 바로 공공 지식인의 개입이 필요한 지점 아닌가? 그러나 공공 지식인이고자 하는 사람은 권력과 상업주의에 다투어 고용되려는 '지식인 계급'에 끼지 못하고, 자기 자신이 그런 계급을 형성할 수 없기 때문에 그에게는 사실상 아무 힘이 없다. 그는 유효하게 사회의 주변부로 밀려나 있는 것이다. 이 주변성만이 그의 영광이다.

사회는 '빵과 축구'만으로 지탱되는가

문화 나누기 또는 '문화 나눔'이라는 말이 요즘 부쩍 세간의 관심사가 되어가고 있다. 소득 격차가 양극화의 국면으로 심화되면서 문화 향수층이 얇아지고, 사람들이 문화를 누릴 수 있는 능력도 크게 위축되었기 때문에 공공의 수단을 동원해서라도 문화향수 기회를 넓혀나가자는 것이 문화 나눔의 취지다. 한국문화예술위원회(구 문예진흥원)의 '문학 나눔'은 그런 취지로 진행되고 있는 대표적인 문화 나누기 사업의 하나다. 예술위원회는 정부로부터 배정받은 일정 액수의 복권기금으로 우수 문학도서들을 필요한 곳에 무료 배포하고, 한 달에 한 번 꼴로 '문학 콘서트'와 '작가와의 만남' 같은 행사를 열어 사람들에게 문학 누리기의 기회를 만들어주는 일에 나서고 있다. 복권기금으로 진행되는 사업이니까 이 모든 행사들은 당연히 무료다.

문화 나눔의 배경에는 이른바 '문화 양극화의 해소'라는 취지가 깔려 있다. 소득 양극화가 문화 구매력에도 타격을 주어 시민의 문화적 삶을 궁핍화하고 있다는 것이 '문화 양극화' 개념이다. 경제적 양극화와 문화 양극화 사이에는 일정한 상관관계가 없지 않다. 책 한 권 사고 싶어도 지갑 열기가 망설여지고, 공연장이나 전시장을 찾고 싶어도 쉽게 발길 떼기가 어려워진다는 것이 소득과 문화향수의 상관관계다. 문화가 제아무리 정신의 양식이라 해도 먹고사는 문제가 다급해졌을 때 문화는 별수 없이 '식후경'이다. 생계를 부지하는 일은 선택하고 말고의 문제가 아닌 반면, 문화는 선택적 사항이기 때문이다. "나는 굶을 수도 있다. 바람이나 마시지 뭐"라며 굶주림과 궁핍을 '선택'할 수 있는 사람은 히말라야의 도인 빼고는 없다. 그러나 영화 보러 갈까, 음악회에 가볼까 같은 것은 선택항에 들어간다. 물론 이런 선택성 때문에 문화가 덜 중요해지는 것은 아니다. 좋은 삶이란 것은 존 스튜어트 밀이 잘 말했듯이 '선택하는 삶'이다. 선택의 여지가 없는 삶보다는 이런저런 가능성을 선택할 수 있는 삶이 좋은 삶, 품위 있는 삶이다. 문화 양극화가 그런 선택적 삶의 가능성을 위축시킨다면, 공공의 수단과 자원을 통한 문화 양극화 해소 노력은 충분히 의미 있다.

그런데 문화 양극화의 개념에는 사회가 주목해야 할 다른 두 가지 현상도 포함되어야 한다. 하나는 문화소비가 한 방향으로 집중되는 '쏠림현상'이고, 다른 하나는 문화와 담쌓고 사는 '문화소외 현상'이다. 이 두 가지 경향은 소득

공주는 어디에 있는가

의 오르내림과는 별 관계가 없다. 볼거리·구경거리 등 이른바 눈을 즐겁게 해서 '시각쾌락'을 높여주는 쪽의 문화상품이나 문화시장에서 대박을 터트렸다는 소문난 '성공작'들을 향해 우우 몰려가는 것이 쏠림 현상이다. 돈이 있어도 책 한 권 사지 않고, 여유가 있어도 공연장 같은 데는 절대로 가지 않는 것이 문화적 소외현상이다. 고소득자라고 해서 반드시 문화 향수 수준이 높은 것은 아니다. 자신의 삶을 문화로부터 1,000킬로미터 바깥에 격리시키기로 하는 '자발적 소외'가 문화소외다. 이것도 선택적 삶의 방식인가? 자발적 소외라는 점에서는 그렇다고 말할 수 있을지 모른다. 그러나 선택은 반드시 '다양성'의 가치를 전제한다. 문화 소외는 다양성을 거부하고 궁핍을 선택한다. 쏠림 현상도 다양성을 위축시킨다는 점에서 궁핍의 선택이다. 다양성은 문화의 생명이다. 그러므로 쏠림현상이건 문화적 소외이건 간에 궁핍의 선택이 강화되는 사회에서 문화는 위기상황에 빠진다.

특히 문화적 쏠림 현상의 경우, 민주주의 사회일수록 그런 쏠림의 가능성이 높다는 것은 여러 사회적 관찰이 내놓고 있는 오래된 경고신호의 하나다. 200년 전에 '미국의 민주주의'를 관찰하러 갔던 알렉시스 드 토크빌은 이미 그 무렵의 미국 민주주의가 사람들의 의견, 취향, 문화 소비에 상당한 '동질화'를 일으키고 있다는 사실을 발견한다. 그의 관찰은 여전히 유효하다. 서로 같아지고 동질화되지 않으면, 그 동질화의 거부 자체가 민주주의에 대한 위협이 된다고 느끼는 대중적 정서의 크기와 밀도가 현대 민주주의 사회라 해서 줄어든 것이 아니다. 줄어들기는커녕 오히려 그 반대다. 민주주의의 동질화 경향 말고도 현대 사회는 동서양을 막론하고 소비문화와 유행문화의 팽배 같은 문화 쏠림의 결정적 강화 요인들을 갖고 있다.

이런 상황을 점검해보는 것은 문화 양극화의 해소라는 집단적인 사회적 노력이 소득 양극화의 부수 현상으로서의 문화적 양극화 문제에만 집중되어서는 안 된다는 점을 지적하기 위해서다. 소득 격차의 심화가 문화향수에 타격을 주고 있다면, 그 부분에 대한 해소 노력은 그것대로 필요하다. 그러나 동시에, 그런 노력 못지않게 사회의 창조적 다양성을 유지하고 키우기 위한 정책적 사회적 노력이 필요하다. 그 노력은 문화 양극화의 다른 두 방향, 곧 쏠림과 문화소외라는 두 가지 경향의 궁핍화에 주목하는 데서 시작되어야 한다. 그런데 대중추수주의를 결코 포기할 수 없는 정치영역이, 그리고 죽으나 사나 소비문화를 부추기고 시장에서의 성공 여부에 목매달아야 하는 시장영역이 창조적 다양성의 문화를 일구는 일을 해낼 수 있을까? 문화를 위한 사회자원의 재배치와 재배분, 문화교육과 예술교육의 사회적 확대, 문화적 선택을 통한 삶의 질 향상—이런 문제들에 대한 해법을 찾는 일은 지금 우리 사회가 안고 있는 현안이자 깊은 딜레마다.

그 딜레마에는 2002년 한일 월드컵 이후 빠른 속도로 퍼지고 있는 '대한민국주의'도 포함된다. 국민 성원이 자기 나라를 사랑하고 자기 나라에 긍지를 가진다는 데는 까탈 잡을 일이 없다. 그러나 애국심이 배타적 '애국주의'로, 나라 사랑이 의견과 정서의 획일화로 치달아야 한다면, 그것은 이미 애국이 아니고 나라에 대한 긍지도 아니다. 축구를 좋아하는 일과, 월드컵 앞에서 무조건 흥분해야 '애국시민'이 된다고 여기는 정신 상태는 같은 것이 아니다. "로마 제국은 '빵과 서커스'로 지탱되었다"는 말이 있다. 우리 사회가 '빵과 축구'만으로 지탱되어야 하는가? 황우석을 지지하는 일과, 황우석을 지지하지 않으면 애국시민일 수 없다고 주장하는 일은 같은 것이 아니다. 강정구 교수를 비판하는 일과, 강정구를 대학에서 몰아내고 그의 강의를 봉쇄하지 않으면 안 된다고 우기는 일은 같은 것이 아니다. 도를 넘는 애국주의와 이성을 잃은 국민주의도 의견, 사상, 표현의 자유를 옥죄어 다양성을 파괴하는 문화적 쏠림현상에 해당한다. 그것들은 이미 고약한 전제專制의 한 형태다.

하버드 대학생들의 눈물

"수용소의 미군 한 사람이 묻더군요. '너 결혼했냐?' 그 렇다고 대답했더니 '네 마누라가 너 이렇게 발가벗은 꼴을 보면 실망하겠지?' 옆에 있던 다른 병사가 말했습니다. '하 지만 네놈 마누라가 지금 여기 나타나면 실망하진 않을 거 야. 내가 겁탈해줄 거니까.' 미군들은 내가 아직도 살아 있 다는 걸 예수님께 감사하라고 명령했어요. '난 알라를 믿는 다'고 말했지요. 그러자 병사 하나가 '난 고문을 믿는다, 이 새끼야. 지금부터 내가 널 고문해주겠다'고 말하더군요."

2003년 여름부터 2004년 초까지 바그다드 근처 아부 그라이브 포로수용소에서 미군 헌병대와 정보부대 요원들 에게 온갖 고문을 당하다가 풀려난 이라크인 한 사람의 증 언이다. 그 포로수용소에서 자행된 '온갖 고문'의 실상은 사진자료, 진상조사, 증언, 취재보도 등을 통해 세상에 알 려질 만큼 알려져 있다. 포로들에게 비인간적 학대와 잔혹 한 고문을 가했던 정보부대 요원들도 이후 군법회의에서 강등, 불명예 전역 등의 처벌을 받았고 그중 7명은 최고 10년형까지의 실형을 선고받고 지금 복역 중이다. 그러나 아직도 잘 밝혀지지 않은 것은 잔혹한 고문의 동기가 무엇인가, 명령에 따른 것인가 아닌가, 명령에 의한 것이라면 그 명령체계의 꼭짓점은 어딘가 하는 문제다. 군법회의에서 실형을 선고받은 자들은 모두 상사 이하의 병사들이고 지휘관급으로는 딱 한 사람만이 준장에서 대령으로 강등된 것이 전부다.

금년 2월 초 하버드대학교의 한 건물에서는 바로 그 아부 그라이브 고문 사건을 다룬 기록영화 한 편이 상영되었다는 소식이다. 〈아부 그라이브의 유령들〉이라는 제목의 이 영상물은 발가벗은 이라크인 포로들을 상대로 진행된 처참한 고문 장면들과 미군 병사들의 고백, 포로들의 증언 등을 생생하게 담아내었는데, 영화가 상영되는 동안 여기저기서 훌쩍이는 소리가 끊이지 않았다고 한다. 이 영화를 만든 사람은 39세의 독립 다큐멘타리 작가 로리 케네디다. 기록영화로 이런저런 수상 경력을 가진 로리 케네디, 그녀는 고 로버트 케네디 상원의원(하버드대학교 48학번)의 막내딸이다. 사건 발생 후 몇 년이 지났는데 왜 이 영화를 만들었는가? 상영이 끝나고 나서 질의응답에 나선 로리 케네디는 이렇게 답변한다. "이건 단순히 아부 그라이브에 관한 영화가 아니다. 이것은 미국에 관한 것이고 우리는 누구인지에 관한 것이다."

"아부 그라이브 사건을 조사했던 사람들에게서 우리가 노상 들은 것은 고문자들이 소수의 '썩은 사과'일 뿐 결코 조직의 일부가 아니라는 것이다. 그러나 내가 발견한 진실은 정반대다." 그녀의 인터뷰에 응했던 영화 속 미군 병사들의 증언도 반대의 진실을 전달한다. "그 수용소는 나를 괴물로 만들었다." "고문을 수행하는 일은 마치 치과에 가서 생니를 뽑는 것 같았다." 사건 당시 상당수가 아직 10대의 청소년 나이였던 병사들은 '상부 지시'와 '마음의 가책' 사이에서 방향을 잡지 못해 갈팡질팡했다고 한다. "우리가 들은 것은 포로 고문이 미국을 위한 길이며 테러리즘과 싸우는 길이다, 지시를 따르지 않는 것은 테러리즘을 편드는 행위다, 라는 것이었다." 사건 발생 3년이 지났는데도 미국 국민들은 그 아부 그라이브 추문의 목격자일 뿐이 되려 하고 있다고 케네디는 말한다. 충격에 휩싸인 하버드 대학생들에게 로리 케네디는 "이제 우리는 행동해야 한다"라는 말로 질의응답을 끝낸다.

그녀가 말한 '행동'이라는 것에는 많은 것이 담길 수 있다. 우리가 생각해볼 것은 미국에서이건 한국에서이건 간에 "대학은 어떤 인간을 어떻게 길러내어야 하는가"라는 질문, 곧 '대학의 소임'이라는 문제다. 로리 케네디는 그날 아부 그라이브의 참상을 보며 눈물을 흘렸던 하버드대학교 학생들에게 조지 워싱턴 이야기를 들려준다. 미국 독립전쟁 당시 워싱턴은 영국군이 식민지 독립군 포로들을 가혹하게 다룬다는 보고와 함께 "우리는 어떻게 해야 합니까?"라는 부하의 질문을 받는다. 포로 처우에 관한 제네바 협정 같은 것이 존재하지 않았던 시절인데도 워싱턴은 영국군 포로들을 인간답게, 품위를 지켜 대우하라고 지시한다. 로리 케네디는 그때의 워싱턴의 말을 인용한다. "도덕의 나침반을 잃으면 우리가 지금 무엇을 위해 싸우는지 알 수 없게 된다." 케네디의 마음속에는 인간과 문명의 가장 좋은 전통을 기억하고 이어가는 것이 대학의 소임이며 대학생들의 할 일이라는 생각이 맴돌고 있었는지 모른다.

2월은 한국에서 한 세대가 대학 문을 나서고 새로운 세대가 들어오는 졸업과 입학의 계절이니, 소문에 의하면 요즘 한국의 대학 졸업생들에게 '원칙과 방향에 대한 질문'은 없다고 한다. 소문에 따르면 그들의 머리에는 한 달에 얼마 벌고 얼마를 쓰느냐, 어디 부동산을 언제 어떻게 살 것이냐는 생각만 꽉 차 있고 손익의 대차대조표만 중요할 뿐 삶을 이끌 원칙과 가치의 화살표 같은 것은 아예 없다고 한다. 나는 이런 소문들을 믿지 않는다. 나는 우리의 젊은 세대가 자기 혼자만 생각하는 좁좁한 울타리, 개구리 우물, 작은 세계의 수인들이라고는 생각하지 않는다. 그들은 과거의 어떤 세대와도 다른, 어쩌면 단국 개국 이래 최고의 개인주의적 편향을 가진 세대일지는 모른다. 그러나 나는 그들의 개인주의가 공동체와 정의, 공존과 연민의 윤리를 완벽하게 시궁창으로 내던진 몰가치의 것이라고는 생각하지 않는다. 그들은 어려운 선택의 시대 속으로 내몰리고 있다. 그러나 나는 그들이 "우리는 도대체 어떤 사회를 만들어야 하는가"라는 질문, "어떤 사회가 좋은 사회인가"라는 질문을 그들의 모든 중요한 선택과 행위의 배경에 깔 줄 아는 사람들이라고 생각한다.

이번 2월의 대학 졸업생들에게 나는 뒤늦게나마 작년 유월 하버드대학교 졸업식에서 당시 총장 로런스 서머즈가 들려준 축사의 한 대목을 전달해주고 싶다. "나는 하버드에서의 4년이 여러분들에게 편안한 안락지대 바깥에서 생각할 줄 아는 능력, 생각의 힘을 인정하며 바른 논리와 사유에 입각한 토론으로 세계를 바꾸어 나갈 능력, 다수가 틀렸을 때에는 그 다수에 외로이 맞설 줄 아는 능력을 길러주었기를 희망한다." 하버드가 길러내고자 하는 것은 생각할 줄 아는 사람, 생각의 창조자, 생각의 실천자라는 말도 그의 축사의 일부다. "이치에 맞는 것들을 위해 일어서고 부당한 것들에 맞서며 남들이 싫어할 소리를 마다하지 않는 불편도 감내하라. 그대들을 불안하게 하는 사람들의 말도 존경하고 경청하라. 우리 대학 졸업생들은 창조자로서, 생각의 실천자들로서만 이 세계에서 차이를 만들어낼 수 있다." 나는 서머즈 총장의 이런 말들이 대학의 소임을 아는 사람의 목소리라고 생각한다. 또 나는 아부 그라이브판 미국의 수치 앞에서 눈물을 흘린 하버드생들도 그런 목소리의 전통 속에 있다고 생각한다.

땅의 얼굴, 땅의 시간, 땅의 이야기

땅은 지금 어디에 있는가? 오늘날 도시 공간에 땅은 없
다. 콘크리트에 갇혀서 보이지 않는 수평의 긴장, 숨통 막
힌 침묵, 사라진 것의 이름—이것이 지금 도시에서 땅이
존재하는 형식이다. 그것은 존재의 형식이 아니라 부재의
형식이다. 땅은 지금 부재와 추방, 망각과 굴욕의 형식으로
만 존재한다. 오늘날 땅은 소리 없고 숨 쉬지 않고 눈에 띄
지 않는다. 도시적 삶의 풍경landscape이 '땅land'을 삭제한 순
간부터 땅은 사람들의 기억에서도 추방된다. 우리는 땅의
얼굴을 더 이상 기억하지 않고 땅의 서사, 땅의 이야기를
들으며 살지 않는다. 땅과 노동과 헌신은 잊히고 땅의 다
차원적·순환적 시간양식을 경배하던 우리의 모든 의식儀
式은 파괴되어 미친 무당의 넝마조각처럼 하늬바람에 흩날
린다. 땅의 다층적 폴리크로니polychrony는 도시의 단차원적
모노크로니monochrony, 그 직선 시간양식의 포로가 되어 머
리털 깎이고 뿔 뽑힌 채 보이지 않는 먼 재灰의 성에 유배

당한 지 오래이다. 땅은 지금 이 세계의 잊힌 유형수流刑囚이다.

거세된 땅, 그 잊힌 정치범—이것은 내가 작가 임옥상의 작업을 구경하기 위해 그의 능곡 작업현장을 찾았을 때 내 머리에 강렬하게 떠오른 땅의 이미지였다. 불도저를 앞세운 도시의 진격 대열이 바로 코앞에 밀려온 그 능곡 들판에서 작가는 마치 능멸의 운명을 기다리듯 벌거숭이로 누워 있는 한 마른 논바닥으로 나를 데리고 갔는데, 그 논바닥에는 그가 땅의 형상, 아니 그것의 형체를 어떻게 안아내었는가를 보여주는 생생한 흔적들이 남아 있었다. 그 안아냄은 땅과의 포옹, 땅의 단순한 껴안음이 아니었다. 그것은 소리 없이 누워 있는 것의 부양(들어올림), 죽었던 것의 부활, 짓눌려 낮게 엎드리고 쓰러져 있는 것의 일으켜세움이었다. 땅은 수평의 굴욕으로부터 일어서고, 논바닥에는 일어서 걸어나간 땅의 선명한 형체 자국들이 부활의 흔적처럼 남아 있었다. 거기서 조금 떨어진 곳에 임시 설치된 작가의 들판 작업장에는 그 논바닥에서 걸어나온 땅의 모습들, 그 일단의 정치범들이 나를 기다리고 있었다. 잊은 지 오랜 그 얼굴들! 그 얼굴, 그 손들을 당신은 지금이 전시장에서 만나고 있다. 아니, 이것은 전시장이 아니다. 이곳은 우리가 추방하고 까맣게 잊어버린 유형수들과의 재회의 장소—부활, 인지, 대화의 장소이다.

나는 이 유배된 정치범의 이미지가 작가 임옥상의 작업

을 지배한 모티프라고 말하려 하지 않는다. 그것이 어쩌면 그의 유일한 모티프였을지 모른다고 단정하는 것도 나의 관심사는 아니다. 그러나 나는 그의 작업장을 둘러보는 사이 적어도 그가 하고자 하는 일이 무엇인지 알 것 같았고, 돌아오는 동안 내내 '유배된 땅, 땅의 유형'이라는 축약 명제 속에다 '내가 알 것 같은 어떤 부분'을 담아내자는 생각에 사로잡혀 있었다. 나는 임옥상의 이번 작업이 '일어서는 땅'의 주제에 바쳐진 것이라 생각한다. 화가의 '땅 일으켜 세움'이 특별히 나의 관심을 끈 것은 그 작업이야말로 침묵 속에 유배되어 들리지 않는 것의 소리를 재생하고 복원해내는 이 시대 진지한 예술가의 고고학이기 때문이다. 유배된 굴욕의 땅, 그 납작해진 벙어리 육체를 들어올려 거기 볼륨을 주고 숨을 불어넣는 일은 침묵을 소리로 되살리는 부활의식으로서의 고고학이다. 볼륨은 형체이고 소리이며 숨결이다. 조소작가 아닌 회화작가 임옥상이 굳이 부조 또는 조소적 기법에 의한 육체성의 부여에 골몰하는 것은 이번 작업의 경우 그가 그 방법으로 형체와 감촉, 소리와 숨결의 부활을 성취코자 하기 때문일 것이다.

'유배된 땅'과 '땅의 유형'이라는 두 표현은 동어반복이면서 동시에 동어반복이 아니다. 유배된 땅은 오늘날 땅의 운명, 땅의 역사에 발생한 질곡을 요약하는 반면 땅의 유형은 유배할 수 없는 것의 유배를 통해서만 존립 가능한 당대 문명의 맹목을 표현한다. 문명은 땅에서 발생하여 점점 그 땅을 이반하는 경향을 갖고 있다. 그러나 역사상 모든 문명이 이반의 길을 걸었던 것은 아니다. 그런데 역사의 한순간, 결정적으로 서양의 17세기 이후, 문명은 돌이킬 수 없는 이반의 길로 들어서고 그 이반 자체를 문명의 존립 조건으로 만들게 된다. 그 존립 조건의 제1항목은 문명의 논리에 의한 땅의 완벽한 정복과 복속이라는 것이다. 이 정복의 시나리오는 한편으로는 산업기술에 의한 자연의 완전한 통제 및 무한 착취가 가능하다는 믿음과 또 한편으로는 그 자연 착취에 의한 부의 무한 확장이 가능하다는 두 가지 믿음에 근거한다. 그 시나리오의 문제는 그것이 터무니없는 가능성들을 신봉했다는 데 있는 것이 아니라 그 가능성들의 과대 실현이 수반하는 오만의 결과를 계산하지 않았다는 데 있다. 이것이 문명의 나르시스즘이고 맹목이며 지금 우리는 정확히 그 맹목의 대가를 치러야 하는 희생자가 되어 있다. 더 큰 문제는 이 맹목을 치유할 어떤 대안적 상상력도 지금의 문명으로부터는 나오기 어렵다는 사실이다. 그 이유는 간단하다. 당대 문명은 바로 그 맹목 위에 성립한 것이고, 따라서 그 맹목을 버린다는 것은 문명의 존립 논리 자체를 허무는 일이기 때문이다. 땅의 유배 위에 성립한 문명은 그로부터 발생한 깊은 고통에 빠져 있고 그 고통에서 벗어날 방도가 문명의 논리 내부에는 없다.

당대 문명의 이 모순에 대응하는 것이 이상으로 진지

한 예술적 작업이 있을 수 있을까? 임옥상의 이번 주제 '일어서는 땅'은 내가 보기엔, 바로 그 모순에 대한 회화작가의 예술적 진술이자 대응이라는 성격을 갖고 있다. 회화예술의 진술은 언어적 진술이 아니라 조형적 진술이다. 한지부조기법으로 표현된 임옥상의 조형적 진술에서 가장 인상적인 것은 땅의 얼굴, 땅의 시간, 땅의 이야기이다. 땅의 얼굴은 표피적 평면이 아니라 요철이며 계곡이고 밭고랑이다. 거기에는 무수한 돌맹이의 음영, 흙의 주름, 굽이진 세월의 깊이가 있고 이것들은 평면적 배타성에 대한 강렬한 조형적 반대진술을 제시한다. 이 반대진술은 동시에 직선 시간의 횡포에 대한 저항이기도 하다. 그러므로 임옥상이 보여주는 땅의 얼굴은 문명의 가장 대표적인 공간조직 원리인 평면성과 시간조직 원리인 직선 시간성monochrony의 횡포를 거부하는 예술적 반란이다. 문명논리는 평면과 직선만을 고집하기 때문에 근원적으로 비대화적monologic이고 배타적이고 단차원적이며, 이 비대화성의 문법은 하나의 목표를 향해 한 방향으로만 내달리는 '맹목의 서사'를 생산한다. 지난날 임옥상이 대작 〈아프리카 현대사〉에서 보여준 것은 아프리카의 삶과 리듬과 시간을 토막 내어 이산, 굴종, 고통을 몰고 온 바로 그 문명의 맹목 서사이다. 임옥상이 이번에 제시하고 있는 땅은 운명의 이 배타적 맹목성에 맞서는 형태 이미지이고 시간의 은유이며 저항적 논리이다. 다차원적 굴곡과 주름과 깊이를 가진 땅의 얼굴은 순환과 반복, 굴절과 연속의 패턴을 보여주는 감성적이고 감각적인 공간 형태이다. 순환과 굴곡의 형태 이미지는 문명의 직선 시간성이 억압하고 유배시킨 복합적 다시간성polychrony의 소중한 존재를 암시한다. 이것은 문명이 배제한 타자성에의 암시이며 이 암시에 의해 땅의 공간 형태는 문명의 시간과 구별되는 '다른 시간형식'의 조형적 시간 은유로 올라선다. 문명이 송두리째 망각해온 이 다시간성의 형식 속에서는 과거, 현재, 미래가 서로 맞물려 돌고 있다. 아무것도 배제하지 않고 토막 내지 않는 다시간적 시간형식은 그러므로 맹목적 배타성의 논리가 아닌 대화와 포용의 문법이고 질서이다. 포용의 문법은 문명의 맹목 서사로부터 쫓겨나고 희생된 수많은 목소리들을 싸안고 재생해내는 대화적 서사를 생산한다. 이것이 '땅의 이야기'이다. 임옥상의 작품들이 우리에게 들려주는 것은 바로 그 땅의 이야기이며 작가는 그 이야기를 회화예술의 형식으로 제시함으로써 문명논리가 배제하는 대화성, 포용성, 다시간성의 가치를 부활시키고, 이 방법으로 맹목의 문명에 대한 그의 예술적 대응을 시도한다.

이 대응은 왜 우리에게 소중한가? 땅의 유형은 오늘날 문명의 스캔들이면서 동시에 한국인의 삶에 가해지고 있는 고통의 기원이다. 이 고통의 신랄함은 지금 우리 자신이 그 고통의 생산자라는 사실에 있다. 과거의 제국주의는 세계의 땅을 공간적·물리적으로 강점하고 그 점유 지역에 진보와 문명을 '이식'시킨다는 계몽의 논리 위에 진행되었다. 지금 땅을 점유하는 것은 제국의 탐욕이 아니라 문명의 시간표이고 개발의 논리이다. 그러나 이 개발의 논리는 더 이상 타자적 명령이 아닌 우리 자신의 것이며, 우리의 삶에 이 새롭고 거대한 탐욕의 시간표를 둘러씌우고 있는 것도 우리 자신이다. 땅은 지금 우리 자신의 손에 나포되어 유배되고 식민지로 전락한다. 식민형식의 이 재생산으로부터 우리가 얻는 것은 정확히 광기와 고통이다. 땅은 생명의 모태일 뿐 아니라 문명 자체의 모태이다. 모태란 유배시킬 수 없고 식민화할 수 없는 것이다. 그 유배시킬 수 없는 것의 유배를 통해서만 번성하려는 개발의 어리석음 — 지금 우리는 사로잡고 있는 것은 이 광기와 어리석음의 설득이며 우리를 전율케 하는 것은 그 설득의 사슬 끝에 매달린 죽음의 그림자이다.

임옥상은 이번 전시에 〈대지—어머니〉라는 조형작품을 냄으로써 '유배할 수 없는 것'으로서의 땅의 존재를 보여주고 있다. 그 어머니의 주름진 몸은 우리가 잊은 지 오랜 우리 자신의 역사, 우리 자신의 삶, 우리 자신의 이야기를 기억하게 하고, 균형적 감성으로서의 '땅의 문화'를 생각하게 한다. 동시에 그것은 지금 임종의 순간으로 몰린 '가이아Gaea'(땅의 여신)의 초상, 세계가 잊어버린 유형수의 초상이기도 하다. 이 잊힌 것의 존재를 일깨우는 일은 이 시대 예술가의 의미 있는 상징적 작업이다. 그 존재의 회복을 통해서만 우리는 우리가 잃어버린 다른 많은 것, 우

리의 생존을 의미 있게 할 다른 많은 가치를 되살릴 수 있
을 것이기 때문이다.

젊은 혁명가의 변화와 모색

시인은, 그 가장 근본적인 의미에서, 무장하지 않은 혁명가이다. 아니, '무장하지 않은'이란 말은 옳지 않다. 시인도 혁명을 위한 장비를 갖고 있다. 다만 그의 장비는 총칼, 대포, 전차처럼 사람을 죽여 없애는 무기가 아니라, 죽이는 효과로 말하면 파리 한 마리도 다칠 수 없는 '언어'라는 물건이다. 세상의 낡은 언어를 새로운 언어로 바꿈으로써, 낡은 언어들이 구성하고 표현하는 낡은 생각들, 느낌들, 믿음들을 바꾸고 이 방식으로 세상을 바꾸고자 하는 것이 시인의 혁명이다. 시인을 혁명가이게 하는 것은 '더 나은 세상을 향하여'라는 꿈이다. 이것은 시인 일반의 보편적 꿈이지만, 그 꿈이 얼마나 구체적인 변혁대상, 모순인식, 실천 프로그램을 갖추느냐에 따라 특별히 혁명시 또는 혁명 시인이라 불리는 범주가 형성된다. 낭만시인 쉘리, 혁명기 러시아 시인 마야코프스키, 1930년대의 초현실주의 시인 앙드레 브르통 등은 근현대 세계문학에 등장한 '혁명으로서의 시, 혁명가로서의 시인'이라는 전통의 불꽃 같은 정점들이다.

우리 문학에도 혁명시의 강한 전통이 있다. 식민시대이 저항 시인들은 넓은 의미에서 '인간 바꾸기' 이상의 변화, 특정 통치체제의 거부와 변화를 꿈꾸었던 혁명 시인들이다. 1920~30년대 카프 문학은 식민체제의 거부 이상으로 특정 계급에 의한 사회 바꾸기의 비전과 프로그램을 이땅에 도입한 최초의 문학운동이다. 갈래는 다르지만, 1960년대 군사독재에 맞섰던 김지하의 문학은 식민시대 저항시들과 유사하게 (물론 그 대상은 다르다) 정치 모순으로부터 동기를 얻고 그 모순을 제거하려 한 혁명문학이다. 그러나 카프의 프로그램은 식민지 농민들 외에는 사실상 한반도에 근대적 산업 프롤레타리아가 형성되어 있지 않았던 시대의 변혁기획, 다시 말해 변혁을 정당화할 사회모순이 성숙하지 않고 변혁의 실천주체가 없는 변혁 프로그램이었다. 1960년대 김지하의 혁명시는 군사독재를 비판하고 거부하는 모든 불특정 저항세력들을 넓게 대변했으되 근대 산업사회의 모순을 제거하려는 특정 계급을 혁명 수행자로 내세운 것은 아니었다.

박노해는 아주 다른 의미의 특별한 혁명 시인이다. 카프 시대와는 달리, 박노해를 출현시킨 것은 이 땅에 자본주의적 산업화가 진행되고 그 근대적 산업체제로부터 노동자 계급이라는 현실 사회계급이 출현함과 동시에 사회

공주는 어디에 있는가

적 생산관계의 모순이 극도로 심화되고 자본-노동 사이의 갈등이 절정에 달했던 시대이다. 이는 박노해의 문학과 혁명운동을 특징 짓는 역사적 문맥이며, 그를 사회적으로나 문학적으로 매우 특별하고 중요한 시인이게 하는 규정적 요인이다. 그는 우리 문학사에서 사실상 최초의 노동자 출신 시인이고 그가 속한 계급의 절망과 꿈과 투쟁을 그 계급의 체험과 목소리로 걸출하게 표출한 사람이다. 그는 단순한 노동자 시인이 아니라 노동자를 비인간적이고 절망적인 삶의 조건에서 탈출시키려 한 '노동해방'의 시인이며 이 해방이 그가 내세운 '혁명'의 골자이다.

요약하면, 자본주의 체제에 의한 산업 근대화 시기의 사회적 모순에서 촉발하고 그 모순의 극복을 노래한 것이 박노해 문학이다. 다시 말하지만, 이것이 시인 박노해의 역사적 중요성이고 그 문학의 의의이다. 박노해에 대한 평가가 사람마다 다를 수는 있어도 그를 출현시킨 모순과 고통의 엄연한 역사성을 부정하지 않는 한 아무도 박노해 문학의 역사적 의미와 의의를 함부로 축소할 수 없다. 시인 서정주는 「자화상」의 화자를 통해 "나를 키운 것은 8할이 바람이었다"고 말했지만, 박노해를 키운 것은 그 9할이 바람 아닌 '사회모순'이다. 그의 시가 서정주식 '바람' 풍의 은유적 매개를 거부하고 착취당하는 노동 육신의 고달픔, 절망, 모멸을 직설적으로 표출하면서 한 계급의 집단적 소망, 투쟁대상, 투쟁방법을 명시적 언어로 제시한 것도 그를 혁명 시인이 되게 한 사회모순과 그 모순인식이 몽롱한 것이 아니라 너무도 현실적이고 절절하고 직접적인 것이었기 때문이다. 최근 옥중의 박노해가 세상에 내보낸 『사람만이 희망이다』(해냄출판, 1997)라는 제목의 명상집은 1991년 검거되기 전 7년간의 박노해와 투옥 이후 7년간의 박노해를 차이 짓는 의미심장한 변화를 담고 있다. 물론 혁명 투사였던 박노해와 무기 복역수인 지금의 박노해 사이에는 운명의 큰 변화가 개입해 있다. 그러나 이번 명상집에서 주목되는 것은 운명 변화 이상의 것, 곧 생각과 믿음과 노선의 변화이다. 이 변화의 첫 번째 핵심 내용은 사노맹 시절의 박 시인과 그 동료들이 확신을 가지고 채택했던 급진적 혁명 방법의 포기라는 부분이다. 노동자 계급을 혁명의 실천 주체로 삼고 그 계급의 주도 아래 자본주의의 사회적 생산관계를 일거에 사회주의 생산체제로 바꿔놓기 — 이것이 전 7년기 박노해의 기획이었다. 이번 명상집은 그 기획을 포기하기에 이르는 후 7년기 박노해의 반성과 성찰을 때로 담담하게, 때로 과감하게, 표현하고 있다.

그러나 박 시인이 버린 것은 어떤 방법론이지 더 나은 세상을 향한 변혁의 꿈 자체는 아니다. 세상은 아직도 '모순투성이 땅'이라는 것이 여전히 박노해의 세계인식이며, 많은 변화에도 불구하고 춥고 배고픈 사람들은 여전히 춥고 배고플 뿐이라는 것이 변혁의 필요성에 대한 그의 지속적 믿음이고 노동자가 사람답게 살 수 있는 세상을 만들고자 했던 그 투쟁의 순결한 '첫마음'을 잃지 말자는 것은 박노해가 지금도 흔들림 없이 갖고 있는 변혁의 꿈이다. 그러니까 이번 명상집은 박노해가 버린 것과 버리지 않은 것을, 단절과 연속을, 마치 대차대조표의 양변처럼 매우 선명하게 세상에 내보여주고 있다.

박노해의 진정한 번민은 급진노선의 포기 그 자체에 있는 것이 아니라 새로운 변혁노선의 모색이 제기하는 어려움에 있다. 후 7년의 박노해가 보이는 변화의 두 번째 핵심 내용은 바로 이 새로운 길의 모색 부분이다. 요약하면 "세상은 바뀌어야 한다, 그러나 어떻게?"라는 것이 그가 '참구정진'이라는 말로 표현한 그의 옥중 번민이고 화두이다. 명상집의 한 대목에서 그는 사회주의도 자본주의도 아닌, 그러나 양자 사이의 긴장을 포용하면서 두 체제의 한계를 넘어가는 '비사회주의, 탈자본주의'를 새로운 세상을 향한 제3의 길로 모색 중이라는 명시적 발언을 하고 있다. 이 제3의 길에는 '나 하나의 혁명'부터 수행하자는 다분히 종교적이고 윤리적인 태도, '참 좋은 사람'이 곧 '좋은 세상'이라는 믿음, 생산만 중요한 것이 아니라 자연도 중요하다는 생태주의적 생각, 억눌린 여성의 해방이라는 문제에도 시선을 돌리는 페미니즘적 태도와 사고 등이 포함되어 있다. 이 생각들이 지닌 유연성과 넓이는 급진 투사였던 박 시인에게 발생한 큰 변화가 아닐 수 없다.

이 변화는 동시에 박 시인이 우리 사회에서 지니는 지속적 중요성을 말해준다. 그 중요성은 그의 생각들이 더 나은 세상을 위한 무슨 경천동지할 만한 아이디어들을 반드시 담고 있어서가 아니라 한 시대의 열렬했던 혁명가 시인이 한때 그를 불태운 그 열정과 성의로 옥중에서도 부단히 이 문제적 세계를 개선하기 위한 길을 모색하고 그럼으로써 우리의 궁핍한 사회적 사유와 상상력을 풍성하게 일 자원이 되어준다는 사실에 있다. 그가 있음으로써 나라와 사회와 생각이 풍요로워질 수 있다면, 그는 이미 성공한 시인 아닌가. 그가 자기 생각을 더 심화시키고 더 자유롭게 표현할 수 있도록 그에게서 영어囹圄의 조건을 해제해주는 일은 우리 사회가 해야 할 당연한 일이 아닐 수 없다.

세월호 이후 사회를 생각하며

세월호 이후의 한국사회는 그 이전의 한국사회와는 근본적으로 달라져야 한다는 주장이 상당한 공감을 얻고 있다. 그럴 수밖에 없다. 사실 그것은 사회 일부 세력의 주장이나 의견이 아니라 세월호 참사가 우리 사회 전체에 내린 명령 같은 것이기 때문이다. 그 명령은 간명하고 준엄하다. 너희는 그런 참담한 사고를 다시 반복하고 싶은가? 아니라면 너희가 할 일은 간단하다. 참사를 막지 못하는 사회를 뜯어고쳐 실패하는 사회로부터 실패의 가능성을 최대한 막아낼 수 있는 사회로 이행하라. 이것이 그 명령의 간명함이다. 이 명령에는 망각을 경계하라는 준엄한 경고가 따라붙는다. 사회 개조의 명령을 망각하는 순간 너희는 다시 실패의 반복과 연속을 감내해야 할 것이다. 연달아 실패하는 사회에는 사회 그 자체의 침몰과 붕괴라는 가능성만 남는다. 그것은 다름 아닌 지옥의 가능성이다.

사회는 어느 때 실패하는가? 세월호 참사가 우리에게 벼락 치듯 안긴 절실하고 다급한 질문들 중에서 최우선으로 꼽아야 할 것은 도대체 우리가, 대한민국 사람들이, 어떤 사회를 만들고자 하는가라는 것이다. 이것은 제정신 가지고 살고자 하는 사회의 사람들이라면 항시 기억해야 하는 질문이다. 그 질문의 있고 없음은 사람들의 삶의 방식과 가치관, 사회적 비전과 교육, 인간관계와 역사 만들기에 결정적 차이를 낼 수 있다. 그런데 그 질문을 뒤집어 놓은 것이 사회는 어느 때 실패하는가라는 질문이다. 세월호 참사가 우리에게 던지고 있는 것도 바로 그 질문이다. 사회는 어느 때 '세월호'를 낳는가?

어느 사회도 실패를 환영하지 않을 것 같지만 사실은 그렇지 않다. 실패하는 사회는 실패할 이유가 있어서 실패한다. 사회적 실패는 주로 네 가지 상황에서 발생한다. 첫째는 어떤 문제가 발생할 수 있다는 가능성을 미리 예견하거나 예상하지 못하는 경우이고, 둘째는 심각한 문제가 이미 발생해 있음에도 불구하고 그것을 인식하거나 감지하지 못하는 경우다. 셋째는 의지의 결여, 넷째는 불충분성이다. 사회가 어떤 문제를 발견하긴 했으나 그것을 해결하려 들지 않는 것이 의지의 결여다. 의지의 결여는 무지 이상으로 사회적 실패의 큰 요인이 된다. 불충분성도 실패의 큰 요인을 구성한다. 문제를 알고 해결하고자 하면서도 비용이 너무 든다거나 어렵다거나 등등의 이유와 구실을 만

들어 어물거리다가 시기를 놓쳐버리는 것이 불충분성에
의한 실패다.

　모든 실패는 뒤집어보면 '실패의 선택'이다. 사회는 함
부로 망하는 것이 아니라 망할 이유가 있기 때문에 망한다.
사회를 망하게 하는 이유 가운데 가장 치명적인 것이 결정
의 오류, 곧 틀린 결정을 선택하고 그것을 따라가기다. 옳
은 결정이건 틀린 결정이건 결정은 이미 선택행위다. 문제
의 발생 가능성을 미리 예상하지 못한 데서 발생하는 실패
는 인간능력의 일반적 한계와 관계된다. 그러나 그 실패조
차도 따져보면 상상력의 사회적 경색, 곧 다른 가능성과 방
법을 상상하지 못하는 사회의 '신택의 실패'일 때가 많다.

　세월호 참사의 준엄한 명령 앞에서도 우리 사회는 지
금 어떤 중대한 실패를 선택하고 있는 것은 아닌가? 실패
의 사회를 개조해야 한다는 명령의 다급함과 절실함이 다
시 이런저런 이유로 망각되고 마모되어가고 있는 것은 아
닌가? 앞서 얘기한 사회적 실패의 조건들은 세월호 이후의
한국사회를 개조하고자 할 때에도 무엇을 경계해야 하는
가를 보여준다. 문제의 재발 가능성을 예상하지 못하는 상
상력의 실패, 문제의 소재 지점을 찾아내지 못하거나 찾아
내기를 거부하는 나태와 인식 실패, 문제는 발견했지만 의
지 부족으로 해결에 나서지 못하는 우유부단, 문제를 알면
서도 제때에 해결책을 동원하지 못하는 안일성과 무능—
이런 실패의 가능성들이 지금 다시 세월호 이후 시대에 요

구되는 한국사회 개조의 전망을 어둡게 하고 있다.

세월호 이후 시대를 향한 우리의 사회적 노력은 정치, 경제, 사회, 문화의 모든 분야와 영역들에서 진행되어야 한다. 국가와 정치권에 안겨진 책임은 막중하다. 그러나 사회 개조작업은 정치영역에만 국한되는 것이 아니다. 지금은 사고발생의 원인을 정확히 찾아내고 책임의 소재 지점을 밝혀내어 왜 이런 사고가 발생했는지를 규명하고 대책을 수립하는 일에 우선순위가 주어져 있다. 그러나 지금 이 단계에서도 우리가 생각해보아야 하는 것은 세월호 이후 시대의 우리 사회를 어떤 사회로 바꾸어 나가야 할 것인가라는 문제다. 그 개조작업의 핵심에 놓여 있는 것은 우리 사회를 '사람을 존중하고 사람이 살 수 있는 사회'로 만들어 나간다는 비전과 약속이며, 이 비전과 약속의 사회적 공유다. 이런 비전을 중심에 둔 사회개조 작업에는 정치영역만이 아니라 경제, 사회, 문화의 제 영역들에서의 대안 추구, 새로운 형태의 사회운영 방식을 모색하는 일이 필요하고 장기적 연구와 성찰, 모색과 실천이 필요하다. 이것은 장기적 과제이면서 동시에 어떤 현안 못지않은 본질적 과제다. 정권의 실패나 국가의 실패를 따지고 책임을 묻는 일은 절대로 소홀히 할 수 없다. 그러나 사회의 실패는 없었는가? 정부의 실패도 한 사회를 망하게 할 수 있지만 가장 치명적인 것은 사회 자체가 실패의 가능성을 보지 않기로 할 때의 실패, 곧 '사회의 실패'다. 사회의 실패를 고치는 일은 누가 담당할 수 있는가?

한국사회 다시 만들기라는 과제를 진지하게 생각해보고자 하는 사람들에게는 거의 절망적인 조건 하나와 씨름해야 하는 일이 안겨진다. 그것은 지난 수십 년 동안 대다수 한국인을 사로잡아온 어떤 정신상태, 가치관, 도그마다. 그것은 우리 사회에서 언제나 최종적으로 중요한 것은 "결국 돈이구나"의 가치체계, 호모 이코노미쿠스의 인간관, 시장논리 하나로 사회를 운영하려 드는 멘탈리티다. 돈도 중요하고 시장논리도 중요하다. 그러나 더 중요한 것은 그런 식의 가치 단일화나 논리의 유일화에 전면적으로 복속되지 않는 사회를 만드는 일이다. 사회는 시장이 아니다. 시장이 아니기 때문에 사회는 시장논리의 식대하만 따라는 경영되지 않는다. 더 중요하게, 그런 논리를 관철하려 들 경우 사회는 '반드시' 무너져 몰가치 무규범 사회로 곤두박질한다. 세월호 참사가 보여준 것은 바로 이 곤두박질하는 사회다. 지금 우리가 몸서리치고 있는 것은 그 곤두박질이 여객선 하나의 문제를 넘어 사회 전체의 운명이 될 수 있다는 가능성이다. 곤두박질하는 사회를 방지할 최종적 책임은 누구에게 있는가? 그 책임의 최종 소재지점은 시민사회이고 시민이다. 시민은 누구인가? 세월호 이후 시대의 시민은 사회의 실패를 막아내고 사회의 몰락과 붕괴를 거부하는 사람이다. 그런 시민이 없다면 사회개조는 불가능하다.

지금 우리에게는 사회 성원으로서 소홀히 할 수 없는 중요하고 시급한 일들이 많다. 그 많은 일들 중에서도 지금 이 글의 맥락에 비추어 말한다면 세 가지 큰일들이 어떤 본질 과제 같은 무게를 가지고 머리에 떠오른다. 첫 번째로 대두하는 본질적 질문은 "어떻게 살아야 할까"라는 것이다. 이것은 생존의 차원보다는 우리의 삶을 가치, 의미, 목적의 차원에 연결시킬 때 아무도 외면하지 못하는 질문이다. 그런데 우리는 그 질문을 잊고 산 지 오래다. 두 번째 제기되는 본질적 질문은, 이미 위에서 얘기한 대로, "우리는 어떤 사회를 만들어야 할까"라는 것이다. 이것은 개인의 삶과 집단의 삶, 자유와 공동체적 책임에 관계되는 문제다. 이런 연결관계에서 그 문제를 생각하는 능력의 중대한 결손을 보여온 것이 현대 한국인이다. 세 번째 질문은 "아이들을 어떻게 키울 것인가"라는 문제다.

미결사회를 넘어

"피청구인 대통령 박근혜를 파면한다." 네 단어로 된
이 선고는 2017년 3월 10일의 헌법 재판소 탄핵심판을 요약
한다. 짧고 분명하고 단호하다. 거기에는 어떤 모호성도 끼
어들 여지가 없고 해석적 곡예도 허락되지 않는다. 지금의
생존세대는 평생 그 선고 문장을 기억하게 될 것이다. 70년
헌정사에서 우리는 그처럼 충격 강도가 센 사건을 경험한
일이 없기 때문이다. 그러나 그 사건의 충격은 교통사고
같은 단순 충격이 아니다. 긍정적 의미에서건 부정적 의미
에서건 그것은 2017년 이후 한국인의 삶과 행동에서 분리
시키기 어려운 정체성의 일부("우리는 탄핵세대")이다. 이 의
미의 정체성은 '운명'과도 같은 것이다.

그 운명적 주말을 넘기면서 우리는 '탄핵 이후'라는 문
제와 정면으로 만나고 있다. 대통령 탄핵은 아픈 사건이
다. 사회적 대가와 비용도 크다. 그 아픈 사건, 고비용 사건

을 치르고 나서 우리가 해야 할 일은 무엇이며 과제는 무엇인가. 시급한 과제는 무엇이고 일의 완급조절은 어떻게 할 것인가. 과제는 누가 정하고 일은 누가 맡는가. 이미 촛불 넉 달을 건너오는 동안 우리 사회 구성원들과 구성요소들 사이에서는 상당한 '과제토론'이 전개되었고 토론은 지금도 속도와 열기를 더하며 계속되고 있다. 더구나 지금은 조기 대선의 계절이다. 여러 사회단체와 정파들 사이의 과제 제시 경쟁도 치열하다. 어떤 의미에서 과제들은 지금 '차고 넘친'다. 어떤 과제들이 논의되고 있는지도 알려질 만큼 알려져 있다. 토론 공간을 압도적으로 차지하고 있는 것은 정치적, 경제적, 사회적 의제 설정이며 그런 의제 프레임 안에서 이런저런 과제들이 규정되고 정의된다.

나는 이런 방식의 의제 설정이나 과제 정의가 잘못되었다고는 생각하지 않는다. 천만의 말씀이다. 예컨대 적폐 청산과 사회개조는 정치적으로나 경제적으로 그 시급성의 요청이 높은 과제들이며 재벌개혁, 사법개혁, 언론개혁 같은 과제들도 그러하다. 사회통합도 위중한 과제다. 소득격차, 청년 고실업, 불평등 역시 우리 사회가 해결해나가야 할 숙제들이다. 문제는 이런 과제들이 칡뿌리처럼 서로 엉겨 있다는 점, 시급성으로 따지면 어느 것 하나 바쁘고 중하지 않은 것이 없다는 점이다. 그중에 어떤 것은 오래된 것들이고 어떤 것은 그 형성의 시기가 비교적 짧은 것들이다. 정치, 경제, 사회의 제 영역들에서 이처럼 많은 과제들이 산적해 있는 것은 우리 사회의 주요 구성자들이 지난

공주는 어디에 있는가

수십년간 문제 해결보다는 문제를 만들고 해결을 미루는 데 더 능했기 때문이다. 우리 사회는 문제를 해결하지 않는 사회, 문제를 문제로 보지 않는 사회, 문제를 미루어놓는 사회, 곧 '미결사회'다.

나는 이 미결사회의 체질을 바꾸는 것이 '탄핵 이후' 시대의 시급하고 의미 있는 개혁과제라 생각한다. 물론 그것만이 가장 시급하다거나 가장 의미 있는 과제라는 소리는 아니다. 내가 강조하고 싶은 것은 그 미결사회적 체질을 그대로 유지하다가는 다른 어떤 개혁이나 개조도 사실상 불가능해진다는 점이다. 그 체질 고치기는 말하자면 다른 과제를 못지않게 시급한 일이며, 다른 과제들과 선후완급의 관계로 설정될 것이 아니라 각 분야에서의 시급한 개혁과제들과 '동시적으로' 추진되어야 한다는 소리다. 이런 의미에서 나는 미결사회를 고쳐나가는 것이 모든 개혁 시도의 밑바탕에 필요한 기본적이고 본질적인 작업이라 생각한다.

미결사회의 특징은 각기 이해관계가 다를 수 있는 다양한 사회구성원들과 구성요소들을 묶어줄 공통의 가치, 공통의 마당, 공통의 이상 — 말하자면 '사회적 공통성'에 대한 인식이 빈곤하거나 부재하다는 점이다. 공유가치에 대한 인식과 헌신이 없을 때 사회통합은 무망하고 공정사회, 평등사회의 꿈도 요원해진다. 사회통합은 돈의 문제로 환원되지 않는다. 소득수준이나 계층간 차이에 관계없이 사회구성원들이 어떤 기본적 가치를 공유하고 그 가치의 유지에 자발적으로 동의하지 않으면 사회를 지탱할 기본 동력은 생겨나지 않는다. 이를테면 생명존중은 재벌, 노동자, 경영인이 함께 공유할 수 있는 공통적 기본가치에 속한다. 이런 기본가치의 공유 가능성을 넓혀나가는 것이 사회 통합의 지름길이다. 우리가 '헌법적 가치'라고 부르는 것들, 더 구체적으로는 헌법이 규정하는 인권, 언론과 표현의 자유, 집회결사의 자유 같은 기본권들은 헌법적 가치의 구체적 항목들이다. 이런 기본가치들이 중요한 것은 그것들이 무시되거나 억압될 때 사회는 해체되고 발전의 동력을 상실하기 때문이다. 소위 블랙리스트가 사회를 멍들게 하는 이유도 거기 있다.

사람들이 별로 주목하지 않지만 지난 몇 달 동안 촛불시위의 가장 거대한 기여 부분은 그것이 시민들에게 공통의 희망과 공통의 약속을 확인할 수 있게 했다는 점이다. 시민들은 그 공유의 희망과 약속으로 몸을 데우고 에너지를 충전받을 수 있었다. 그 촛불 넉 달은 사람들이 오래오래 공유할 기억의 시간이 되어주었다. 국회의 탄핵소추안 가결이나 헌재의 탄핵심판도 세대와 지역을 넘고 성차를 넘어 많은 시민들이 평생 간직할 공기억이 되었다. 그 기억은 거대한 문화적 자원이다. 영상으로, 문자로, 노래와 춤과 이야기로 그 기억의 자원을 유지하고 보존하는 일, 그것도 탄핵 이후 시민의 과제다.

"

과거의 제국주의는 세계의 땅을 공간적·물리적으로
강점하고 그 점유 지역에 진보와 문명을
'이식'시킨다는 계몽의 논리 위에 진행되었다. 지금
땅을 점유하는 것은 제국의 탐욕이 아니라 문명의
시간표이고 개발의 논리이다. 그러나 이 개발의
논리는 더 이상 타자적 명령이 아닌 우리 자신의
것이며, 우리의 삶에 이 새롭고 거대한 탐욕의
시간표를 둘러씌우고 있는 것도 우리 자신이다. 땅은
지금 우리 자신의 손에 나포되어 유배되고 식민지로
전락한다. 식민형식의 이 재생산으로부터 우리가 얻는
것은 정확히 광기와 고통이다.

"

4부

책 읽는 사람들의 사회

무의미한 세계를 어떻게 의미 있는 세계로 바꿀 것인가? 현대 과학과 실존주의 철학이 세계의 냉랭함에 대해 말하기 훨씬 전 이미 고대의 신화작가, 서사시인, 이야기꾼들이 알고 있었던 것은 이 무의미성meaninglessness의 도전이다. 이것은 자연이 인간에게 제기한 첫 번째 도전이다. 이야기는 이 도전에 대한 인간의 대응방식이다. 인간은 이야기로 차가운 세계를 인간화하고 의미를 집어넣고 목적과 질서를 부여하기 시작한 것이다. 이야기는 인간이 자연세계에 덮어씌운 의미의 그물망이다. 이 그물망이 '상징우주'다. 인간이 자신을 위해 창조해낸 그 상징우주가 인간에게는 존재의 집house of being이고 그의 고향home이며 그의 터전turf이다. 그 고향을 떠나 인간은 존재하지 않고 존재할 수 없다.

세상 사람들이 궁극적으로 동의할 만한 세 가지 '큰일'을 고른다면 그것들은 무엇일까? 첫째는 의미 없는 곳에 의미를 집어넣는 일, 둘째는 희망 없는 곳에 희망을 주입하는 일, 셋째는 정의justice가 없는 곳에 정의를 세우는 일이다. 이들 큰일의 첫 번째 것은 '무의미성의 도전'에 대한 대응이고 두 번째 것은 '지옥의 조건에 대한 거부'

이며 세 번째 것은 '야만에 대한 저항'이다. 의미, 희망, 정의는 인간의 삶을 지탱하는 세 개의 지주와도 같다. 삶에 의미가 없다고 여겨질 때 인간은 자살을 생각한다. "희망 없다"는 것은 지옥의 조건이다. 누구도 지옥에 살고자 하지 않는다. 정의 없음은 야만의 조건이다. 야만은 인간을 인간 이하의 수준으로 떨어뜨린다. 의미, 희망, 정의의 부재 혹은 결여는 인간이 이 지상 어디에 살건 그의 삶을 항구하게 따라다니는 고통스러운 경험이 되어 있다.

그 경험은 인간에게서 삶의 기쁨과 영광을 박탈하는 형벌과도 같다. 이 오래된 형벌의 경험을 다스리고 그 형벌로부터 벗어나는 일, 그래서 살아 있다는 것의 기쁨을 되찾고 해방과 구원의 희망을 확보하는 일—이것이 인간의 손에서 끊임없이 이야기가 만들어져 나오는 가장 절실한 이유다. 고통으로부터 벗어나고 인간으로 산다는 것의 영광을 확보하는 일은 이 지상 어디에서나 인간이 갖고 있는 보편적 소망이고 열망이다. 이 소망의 보편성 때문에 인간의 이야기는 그것이 만들어져 나온 지역과 시대를 넘어 사방으로 퍼지고 긴 시대에 걸쳐 향유된다.

책이란 것이 없어질 수도 있는 미래의 어떤 시점을 예상하고 그 시대를 미리 가불해서 살려는 사람이 있다면, 그는 태양계가 마침내 소멸할 날을 생각해서 일찌감치 자살하는 사람과 진배없는 바보이다. 그가 죽지 않고 살아 있는 한 그런 가불의 대가는 아주 비싼 것이다. 그는 고품질의 정보를 전달, 보존, 교환함에 있어 아직 책보다 더 유효한 매체수단, 즐거움의 수단, 자기 교육과 계발의 수단이 나와 있지도 않은 시대에, 그의 삶과는 무관한 먼 미래의 기술신神을 위해 자신의 당대 인생을 제물로 바치려 하기 때문이다.

　타인을 생각할 줄 아는 능력, 남의 아픔과 고통을 이해하고 동정하며, 타인의 불행과 비참을 줄이는 일이 인간 전체의 행복을 키우는 일이라 생각할 줄 아는 능력　이것은 인간이 가진 능력 중에서도 가장 빼어난 능력입니다.

　인간의 인간다움을 구성하는 데는 두 가지 큰 능력이 개입한다고 저는 생각합니다. 하나는 '타자에 대한 배려, 연민, 이해, 동정, 자비, 측은지심'등으로 표현된 '정서적 능력'이고 또 하나는 정의正義를 인지하고 사람이 사람으로써 지켜야 할 도리를 실천하려는 '윤리적 능

책 읽는 사람들의 사회

력'입니다. 앞의 것이 인간들 사이의 '정서적 진실'을 통해 강화되거
나 길러지는 능력이라면, 뒤의 것은 옳은 것과 틀린 것, 인간이 해야
할 일과 해서는 안 될 일, 위대한 것과 사악한 것 등은 '검친기 기준'
을 기초로 해서 길러지거나 강화되는 능력입니다.

　마음놓고 아무 데나 다닐 수 없는 아이들에게 책은 가고 싶은 나
라, 만나고 싶은 사람들, 이상하고 재미난 세계입니다. 말은 하지 않
지만 아이들에게는 성장의 두려움과 불안이 있습니다. 그들은 자기
가 누구인지 늘 궁금하고 어떻게 자라야 잘 자라는 것인지 남몰래
고민합니다. 그런 아이들에게 책은 그들이 닮고 싶은 모델, 따르고
싶은 안내자, 친해지고 싶은 친구를 줍니다. 책에서 그들은 타인을
만나고 자기자신을 만납니다. 책은 그들에게 창이고 거울입니다. 무
엇보다도 책은 아이들에게 남을 향한 따스한 가슴과 타인을 향해 열
린 마음을 갖게 합니다. 책은 아이들에게 불평등과 차별이 불의不義
라는 것을, 인종, 직업, 종교, 성차, 계층 같은 것으로 사람들을 나누
고 배척하고 편 가르고 따돌리는 것이 잔인하고 어리석은 일이라는
것을 가슴으로 알고 느끼게 합니다.

이야기는 왜 끊임없이 만들어지는가

이야기를 만들고 이야기로 소통하는 일은 인간 세계의 문화적 보편이며 인간이 하는 일 가운데 가장 오래된 것의 하나다. 예나 지금이나 인간의 사회치고 이야기를 만들지 않는 곳은 없다. 왜 그럴까? 인간은 '이야기하는 동물storytelling ape'이라는 것이 그 가장 간단한 이유다. 그는 이야기를 만들고 듣고 나누지 않고서는 이 지상에서 단 한순간도 살기 어려운 존재처럼 보인다. 아이들은 말을 배우는 순간부터 이야기에 홀리고, 어른들은 나이 들어 말을 잊어버리는 순간까지 이야기꾼으로 살다가 이야기를 남기고 떠난다. 이야기는 인간의 우주다.

하지만 인간이 이야기하는 동물이라는 사실만으로 인간 세계의 '이야기 현상'이 모두 설명될 수 있는 것은 아니다. 인간이라는 생물종species이 처음부터 이야기꾼으로 등장했을 가능성은 희박하다. 종의 역사와 이야기의 역사는 같지 않다. 이야기는 인간이 진화의 오랜 과정에서 갈고닦

공주는 어디에 있는가

고 발전시킨 독특한 기술이다. 처음 그 기술은 주어진 환경에 적응할 수 있도록 인간을 도운 요긴한 생존술의 하나였을 것이지만, 시간이 지나면서 그것은 단순한 적응술이기를 넘어 환경을 조작하고 환경을 만들어내는 적극적인 창조적 기술로 발전했다고 보는 것이 옳다. 인간은 자기 생존의 환경을 제 손으로 바꿀 줄 아는 능력을 키워온 유일한 동물이다. 인간을 인간이게 하는 것은 바로 그 창조의 능력이다. 그 능력의 핵심부에 '이야기의 기술'이 있다. 인간은 이야기로 우주를 바꾸고 세계를 바꾼다. 그리고 자기 자신도 바꾼다.

어떻게 이야기로 우주를 바꾸고 세계를 바꾸는가? 앞서 우리는 이야기가 '인간의 우주'라고 말했는데, 이때의 우주는 자연우주가 아니라 상징우주다. 상징우주란 인간이 의미와 가치와 목적을 집어넣어 만들어낸 '상징적 우주 symbolic universe'다. 자연의 우주는 인간을 위해 만들어진 것이 아니고 인간을 위해 존재하는 것도 아니다. 그것은 이 지상에서의 인간의 운명에 무관심한 냉랭한 우주다. 해와 달이 인간을 위해 뜨고 지는 것은 아니다. 자연의 세계 전체가 그러하다. 지구는 인간을 위해 설계된 것도, 인간을 위해 궤도를 도는 것도 아니다. 과학자들이 말하듯 인간이 우주를 이해하면 할수록 그 우주는 인간에게 의미 없는 세계다. 그러나 인간은 '의미 없는' 세계에서는 살 수 없다. 그에게 세계는 '의미 있는' 세계여야 한다.

무의미한 세계를 어떻게 의미 있는 세계로 바꿀 것인

가? 현대과학과 실존주의 철학이 세계의 냉랭함에 대해 말하기 훨씬 전 이미 고대의 신화작가, 서사시인, 이야기꾼들이 알고 있었던 것은 이 무의미성meaninglessness의 도전이다. 이것은 자연이 인간에게 제기한 첫 번째 도전이다. 이야기는 이 도전에 대한 인간의 대응방식이다. 인간은 이야기로 차가운 세계를 인간화하고 의미를 집어넣고 목적과 질서를 부여하기 시작한 것이다. 이야기는 인간이 자연세계에 덮어씌운 의미의 그물망이다. 이 그물망이 '상징우주'다. 인간이 자신을 위해 창조해낸 그 상징우주가 인간에게는 존재의 집house of being이고 그의 고향home이며 그의 터전turf이다. 그 고향을 떠나 인간은 존재하지 않고 존재할 수 없다.

이야기는 인간이 이 세상에서 겪어야 하는 절절한 문제들과 풀어야 할 딜레마들에 대한 인간의 대응이자 '해법solution'을 대표한다. 이것이 이야기라는 것이 만들어지는 가장 중요한 이유다. 무의미한 세계를 의미 있는 세계로 바꾸어야 한다는 것이 자연세계와의 대면에서 인간이 포착한 첫 번째 도전이었다면, 두 번째 도전은 인간이 한계를 가진 존재라는 사실에서 제기되는 '유한성mortality의 도전'이다. 인간은 유한한 존재다. 그의 수명은 무한하지 않고 그가 가진 능력, 지식, 자원도 무한하지 않다. 이 유한성의 문제에 어떻게 대응할 것인가? 죽음과 유한성은 인간에게 소멸, 상실, 이별, 상처, 좌절의 고통을 발생시키고 인간

공주는 어디에 있는가

을 '고통받는suffering 존재'이게 한다. 이 고통의 문제를 어떻게 처리할 것인가? 이 요청에 대한 인간의 대표적 응답이 이야기이고 이야기 만들기다. 인간은 이야기함으로써 유한성의 도전에 맞선다.

무의미성과 유한성이라는 두 가지 큰 도전을 우리의 시야 중심부에 놓을 때, 이 세상에서 인간이 해야 할 세 가지 '중요한 일'이 지평 위로 떠오른다. 이 지상에 살면서 인간이 해야 할 일들은 아주 많다. 그는 돈 벌어야 하고 가족을 유지하고 아이들을 키워야 한다. 그는 친구들과 다투기도 하고 미운 녀석을 골탕먹이기 위해 덫을 놓기도 해야 하며 사랑과 증오 사이를 하루에도 수십 번 왕래해야 한다. 그러나 인간이 하는 일들 사이에는 중요성의 차이가 있다. 인간은 유한성의 프레임에 갇혀 있기 때문에 모든 일에 같은 양의 시간을 투입하거나 동일한 가치와 중요성을 둘 수가 없다. 그는 가치 있는 일, 중요한 일들과 그렇지 않은 일들을 분별하면서 자신의 유한한 시간을 배분해야 한다. 중요한 일들 중에서 세상 사람들이 궁극적으로 동의할 만한 세 가지 '큰일'을 고른다면 그것들은 무엇일까? 첫째는 의미 없는 곳에 의미를 집어넣는 일, 둘째는 희망 없는 곳에 희망을 주입하는 일, 셋째는 정의justice가 없는 곳에 정의를 세우는 일이다.

이들 큰일의 첫 번째 것은 앞서 언급한 것처럼 '무의미성의 도전'에 대한 대응이고 두 번째 것은 '지옥의 조건에 대한 거부'이며 세 번째 것은 '야만에 대한 저항'이다. 의미, 희망, 정의는 인간의 삶을 지탱하는 세 개의 지주와도 같다. 삶에 의미가 없다고 여겨질 때 인간은 자살을 생각한다. "희망 없다"는 것은 지옥의 조건이다. 누구도 지옥에 살고자 하지 않는다. 정의 없음은 야만의 조건이다. 야만은 인간을 인간 이하의 수준으로 떨어뜨린다. 의미, 희망, 정의의 부재 혹은 결여는 인간이 이 지상 어디에 살건 그의 삶을 항구하게 따라다니는 고통스러운 경험이 되어 있다. 그 경험은 인간에게서 삶의 기쁨과 영광을 박탈하는 형벌과도 같다.

이 오래된 형벌의 경험을 다스리고 그 형벌로부터 벗어나는 일, 그래서 살아 있다는 것의 기쁨을 되찾고 해방과 구원의 희망을 확보하는 일—이것이 인간의 손에서 끊임없이 이야기가 만들어져 나오는 가장 절실한 이유다. 고통으로부터 벗어나고 인간으로 산다는 것의 영광을 확보하는 일은 이 지상 어디에서나 인간이 갖고 있는 보편적 소망이고 열망이다. 이 소망의 보편성 때문에 인간의 이야기는 그것이 만들어져 나온 지역과 시대를 넘어 사방으로 퍼지고 긴 시대에 걸쳐 향유된다. 이를테면 2,000~3,000년 전 인도에서 만들어진 이야기들, 몇백 년 된 중국의 이야기들은 인도나 중국에만 머물러 있지 않는다. 인도네시아, 캄보디아, 태국, 스리랑카, 필리핀의 이야기들도 마찬가지다. 고대 메소포타미아와 페르시아, 아랍지역, 그리스의 이야기들도 그러하다. 한반도에 전승되는 이야기 중에는 동남아 지역, 아랍, 그리스, 심지어 아프리카에서 건너오고

공주는 어디에 있는가

확산된 이야기들이 다수 들어 있다. 인간은 이야기를 만들기만 하는 것이 아니라 이야기를 사방에 '교환'하는 동물이다. '서사교역'은 인간역사의 일부다.

주로 어떤 이야기들이 교환되고 기억되고 긴 시간에 걸쳐 살아남는가? 재미난 이야기? '재미'는 서사의 상호교환과 기억을 결정하는 요소의 하나다. 그러나 한 지역의 이야기가 다른 곳으로 확산되고 전승되고 향유될 수 있게 하는 가장 강력한 매력은 그것이 인간의 보편적 소망과 열망을 표현하는가에 달려 있다. 고대 인도 서사시 『라마야나 Ramayana』는 좋은 사례 중 하나다. 이 서사시는 남녀 사이의 로맨스 같은 다수의 매혹적 모티프들을 갖고 있다. 그러나 그 모티프들에서 빼놓을 수 없는 것은 주인공 라마가 구현하는 '정의'의 주제다. 라마는 정의의 신 비슈누의 아바타이다. 그는 악이 있는 곳에 출동하여 악당을 물리치는 정의의 인간이다. 정의는 지상 모든 곳의 사람들에게 언제나 '그리운 이름'이다. 서사시 『라마야나』가 인도를 넘어 동남아 여러 나라의 이야기가 되게 된 데는 우리가 앞서 소망 또는 열망이라 부른 그 그리움의 보편성 때문이다. 게다가 『라마야나』에서 악을 물리칠 수 있는 것은 신이 아니라 '인간'이라는 모티프가 등장한다. 인간만이 악을 제거할 수 있으므로 비슈누 신은 자기가 직접 나서서 악을 퇴치하는 것이 아니라 인간의 육체를 가진 그의 분신 라마에게 그 일을 맡긴다. 얼마나 탁월한 설정인가! 인간 라마의 이야기를 듣고 보고 읽는 동안 사람들은 구원과 해방의 가능성이 바로 인간 그 자신에게 있다는 신비한 경험 속으로 초대된다. 이것이 이야기의 대표적 매혹이다. 이야기는 인간세계에 의미, 희망, 정의의 가능성을 끊임없이 환기한다. 그것은 공존과 상생의 가능성이기도 하다.

책은 왜 죽지 않는가

책의 시대는 끝났는가?

마셜 매클루언이 "인쇄문화의 시대는 끝났다"고 예언 사치럼 말한 것은 40년 전의 일이다. 최근 이탈리아 기호학 자이자 소설가 움베르토 에코는 '책의 운명'에 관한 한 자 신의 하루가 낙관과 비관의 순간들로 양분된다고 말하고 있다. 하루 24시간 중 12시간 동안은 책의 미래를 낙관하 고, 12시간 동안은 비관론에 빠진다는 것이다. 17세기 초 입에 영국 철학자 프랜시스 베이컨은 '세계를 바꾼 3대 발 명'의 하나로 인쇄술(다른 두 가지는 화약과 나침반)을 꼽았는 데, 그 인쇄문화의 꽃이랄 책이 400년 남짓한 전성의 세월 끝에 마침내 무대에서 퇴장해야 하는 늙은 거인처럼, 또는 몰락을 앞둔 비극적 운명의 주인공처럼 지금 사람들의 입 에 자주 오르내리고 있다.

책의 미래를 놓고 두 쪽으로 나뉘는 것은 움베르토 에 코의 하루만이 아니다. 책과 지식, 정보와 매체에 대해 뭔 가 한마디씩 하고 싶어하는 세계의 지식인들, 그리고 지금까지 책을 열심히 읽어온 독자들, 심지어 책과는 별 인연 없이 살아온 사람들까지도 책의 운명이라는 화두 앞에서는 상당히 선명하게 두 쪽으로 갈라진다. 한쪽에는 "책은 끝났다"고 예언하거나 예언하고 싶어하는 '종말론자'들이, 다른 한쪽에는 "책은 영원하다"고 말하거나 말하고 싶어하는 '영속론자'들이 포진한다. 물론 두 진영 어느 쪽에도 전폭적으로 투표하기를 꺼리는 제3의 '신중론' 그룹도 있다. 신중론자들은 매사에 신중을 기하자는 정책 때문에 신중하다기보다는 그들의 머릿속에 '책 없는 미래'를 떠올리기 어렵고, 그렇다고 '책으로 가득 찬 미래'를 그려보기도 어렵기 때문에 당분간 신중론을 취하는 경우가 대부분이다. 하지만 자세히 따지고 보면 신중론자들은 제3의 집단이기보다는 움베르토 에코처럼 종말론과 영속론을 다같이 자기 속에 안고 있는 일종의 '내부 분열파'이다. 그들은 낙관론과 비관론, 종말론과 영속론 사이를 시계추처럼 왕복한다. 종말론과 영속론에는 다소 아이러닉한 데가 있다. 종말론 진영을 보면, 세계의 운명에 관한 한 결코 종말론자가 아니면서 책의 미래에 대해서만은 서슴없이 종말론을 펴는 사람들이 있고, 영속론자들 중에는 세계의 앞날에 대해서는 극히 비관적이면서도 책의 장래에 관한 한은 영원론을 펴는 사람들이 있다. 화려한 미래를 말하는 사람들일수록 열심히 책 종말론을 펴기가 일쑤이다. 그들이 그려보는 미래는 책이라는 구식 매체가 없어지는 미래이기 때문에 놀랍고 깨끗하고 먼지 없는 미래이다. 그들에게 책

공주는 어디에 있는가

없는 세계는 세계의 종말이 아니라 새로운 세계의 도래이다. 그런가 하면, 책 영속론자들이 세계에 대한 비관론과 곧잘 제휴하는 것도 흔히 발견되는 흥미로운 경향이다. 그들에게는 안개 속 풍경처럼 안 그래도 전망이 극히 불투명한 이 세계에 책까지 없어진다면 그것은 곧 세계의 끝장이고, 문명의 종말이며, 지금의 세계가 그 방향으로 가고 있다면 그것은 무덤을 향한 확실한 행진이다. 종말론자에게는 책의 시대가 끝나는 곳에서 신세계가 시작되고, 영속론자의 경우는 책의 시대가 끝나는 순간에 세계도 망한다. 전자에게는 책 없어도 잘사는 세계가 기다리고 있고, 후자에게는 세계가 망하지 않으려면 책의 시대가 계속되어야 한다.

책의 미래를 말하기 위해 반드시 비관론이나 낙관론 가운데 어느 하나를 취택해야 하는 것은 아니다. 기술결정론이 위험하다면 마찬가지로 매체결정론도 위험하다. 그러나 지금까지 기술 발전이 부단히 세계를 바꾸어왔다는 것, 그리고 매체기술에 발생한 변화가 사회변화에도 큰 요인의 하나로 작용해왔다는 것 등은 굳이 부인할 필요가 없는 역사적 사실이다. 중세세계를 근대세계로 이행시킨 사건들 중에는 인쇄술의 발전과 책의 대중화가 끼여 있다. 책이란 것이 아예 없었던 시대에서 문자와 필사본의 시대로, 필사본의 시대가 다시 활자와 인쇄본의 시대로 이행한 것이 그간의 변화라면, 책이 소멸하는 시대의 도래도 전혀 불가능한 변화는 아니다. 기술의 미래를 말하기 어려운 것은 지금의 기술 수준에서 미래기술의 변화폭range을 재단

할 수 없기 때문이다. 서기 1세기에 활자와 인쇄기술을 예상했던 사람은 없다. 이 관점에서 보면 미래의 매체기술이 어떤 변화를 보일 것인가를 예측할 수 없지만, 예측할 수 없는 변화의 가능성이 있다는 사실만은 부인할 수 없다. 말하자면 미래기술에 대한 예측불가성은 거꾸로, 상상할 수 없는 것의 상상을 가능하게 한다. 인쇄와 책, 지금 같은 방식의 '독서' 문화가 없어도 되는 시대의 도래라는 것도 그러므로 아주 상상할 수 없는 일은 아니다. 이 장구한 미래 시간의 스펙트럼 안에서는 책의 미래에 대한 비관론이나 낙관론은 별 의미가 없다.

책의 운명에 관한 관점들과 견해들이 의미를 획득하는 것은 500년이나 1,000년 후의, 또는 1만 년 후의 미래와 관계해서가 아니라 60년, 70년, 혹은 길어야 80년 안팎의 생을 얻고 태어나 지금 이 세계에서 성장하고 꿈을 키우고 생각하고 일을 도모하는 우리들 당대 인생, 그리고 그 인생이 길러내는 다음 차례 승계 세대와 관계해서이다. 지금의 생존 세대가 생각해야 할 것은 책의 먼 미래가 아니라 그 자신의 지금과 미래이며, 한정된 삶의 폭 안에 할당된 그의 지금과 미래, 그리고 그의 직계 후대를 위해 책이 어떤 가치와 위치를 갖는가라는 문제이다. 지금 그에게 책이 중요하다면 책은 여전히 중요하고, 그에게 책이 쓸모없다면 누가 뭐래도 책은 중요하지 않다. 그가 판단해보아 다음 세대에게도 책 읽히는 일이 중요하다면 책은 여전히 중요하고, 책 같은 것 읽히지 않아도 된다고 생각한다면 그에게 책은 중요하지 않다. 책의 가치와 책 읽기의 즐거움을 아는 사람은 책의 미래를 걱정하지 않아도 된다. 그런 사람이 단 하나라도 남아 있는 한 책은 없어지지 않을 것이기 때문이다. 지금 책을 읽지 않는 사람 역시 책의 미래를 말할 필요가 없다. 그는 이미 책과 관계없는 인생을 살아온 사람이므로 장차 책이란 것이 있건 말건 그가 상관할 일이 아니기 때문이다. 책의 중요성에 관한 산술은 이처럼 간단하다. 그런데 이 간단한 산술에서 문제가 되는 것은 책의 가치에 대한 인식이나 책 읽기의 즐거움을 아는 것이 사람의 사인적·생래적 성향이 아니라 문화적 경험이고, 개인적 획득 자질이라는 사실이다. 책을 읽지 않는 사람은 책의 가치를 알 길 없고, 책 읽기의 즐거움을 경험할 수가 없다. 이것이 밥 먹기와 책 읽기의 차이이다. 먹기의 즐거움을 경험하기 위해서는 반드시 수 년 혹은 수십 년 줄기차게 밥을 먹어봐야 하는 것이 아닌 반면, 책 읽기의 즐거움은 거의 전적으로 읽기의 습관과 경험에 의존한다. 이 때문에, 책 읽기라는 문화적 실천의 가치를 약화시키고 책 읽기의 즐거움에 대한 경험의 기회를 위축시키는 사회적 환경이 강화되는 시대에는 책의 명운이 위태로워질 수 있다. 지금은 바로 그런 시대이거나 적어도 그런 시대의 시초 같아 보인다. 지금 우리의 경우, 책과 책 읽기를 위협하고 그것들의 중요성을 평가절하하도록 유도하는 것은 역설적이게도 영상문화, 전자매체, 오락문화, 정보문화 등의

'문화적' 환경들이다. 문화환경들이 책 읽기라는 문화적 실천을 위축시키고 있는 것이다.

책의 운명이 개인 차원을 넘어 사회적 논의의 대상이 되는 것은 그것이 한 사회의 집단적 '삶의 품질'과 직결되는 문제이기 때문이다. 책 읽는 사람이 하나라도 남아 있는 한 책은 없어지지 않는다. 설혹 책의 사회적 공급이 중단된다 해도 그는 스스로 책을 만들고 읽고 원하는 사람들에게 돌릴 것이다. 그러나 사람은 혼자 자라지 않고, 저 혼자 살지도 않는다. 그는 집단적 존재이며, 그의 삶은 그가 속한 사회집단의 삶과 분리되지 않는다. 그 집단적 삶의 품질이 저하될 때에는 그의 삶도 하향곡선을 따라 곤두박질하고, 집단적 삶의 품질이 높아질 때에는 그의 삶도 고양된다. 이 점에서, 책의 운명에 대한 걱정은 책 그 자체의 소멸 가능성보다는 책과 책 읽기의 위축이 몰고 올 수 있는 삶의 퇴보와 인간능력의 퇴화 가능성에 대한 우려에 더 많이 연유한다고 말하는 편이 훨씬 정확하다. "삶의 품질과 책/책 읽기 사이에 무슨 관계가 있는가?"라는 문제, 그리고 책이라는 매체형식이 왜 여전히 유효하고 중요한가라는 문제가 제기되는 것은 이 대목에서이다.

지금은 이른바 정보화 시대이다. 그러나 정보화 시대가 정보 가치의 왜곡과 정보의 궁핍화를 초래하기도 한다는 역설적 사실에 주목하는 일은 정보화 시대의 환상과 거품을 빼는 데 극히 중요하다. 정보화 시대의 '정보information'

가 지배적으로 의미하는 것은 빠르고 실용적인 정보—한 순간 필요하고 요긴한, 그러나 그 순간이 지나면 가치가 소멸하는 정보이다. 정보화 시대의 정보는 기묘하게도 비지속성과 급속한 노후화를 특징으로 한다. 그것은 대부분 금세 쓸모없어지는 정보, 가치의 지속 기간이 극히 짧은 단명의 정보이다. 그러나 이 비지속성과 급속한 노후화의 가능성이 바로 정보화 시대의 정보를 '정보상품'이 되게 하는 비결이며, 정보유통에 속도가 중요해지는 이유이다. 속도를 다투는 정보일수록 노후화의 속도도 빠르다. 어제 유용했던 정보가 오늘은 이미 정보가 아니다. 정보화 시대의 정보상품은 '단명성短命性'을 그 태생적 조건으로 갖고 있다. 단명성의 이 같은 물신화 현상이 초래하는 것은 가치의 왜곡과 전도이다. 이 왜곡과 전도의 구조 안에서는 단명한 일회적 정보가 오히려 값진 정보로 대접받고, 노후화가 빠른 정보일수록 높은 값을 받는 반면, 지속적 가치를 지니는 정보, 속도와 단명성을 거부하는 정보는 '똥값'으로 처리된다. 거기서 가격price과 가치value는 혼동되고, 가격이 가치에 우선한다.

　빠른 정보, 요긴한 정보, 돈 되는 정보만이 인간의 삶에 필요한 정보의 전부는 아니다. 삶에 유용한 정보가 필요하다면, 유용성만으로는 그 값을 잴 수 없는 정보도 있어야 한다. 유용한 일회적 정보는 당장 쓰임새는 있으되 감동을 주지는 않는다. 사람은 감동할 줄 알고 감동을 필요로 하는 동물이며, 따라서 그에게는 밥통의 포만 외에 그의 존재 자체를 고양시키는 감동적 정보가 필요하다. 삶의 진솔한 경험, 인간에 대한 애정 어린 이해와 통찰, 인간과 세계의 관계 방식에 대한 깊은 사유, 아름다움의 표현과 가치판단—이런 것들이 인간에게 필요한 이유는 무엇보다도 거기에 감동이 있기 때문이다. 그것들은 그 어떤 실용적 정보로도 대체할 수 없는 귀중한 정보의 원천이며, 삶을 살찌우고 윤택하게 하는 정보의 보고이다. 그러나 불행히도 이 종류의 정보들은 정보화 시대의 저울대 위에서는 정보 축에도 끼지 못하는 무용한 정보이다. 말하자면 그것들은 정보가 아니다. 그러므로 정보화 시대의 역설적 진실은 정보의 바다에 "정보는 없다"라는 것이며, 정보화 시대에 오히려 정보의 극단적 빈곤과 궁핍이 발생한다는 것이다.

성보와 시대의 왜곡된 정보관은 가치 있는 정보들을 위축시키고 발붙일 수 없게 함으로써 '정보편식에 의한 양화良貨의 구축'현상을 일으킨다. 이 현상은 문화환경 전반에 영향을 미친다. 책의 세계도 예외가 아니다. 그것은 단 한 번의 소비만으로 가치가 소진되는 일회적 정보 도서의 양산을 자극하며, 그 틈에 지속적 가치를 지닌 책들은 밀려나 출판의 기회조차 얻기 어렵고 출판돼봐야 팔리지 않는다. 아름다움을 경험하게 하고 깊은 통찰과 사유를 촉발시키고 인간에 대한 이해를 심화시키는 책—이런 책은 개인의 삶뿐만 아니라 사회적 집단의 삶 자체를 고양시키고, 삶을 즐겁게 하는 고품질 도서이다. 고품질의 책은 무엇보다도 인간 존재의 크기를 확장시킨다. 즐거움이란 이 확장이 일으키는 정서적 효과이다. 좋은 시집과 소설, 좋은 전기와 자서전과 역사서, 탁월한 사회적·철학적 사유를 담은 책들은 바로 그런 고품질 도서이다. 발터 벤야민은 이미 50년 전에 '이야기와 정보의 차이'를 언급하면서 "정보는 그것이 새로운 정보일 수 있는 순간이 지나면 가치가 소멸한다… 그러나 이야기story는 다르다. 이야기는 자신을 소비하지 않는다. 그것은 힘을 유지하고 모아두며 오랜 시간이 지나서도 그 힘을 방출한다"고 말한 적이 있다. 양질의 책들이 쫓겨나고 유통되지 않는 사회, 그런 책들의 가치가 인식되지 않는 사회가 고품질의 사회일 수는 없다. 좋은 책을 만들고 유통시키고 수용할 줄 모르는 사회에서의 개인적·집단적 삶은 불가피하게 품질저하를 경험한다.

책은 고품질의 정보를 전달·보존·교환할 수 있게 하는 최선의 매체인가? 정보화 시대는 매체의 폭발적 다종화와 다양화가 발생하고 정보에의 접근통로들이 많아지는 시대이다. 이 매체환경은 크게 인쇄매체, 전자매체, 영상매체로 구성되고, 각 매체영역에는 다양한 부문 형식들과 복합 형식들이 존재한다. 이 다종다양의 매체들 중에서 인쇄매체인 책만이 가치 있는 정보의 전달·보존·교환에 가장 효과적인 매체형식이라고 말할 수는 없다. 책은 정보 저장용량과 속도, 정보처리 능력 면에서 전자매체를 따라갈 수 없다. 책은 소리를 들려주지 않고 움직이는 그림을 보여주지 않으며, 따라서 그 측면에서는 애당초 영상매체의 경쟁

상대가 아니다. 그러나 중요한 것은 각 매체들의 단순 비교에 입각한 절대적 우열표를 만드는 일이 아니라, 각 매체들의 특성과 특장에 따른 기능과 효과의 상대적 차이에 주목하는 일이다. 이를테면, 소리를 들려주고 그림을 보여주는 것이 영상의 특장이라면, 아무 소리도 들려주지 않고 그림을 보여주지 않는 것은 인쇄매체의 열등성이 아니라 그것의 특성이고 특장이며, 이 같은 특성 차이는 정보의 종류와 수용의 목적 및 환경에 따라 현저하게 다른 기능 차이와 효과의 차이를 산출한다.

이 접근법에서 볼 때, 책은 다른 어떤 매체도 갖고 있지 않은 많은 장점들과 강점들을 갖고 있다. 우선 책은 느리고 조용한 매체이다. 그러나 느림과 조용함은 책의 저주가 아니라 축복이다. 느림과 조용함은 관조, 명상, 사유, 집중을 위한 최선의 조건이다. 사람이 생각할 때, 그 사유의 진행 속도는 아주 느리다. 관조, 명상, 사유라는 이름의 인간 정신 활동에는 전자매체의 속도가 필요하지 않을 뿐 아니라 빠른 속도 자체가 사유를 방해한다. 말하자면 빠름은 사유의 적정 속도가 아니다. 그러므로 느리다는 것은 속도의 부정이 아니라 인간의 사유활동에 적절한 수준의 속도를 의미한다. 독서 중에 다소 난해한 대목을 만나거나 내용의 정밀한 이해와 파악이 필요할 때, 우리가 잠시 읽기를 중단하거나 이미 읽은 부분으로 뒷걸음질해보거나 읽는 속도를 늦추어보기도 하는 것은 눈이 읽는 속도와 머릿속에 진행되는 사유의 속도 사이에 균형과 보조를 맞추기 위해서이다. 그러므로 느리고 조용한 매체로서의 책은 사유, 관조, 명상 등의 경우처럼 느림과 조용함이라는 조건을 요구하는 인간 정신 활동에는 여전히 최선의 효과적 매체이다.

책은 무한한 인내의 매체이다. 그것은 안달하지 않고, 조바심치지 않으며, 독서자를 몰아붙이지 않는다. 일단 시작되고 나면 수용자의 사정에 대해서는 아무런 배려도 하지 않는 영상화면과는 달리, 책은 저 혼자 내달리지 않는다. 그것은 독서자의 호흡, 수용 속도, 상황에 맞추어 한없이 기다리고, 소리 없이 기다린다. 책이라는 이름의 문자 스크린은 완벽하게 수용자의 통제 아래 놓여 있어서 수용자가 읽기 시작할 때에야 놀기 시작하고, 그가 중단할 때 중단되고, 다시 읽을 때 다시 시작된다. 책의 이 무한한 인내력 덕분에 우리는 책 읽다가 화장실에도 가고, 커피를 끓여 마시기도 하고, 전화를 받기도 한다. 이 모든 딴짓들이 진행되는 동안에도 책은 소리 없이 기다린다. 그뿐이 아니다. 책은 우리와 함께 모든 곳으로의 동행을 허락하며 언제 어디서 어떤 자세로 그를 상대하건 개의치 않는다. 침대에 벌렁 드러누워 읽건, 엎어져 읽건, 책상에 경건한 자세로 앉아 읽건 책은 불평하지 않는다. 화장실로 들고 들어가도 책은 찡그리지 않는다. 전철, 커피숍, 공원, 바닷가, 산꼭대기, 숲속 ─ 지상 어디건 일정의 조도만 있는 곳이면 책은 우리와 동행한다. 들고 다니건 주머니에 넣건 절반으로 접어 꽁무니에 차고 다니건 책은 개의치 않는다. 까다롭게 수용의 조건(전력, 공간, 하드웨어)을 따지지 않는 이 놀라운 편의성과 인내력 때문에 책은 무조건적이고 전천후적인 수용활동이 필요한 모든 경우 여전히 최선의 효과적 매체이다.

책 매체의 이 같은 인내력이 발휘하는 또 다른 중요한 기능은 수용자에게 넉넉한 대화의 시간을 허여한다는 점이다. 모든 문화적 실천에서 생산자-수용자 사이의 쌍방향 소통만큼 중요한 것이 없다. 책은 그런 쌍방향 소통의 시간 여유를 주는 넉넉한 매체이다. 책을 읽으며 노트를 만들고, 여백에 뭔가를 써넣고, 밑줄을 긋거나 별표, 쌍별표, 동그라미, 느낌표, 물음표, 네모꼴, 기타 등등의 부호(수용자 개개인에 따라 천차만별의)를 그려넣는 것은 저자-수용자 사이에 대화가 진행되고 있다는 표시이다. "그래, 그건 중요한 말이야"라는 반응은 이를테면 밑줄로, "아, 이거 대단한 통찰이군"은 별표나 쌍별표로 표시된다. 감동적 통찰일 때 별은 세 개 혹은 네 개로 늘어나다가 북두칠성을 만들기도 한다. 의문표는 "글쎄, 그럴까?"라는 질문이나 "잠깐, 이건 앞에서 한 말과는 다른데?"라는 모순 지적을, 동그라미는 "이건 핵심어휘key word로군. 나도 기억해야지"라는 주목과 기억의 필요성을, 느낌표는 "이 친구 당돌하네" "이렇게 말해도 되나?" 혹은 "그래, 당신 말이 맞아"라는 식의 대화적 반응을 표시한다(이런 대화의 흔적은 책의 경우에만 가능한 극히 소중한 친밀성의 형식이기도 하다). 긴 대화나 반응은 노트 만들기의 형태로 진행된다. 대화에는 생각하고 정리하는 시간이 필요하고, 책은 그런 시간적 여유를 허락한다. 그러므로 적극적 대화와 대화의 시간을 요하는 모든 표현물의 경우 책은 여전히 최선의 효과적 매체이다.

책은 상상력의 무한 발동을 촉발하고 가능하게 하는 매체이며, 인간의 언어적 능력을 최대화하는 매체이다. 영상은 그림을 보여줌으로써 오히려 수용자의 상상력을 얽어매고 제한한다. 예컨대 시인 말라르메는 "'꽃'이라는 말 한마디가 수백 가지 향기와 모양을 연상시키고 상상하게 한다"고 말한 적이 있다. 그러나 영상화면은 언제나, 반드시, 특정의 꽃(장미, 개나리, 진달래)을 보여줄 수는 있어도 그냥 '꽃'이란 걸 보여주지는 못한다. 이 경우 꽃에 대한 인상의 크기와 밀도는 속박당하고 제한된다. "그녀에게서는 늘 국화 냄새가 났다"라는 언어적 표현은 영상으로는 도저히 표현되지 않는다. 문자매체는 인간의 언어적 능력이 도달할 수 있는 최대의, 그리고 최선의 표현방식과 형식을 추구하고 개발함으로써 그 능력을 부단히 신장하고 심미적 사상적 표현에 의한 존재의 확장과 경험의 심화를 시도한다. 근대 산문, 시적 표현, 정교한 사유의 문장 등은 '의미 전달'의 수단으로 그치는 것이 아니라 그것들 자체로 언어 사용의 기술적 예술적 극치를 지향한다. 인간은 언어적 동물이며, 언어능력을 빼놓을 때 그의 존재는 결정적으로 위축된다. 전자매체의 통신문들이 토막 문장을 쓰고 요약 부호들을 쓰는 것은 속도가 필요한 곳에서만 제한된 유용성을 가질 뿐, 그 자체로는 인간능력의 확장이 아니라 퇴화와 퇴보의 위험신호이다.

　지금의 생존세대는 책의 운명을 걱정할 입장에 있지 않다. 책이란 것이 없어질 수도 있는 미래의 어떤 시점을 예상하고 그 시대를 미리 가불해서 살려는 사람이 있다면, 그는 태양계가 마침내 소멸할 날을 생각해서 일찌감치 자살하는 사람과 진배없는 바보이다. 그가 죽지 않고 살아 있는 한 그런 가불의 대가는 아주 비싼 것이다. 그는 고품질의 정보를 전달, 보존, 교환함에 있어 아직 책보다 더 유효한 매체수단, 즐거움의 수단, 자기 교육과 계발의 수단이 나와 있지도 않은 시대에, 그의 삶과는 무관한 먼 미래의 기술신(神)을 위해 자신의 당대 인생을 제물로 바치려 하기 때문이다. 전자매체와 영상매체가 담당할 수 있는 효과영역들이 있다면 그것들이 감당하기 어려운 영역도 있다. 인쇄매체로서의 책은 열등한 매체가 아니라 다른 매체들과 공존하면서 타매체들이 수행하기 어려운 중요한 기능과 효과의 영역들을 지키고 있다. 그 기능과 효과는 무시되거나 희생될 수 없다.

어린이들에게 책은 왜 중요한가

1. 우리 사회에서 '인성'이니 '인성교육'이니 하는 말들
이 쓰이고 강조되기 시작한 것은 이미 상당히 오래된 일입
니다. 어른들은 인성교육이 제대로 되지 않아 아이들이 잔
인하고 이기적이고 충동적인 청소년이 되어가고 있다고
혀를 찹니다. 그런데 그 '인성'이란 무엇입니까? 인간에게
'본성'이라고 부를 어떤 정해진 성질이 있는가 없는가는 아
직도 학계의 뜨거운 논쟁거리이기 때문에 지금 여기서 우
리가 '인간본성human nature'에 관한 철학적 논의를 위해 시
간을 낭비할 필요는 없습니다. '인간을 인간답게 하는 어떤
것'을 혹은 '사람을 사람이게 하는 어떤 성질'을 '인성'이라
부르기로 하지요. 톨스토이가 어린이들을 위해 쓴 민담형
식의 이야기에 「사람은 무엇으로 사는가」라는 것이 있습
니다. 물론 사람은 빵으로 삽니다. 그러나 톨스토이가 "인
간은 빵으로 산다"는 사실을 확인하기 위해 그런 질문을
한 것은 아닐 겁니다. 그 이야기에는 또 "사람의 안에는 무

엇이 있는가"라는 질문도 나옵니다. 사람의 안에는…… 글쎄요, 간이 있고 쓸개가 있고 밥통이 있지요. 그 밥통 안에는 어제 밤에 먹은 콩나물 대가리도 있을 겁니다. 우리는 톨스토이의 이런 질문들이 '인성'에 관한 물음, 곧 "사람을 사람이게 하는 것은 무엇인가"라는 질문이라는 것을 압니다. '사람의 안'에는 사람을 사람이게 하는 어떤 힘과 능력이 있을 것이며, 그 능력을 빼고 나면 사람은 사람이기 어렵다—이런 생각을 톨스토이는 하는 듯합니다. 사람을 사람이게 하는 어떤 능력, 그것이 '인성humanity'이고 '인간성humaneness'입니다. 톨스토이는 남을 배려하는 '사랑과 연민compassion의 능력'을 인간성 가운데 가장 중요하고 고귀한 것이라 생각했던 것 같습니다.

2. 아닌 게 아니라 타인을 생각할 줄 아는 능력, 남의 아픔과 고통을 이해하고 동정하며, 타인의 불행과 비참을 줄이는 일이 인간 전체의 행복을 키우는 일이라 생각할 줄 아는 능력—이것은 인간이 가진 능력 중에서도 가장 빼어난 능력입니다. 석가모니는 이런 능력을 '자비'라 말했고 맹자는 '측은지심'이라 불렀습니다. 나자렛 예수는 인간을 사랑하기 위해 '가장 높은 곳'에서 '가장 낮은 곳'으로 내려왔다고 기독교도들은 말합니다. 자비나 측은지심은 지체 높은 사람이 낮은 사람에게, 강자가 약자에게 베푸는 자선이 아니라 사람이 남의 입장, 지위, 처지로 자신을 '집어넣고' '이동'시켜 자기와 타자를 '연결'시켰을 때에만 가능해

지는 느낌의 나눔과 공유, 곧 '같이 느끼기sympathy'입니다. 같이 느끼기의 힘에 의해서만 사람들은 서로의 사랑과 기쁨, 슬픔과 고통, 분노와 절망의 진실을 알고 이해합니다. 이 이해가 사람들의 가슴과 가슴을 연결하지요.

3. 그러나 사람들은 생각처럼 그렇게 쉽게 연결되지 않고 남을 향해 쉽게 가슴을 열지 않습니다. 왜 그럴까요? 만약 사랑의 능력이란 것이 모든 인간에게 생래적으로 주어진 능력이라면, 그래서 내버려두어도 언제 어디서나 발휘되는 그런 자연스런 능력이라면, 사회가 교육을 통해 그 능력을 닦고 종교가 가르치고 봉사의 같은 사건이 특별히 그걸 끌어내어 강조할 필요가 없을지 모릅니다. 물론 사랑의 능력은 인간이 타고난 선천적 성향임에 틀림없어 보입니다. 그러나 우리는 이 선천적 성향이 인간의 후천적 성장환경과 문화에 따라 크게 발휘될 수도 있고 꽁꽁 얼어붙거나 위축될 수도 있다는 것을 알고 있습니다. '성향disposition'은 실제로 계발되어 발휘될 때에만 '능력ability'이 됩니다. 사람은 생물학적으로 태어난다는 사실만으로 사람이 되는 것이 아닙니다. 그는 사회적으로도 탄생해야 합니다. 사람을 특정의 욕망과 행동방식과 세계관과 정서형식을 갖춘 구체적 인간으로 만들어 주는 것은 그의 후천적 성장의 환경, 곧 사회와 문화입니다. 인간은 생물학적으로 출생하고 사회적으로 탄생합니다. "어떤 사회를 만들 것인가"라는 것이 늘 우리에게 중요한 문제가 되는 것은 그래

서입니다.

4. 인간의 인간다움을 구성하는 데는 두 가지 큰 능력이 개입한다고 저는 생각합니다. 하나는 '타자에 대한 배려, 연민, 이해, 동정, 자비, 측은지심' 등으로 표현된 '정서적 능력'이고 또 하나는 정의正義를 인지하고 사람이 사람으로써 지켜야 할 도리를 실천하려는 '윤리적 능력'입니다. 앞의 것이 인간들 사이의 '정서적 진실'을 통해 강화되거나 길러지는 능력이라면, 뒤의 것은 옳은 것과 틀린 것, 인간이 해야 할 일과 해서는 안될 일, 위대한 것과 사악한 것 등을 '경험적 직관'을 기초로 해서 길러지거나 강화되는 능력입니다. 물론 이 두 가지 능력만이 인간에게 필요한 능력의 전부라고 말할 수는 없습니다. '이성적 능력'도 아주 중요하지요. 합리적 판단, 비판적 사고, 목표의 효율적 추구 등을 가능하게 하는 이성적 능력입니다. 이성적 능력은 흔히 '머리'라는 은유로 표현됩니다. 좋은 사회를 만드는 데는 이성적 능력도 불가결의 인간적 능력 가운데 하나입니다. 그러나 사람의 사회, 인간이 인간답게 살 수 있는 사회를 만드는 데는 이성의 능력만으로는 어림없습니다. 그래서 오늘 제가 초점을 두어 말하는 것은 머리의 능력보다는 가슴의 능력—더 정확히는 '사람이 사람에게 가슴을 여는 능력'입니다. 정서적 능력과 윤리적 능력은 모두 '가슴의 능력'이라 말할 수 있습니다.

5. 정서적 능력과 윤리적 능력은 모두 '상상력'과 깊이 관계되어 있습니다. 타인에 대한 이해, 동정, 사랑의 능력은 내가 타인이 되어 타인의 자리에 서서 생각해본다는 위치 이동의 상상력, 동양인들이 예부터 '역지사지易地思之'라 불러온 그 위치교환의 상상력입니다. 물론 동양에만 그런 표현이 있는 것은 아닙니다. 영어에도 "다른 사람의 신을 신어보라"는 말이 있습니다. 다시 톨스토이 얘깁니다만, 그가 쓴 또 다른 민화에 「에사르하돈Esarhaddon」이란 것이 있지요. 앗시리아 왕 에사르하돈은 전쟁에서 사로잡은 적국의 왕을 어떻게 처형할까 궁리하다가 최대한 고통을 많이 수는 방식으로 죽여야겠다고 생각합니다. 그런데 그날 밤 그는 자신이 바로 그 죽음을 기다리는 적국의 왕이 되어보는 경험을 하게 됩니다. 자리 바꾸기지요. 다음 날, 그는 처형을 포기하고 포로를 놓아줍니다. 톨스토이의 것은 아니지만, 「왕과 거지」도 잘 알려진 이야기입니다. 왕은 밤마다 거지가 되는 꿈을 꾸고 거지는 왕이 되는 꿈을 꾼다는 얘기 말입니다. 이런 역지사지의 상상력은 "만약 내가 왕이라면" 혹은 "만약 내가 거지라면"의 상상력, 어쭙잖게 영어로 표현하면 가정법적 '만약What if'의 상상력입니다. 아이들이 가장 좋아하고 그들을 가장 잘 사로잡는 것은 바로 이 '만약'이라는 상상적 상황입니다. 아이들은 그런 상상의 상황 속에 자신을 투입하고 이야기 속의 인물이 됩니다. 「에사르하돈」을 읽는 아이는 그 자신이 에사르하돈이 되고, 에사르하돈의 경험을 자기도 따라 경험하면서 적국

의 왕을 풀어줍니다. 말하자면 아이들은 그들 자신이 이야기 속 인물들의 행동을 경험함으로써, 앨프리드 노스 화이트헤드가 지적하듯, 위대한 행동이 어떤 것인가에 대한 직관을 얻습니다. 이런 경험과 직관은 마술처럼 아이들을 바꿔놓을 수 있습니다. 이야기는 사람을 '바꿔놓는 힘'을 갖고 있지요. 경험 이후 아이들은 어떤 행동을 보는 순간 누가 가르쳐주지 않아도 직관적으로 "저건 위대한 행동이다/아니다"를 알게 됩니다. 역지사지의 능력과 윤리적 능력이 결합하는 순간입니다. 그리고 이것이 바로 '인간의 인간다움' 곧 우리가 '인성'이라 부르는 것이 자라는 모습이지요. 이야기는 그런 식으로 아이들을 키우고 아이들을 사람으로 만듭니다. 아이들에게 좋은 이야기를 들려주고 좋은 이야기를 읽게 하는 방법을 동하지 않는다면, 우리 사회가 그토록 강조하는 소위 '인성교육'은 원천적으로 불가능합니다.

6. 교육 문제에 깊은 통찰을 보여준 어떤 철학자의 말을 들어보지요. 20세기 영국의 탁월한 철학자였던 화이트헤드는 교육에 관한 한 저술에서 '위대성에 대한 감각sense of greatness'이 아이들을 위한 도덕교육의 바탕이 된다고 말합니다. 어떤 것이 위대한 것인가를 가슴으로 느끼고 경험하는 것이 '위대한 것에 대한 감각'입니다. 그런 감각이 길러질 때만 인간은 도덕적 윤리적 인간으로 성장한다는 것이 그의 생각입니다. 그런데 그 위대성의 감각은 어디서

얻어지고 어떻게 길러지는 것인가? 도덕책이나 수신 교과서로는 결코 길러지지 않는다고 화이트헤드는 말합니다. 이성적 토론의 결과로 얻어지는 것도 아닙니다. 논리훈련으로 아이들이 도덕적 감각을 키울 수 있는 것은 아니라고 그는 지적합니다. 그렇다면? "이야기를 읽게 하라"—이것이 이 철학자의 권고입니다. 위대한 인간들의 모험담, 전기, 영웅담, 신화 등의 이야기를 아이들에게 들려주고 읽게 하라. 그러면 아이들은 인간적 위대성이란 무엇이며 위대한 것이 어떤 것인가를 '직관적으로' 알게 된다고 그는 말합니다. 이 직관은 경험적 직관이지 공부해서 얻어지는 지식도, 누가 머리에 수입한 지식도 아닙니다. 인간이 윤리적 존재로 성장하는 것은 바로 그런 경험적 직관의 힘과 직관적 감각을 기초로 해서입니다.

7. 철학자 화이트헤드의 통찰은 우리가 왜 자라는 아이들에게 책을 읽히고 책을 읽게 하며 이야기를 들려주어야 하는지를 잘 말해줍니다. 책을 읽히고 책을 읽게 하는 것이 왜 중요할까요? 물론 그 중요성은 여러 차원에서 말할 수 있습니다. 자크 바전Jacques Barzun이라는 사람은 "책을 읽을 줄 알게 하고, 책 읽기를 좋아하게 하는 것"이 바로 '교육의 목적'이라고 말합니다. 지금 교육의 목적은 여러 갈래로 얘기될 수 있지만, 가장 근본적인 의미에서 교육의 목적은 자라는 아이들로 하여금 생각하고 느끼고 표현하는 힘을 키우게 해주는 것입니다. '생각하고 느끼고 표현하는

힘' 역시 생래적인 것이어서 별다른 교육 없이도 그 능력은 발휘될 수 있다고 말하는 사람도 물론 있습니다. 그러나 그게 그렇지 않습니다. 중요한 것은 능력의 유무가 아니라. 가진 능력을 얼마나 잘 발휘할 수 있게 하는가 하는 것이며, 여기에는 '훈련'과 '연마'와 '교육'이 필수적입니다. 예를 들어 '언어능력'을 보십시오. 인간이면 누구나 언어능력을 갖고 태어납니다. 그러나 그 능력은 그것의 연마와 조탁의 정도에 따라 발휘 수준이 천차만별로 달라집니다. 이것이 교육의 힘이며, 따라서 언어능력조차도 이 관점에서는 후천적 교육에 크게 좌우됩니다. 자라는 아이들에게 가장 중요한 훈련은 어휘습득, 표현훈련, 사고력 등을 키우는 일이며 이것은 크게 '언어훈련'에 속합니다. 책을 읽지 않은 아이들이 어휘력을 키울 수 없다는 것은 너무도 분명합니다. 책을 읽지 않는 아이들이 논리적 사고에서 크게 뒤지고 이해력이 처진다는 사실 역시 잘 알려져 있습니다. 그러나 이런 것만이 '책 읽기'의 중요성을 모두 말해주는 것은 아닙니다. 제가 보기에 책 읽기/읽히기의 더 본질적인 중요성은 그것이 자라는 아이들로 하여금 앞서 우리가 '가슴의 능력'이라 부른 정서적 능력과 윤리적 능력을 함양하는 데 불가결의 것이라는 데 있습니다.

8. 가슴의 능력이란 사람과 사람을 연결하고 사람과 천지만물, 사람과 모든 존재자들을 연결하는 능력, 곧 '너와 나의 연결'에 있습니다. 이 연결은 돈으로, 지식으로, 정보

로, 계산으로 달성되는 것이 아니라 타자에 대한 배려와 관심과 돌봄, 그리고 정서적 공감에 의해서만 가능한 일이라는 것도 우리는 알고 있지요. 문학과 예술이, 인문학이 강조하는 것은 이런 연결과 연결의 기술입니다. 다들 아시다시피 상실, 고통, 죽음—이런 것들은 이상하게도 문학의 오랜 주제들입니다. '이상하게도'라고 말씀드리는 것은, 사람들이 사실은 상실이나 고통, 죽음 같은 걸 좋아하지 않는데 문학은 사람들이 좋아하지 않는 그런 주제들을 붙들고 씨름하기 때문입니다. 작가라 해서 상실, 고통, 죽음을 좋아할 리 없습니다. 그런데도 문학이 그런 주제들을 놓지 못하는 이유는 무엇일까요? 이를테면 우리 작가 박완서의 단편에 「한 말씀만 하소서」가 있는데, 이 소설은 죽음이라는 이름의 상실과 그 상실이 가져다주는 고통의 문제를 다룹니다. 많은 독자가 이런 소설을 읽습니다. 왜 작가들은 그런 주제를 다룰까요? 고통의 이해를 통해서만 보이는 진실의 길이 있기 때문입니다. 그 진실이 가슴과 가슴을 잇고 사람과 사람을 연결하지요. 제가 앞서 '정서적 진실'이라 부른 것도 바로 이런 진실입니다. 그 진실은 돈의 모습으로는 오지 않고 돈을 통해서는 발견되지 않습니다. 그것은 시장에서도 살 수 없습니다. 그러나 인간의 삶에서 그보다 더 귀하고 소중한 진실은 따로 없기 때문에 그 진실을 발견하고 그 진실을 통해 사람과 사람을 연결하는 기술을 '연결의 예술the art of relating'이라고 불러도 됩니다. 제가 보기에, 모든 예술은 궁극적으로 연결의 예술이 되려고 합니다.

9. '이야기하다'라는 뜻의 영어 동사 '네레이트narrate'는 라틴어 '나라레narrare'에서 나왔는데, 이 '나라레'는 '연결하다'라는 의미입니다. 모든 이야기는 '연결하기'입니다. 이야기는 하늘과 땅을 잇고 인간과 신을, 인간과 인간을, 인간과 다른 모든 존재자들을 연결합니다. 인간 서사문화에서 가장 오래된 신화, 전설, 설화를 보세요. 그것들은 모두 세계와 연결되기 위한 인간의 시도를 대표합니다. 이 점에서 '이야기'는 다리를 만들고 길 내는 토목공사와 닮았습니다. 신과 인간을 잇는 대표적 서사형식은 신화인데, 하늘과 땅을 잇는다는 점에서 신화가 하는 일은 종교의 그것과 유사한 데가 있습니다. '종교'라는 말의 서양어 줄기가 된 '렐리기오religio'도 '연결한다'는 뜻이거든요. 동화, 우화를 포함한 민담설화, 마법담과 모험담은 인간과 마법사와 요정과 괴물, 인간과 동물과 식물들, 인간과 무생물들을 이어줍니다. 무생물들도 마치 생명을 갖고 있고 언어와 생각과 표현의 기술을 가지고 있다는 듯이 말입니다. 인간이 언어를 쓰는 방법 중에서 이처럼 세상 만물을 이어주는 담론방식은 오직 '이야기'뿐입니다. 그리고 인간의 어떤 제도보다도, 어떤 종교적 실천보다도 더 오래된 것이 '이야기'의 역사입니다. 또 이야기의 역사에서 가장 오래된 이야기는 지금부터 약 4,500년 전 수메르에서 만들어진 것으로 추정되는 「길가메시Gilgamesh 서사시」입니다. 『일리아드』, 『오디세

이아』 같은 호메로스 서사시들보다도 무려 1,700년이나 앞서는 작품입니다. 히브리 경전의 창세기보다도 1,500년은 더 오래된, 그리고 창세기에 나오는 것과 너무도 유사한 '대홍수' 이야기를 담고 있어 발견 당시 서양 사람들을 깜짝 놀라게 한 이야기지요. 주인공 길가메시의 여러 모험담이 서사시의 내용을 이루는데, 그 모험담 중에 단연 압권을 이루는 것이 '불멸성'을 찾아 길 떠나는 길가메시의 여행입니다. 이 여행을 촉발한 것은 그가 사랑했던 친구 엔키두Enkidu의 죽음입니다. 친구의 죽음 앞에서 그는 고통에 찬 소리로 절규합니다.

내가 어찌 가만히 있을 수 있는가?
어찌 입 다물고 있겠는가?
내 사랑했던 친구가 흙으로 돌아갔으니
나도 언젠가는 저 친구처럼 땅에 몸을 누이고
영영 다시는 일어나지 못할 것인가?

친구의 죽음과 그것이 안겨주는 고통을 통해 그가 본 것은 그 자신의, 인간의 '유한성'입니다. 죽음이 언젠가는 그 자신에게도 찾아올 수 있다는 것을 그는 알게 됩니다. 이것이 죽음과의 만남이라는 사건이지요. 이 사건은 이중의 고통을 안겨줍니다. 친구 상실의 고통이 그 하나이고, 다른 하나는 친구에게 일어난 일이 그에게도 발생할 수 있다는 사실의 '예기豫期'에서 오는 두려움의 고통입니다. 이런 고통에서 벗어나려고 '영생'을 얻기 위한 모험길에 오릅니다. 이처럼 인간 역사상 가장 오래된 서사시에서부터 상실, 고통, 죽음의 주제가 이미 등장하고 있습니다. 그런 주제들은 수천 년 전 메소포타미아에 살았던 사람들과 현대인을 이어줍니다. 4,500년 전의 이 서사시는 결코 우리와 관계없는 먼 이질적 과거의 이야기도, 딴 나라 사람들의 이야기도 아닙니다. 이 연결을 통해 길가메시는 현재에 살아 있지요. 그는 그가 찾고자 했던 '불멸성'을 그 자신이 남긴 이야기를 통해 성취하고 있습니다.

10. 책을 읽고 이야기를 들려주고 이야기를 한다는 것은 이런 '이어주기'의 대표적 형태입니다. 그 이어주기가 인간에게 왜 그토록 소중한 것인지는 더 이상 말하지 않겠습니다. 그 이어주기는 서로 다른 시간들을 연결하고 공간과 공간을 연결하며 인간과 인간을, 인간과 인간 이외의 존재자들을 연결합니다. 우리가 과거와 만나고 미래와 조우하는 것도 그런 연결에 의해서이며, 과거의 위대한 정신들과 부단히 대화할 수 있는 것도 그런 연결에 의해서입니다. 이런 연결의 소중함은 누가 가르쳐주는 것이 아니라 우리의 인생살이가, 경험과 기억과 성찰이 우리에게 알려줍니다. 자녀를 길러본 사람이면 누구나 다 아는 사실이 하나 있지요. 그것은 아이들이 이야기에 대한 말할 수 없는 욕구를 가지고 있다는 것, 엄마 아빠에게서 무한히, 날이 새도록, 이야기를 듣고 싶어한다는 것, 아이 키우는 데

는 이야기가 너무도 중요하다는 사실입니다. 괴테의 어머니가 매일 밤 이야기를 들려주며 아들 괴테를 키웠다는 이야기는 그 자체로 널리 알려진 유명한 이야기입니다. 이 '아들의 세헤라자데'가 남긴 회고담을 보신 적 있지요?

11. "바람과 불과 물과 땅―나는 이들을 아름다운 공주들로 바꾸어 내 어린 아들에게 이야기로 들려주었다. 그러자 자연의 모든 것이 훨씬 깊은 의미를 띠기 시작했다. 밤이면 우리는 별들 사이에 길을 놓았고 위대한 정신들을 만나곤 했다. 이야기를 듣는 동안 아이의 눈은 잠시도 내게서 떠나지 않았다. 그가 좋아하는 어떤 인물의 운명이 그가 원하는 대로 나가고 있는지 어떤지 나는 금세 알 수 있었다. 원치 않는 쪽으로 사건이 진행되면 아들의 얼굴에는 분노가 서리고, 그가 눈물을 내비치지 않으려 애쓰는 것을 볼 수 있었기 때문이다. 그가 중간에 이야기를 끊고 들어올 때도 있었다. '엄마, 공주는 그 못된 양복쟁이하고 결혼하면 안 돼. 양복쟁이가 악당을 쳐부순다 해도 말야.' 그럴 때면 나는 거기서 이야기를 멈추고, 결말은 다음 날 밤으로 미루었다. 그런 식으로 내 상상력은 가끔 아들의 상상력과 자리를 바꾸었다. 어떤 때는 바로 다음 날 아침 그가 바라던 대로 주인공의 운명을 고쳐 이야기해주면서 나는 이렇게 말하곤 했다. '그래, 넌 벌써 알고 있었지? 결과는 네가 생각한 대로 된 거야.' 그러면 그의 얼굴은 흥분으로 빛났고, 나는 그의 어린 가슴이 뛰는 소리를 들을

수 있을 것 같았다."

12. "밤이면 우리는 별들 사이에 길을 놓았고 위대한 정신들을 만나곤 했다"라고 괴테의 어머니는 말합니다. 이것은 글자 그대로 연결하기, 이어주기, 만나기입니다. 별과 별을 잇고 세상 만물을 이어주기 위해 괴테의 어머니가 쓴 연결의 기술은 사람이 아닌 것을 사람처럼 만들어 말하고 행동하게 하기, 곧 '의인화personification'의 기술입니다. "바람과 불과 물과 땅 — 이 모든 것을 아름다운 공주들로 바꾸어 나는 아들에게 이야기로 들려주었다." 바람, 불, 물, 땅은 '세상 모든 것'의 상징이자 은유입니다. 괴테의 어머니는 그것들을 '공주'로 바꾸어 '이야기'의 인물들로 등장시킵니다. 그녀는 문학교수도, 문학 전공자 출신도 아닙니다. 그녀는 그저 아들에게 매일 밤 재미난 얘기를 들려준 한 사람의 '스토리텔러' — 이야기꾼에 불과합니다. '불과'하다고요? 아니죠, 그렇게 말하면 안 됩니다. 그 이야기꾼이 바로 '위대한 연결의 예술가'이고 '위대한 어머니'이기 때문입니다. 위대하다는 것은 그녀가 꼭 천재를 길러내서가 아닙니다. 물론 괴테는 탁월한 개인이었습니다만, 중요한 것은 그의 탁월성이 '인간으로서의 탁월성'이었다는 점입니다. 그러니까 그 어머니가 키운 것은 그저 사람다운 한 사람, 인간 같은 인간이고 그래서 그녀가 위대한 것이지요. 지금 우리의 젊은 어머니들은 아이들을 영재로 키우고 다른 아이들 제치고 앞서가는 똑똑한 아이, 성적을

더 잘 받는 아이로 키우는 일에 온갖 정성을 쏟고 있습니다. 그래서 사람 같은 사람, 인간 같은 인간을 키워내는 일쯤은 대한민국에서 절대로 '위대한' 것의 목록에 끼지 못합니다. 그건 위대하기는커녕 '바보짓'이지요. 그 결과 우리는 사람 같은 사람, 인간 같은 인간을 만나기가 점점 어려운 사회를 만들고 있습니다. 부모들은 "너, 절대로 바보 되면 안 돼! 어떤 일이 있어도 이겨야 해!"라고 아이들을 다그칩니다. 그래서 우리의 불쌍한 아이들은 바보가 되지 않기 위해 온갖 꾀를 내고 백방으로 뛰다가 정말로 볼품없는 영악한 바보, 석 달 가문 자갈밭의 조랑 감자만한 인간으로 크고야 말지요.

13. 기이하게도 우리의 교육학자, 정치인, 사회과학자, 경제인 등 사회를 이끌어가는 주도 세력들은 이처럼 이야기가 아이들을 키운다는 사실을 잘 모릅니다. 모르기 때문에 그들은 엉뚱한 곳에 돈 퍼붓고, 국민 세금을 낭비하면서 아이들을 사람답게 키우기 위한 시설을 만들고 프로그램을 짜는 일에는 별로 관심이 없습니다. 학부모들도 잘못 하고 있는 일이 많습니다. 한국에서 가장 심하게 '인권'을 유린당하고 있는 것은 아이들입니다. 아이들은 시험 성적 때문에 시달리지 않을 권리, 살인적 경쟁환경에 내몰리지 않을 권리, 공부 못한다고 '왕따'당하다가 "엄마 아빠 미안해요"라며 유서 써놓고 자살하지 않아도 될 권리를 갖고 있습니다. 아이들은 그들만의 방식으로 놀고 숨 쉴 권리,

성장을 방해받지 않을 권리, 그들이 자라는 데 필요한 환경과 시설을 누릴 권리를 갖고 있습니다. 나무들처럼, 자라는 아이들에게도 햇살과 바람이 필요합니다. 아이들은 산과 들과 개펄로 뛰어다니고 또래들과 놀고 별과 나무와 이야기할 권리, 아무 부담 없이 즐겁게 책 읽고 그림 그리고 노래할 권리를 갖고 있습니다. 이 권리들을 우리는 아이들에게 되돌려주어야 합니다. 아이들은 망가지고 깨어지면서도 아프다고 말하지 못합니다. 가슴이 답답하고 쓰려도 그렇다고 말하지 않습니다. 그러므로 그들을 아프게 하지 않고 망가지지 않게 할 책임은 어른에게 있습니다. 아이들이 울면서 골목을 도는 일은 없게 해주어야 합니다. 아이들의 권리를 존중하고 아이들을 배려하는 환경과 시설을 만들어줄 때만 아이들은 자기가 태어난 나라, 자기가 자란 사회를 신뢰하고 높은 긍지를 갖게 됩니다. 자기가 사는 사회에 대해 아무런 신뢰도 긍지도 가질 수 없을 때, 그렇게 자란 아이들이 '자신감'이란 걸 가질 수 있을까요? 어른들이 깊이 생각해봐야 할 문제입니다.

14. 아이들을 학원에서, 입시지옥에서, 압력밥솥 같은 경쟁환경에서 해방시켜주어야 합니다. 어린아이들에게는 좋은 이야기 들려주고 책 읽어주고, 스스로 읽을 줄 아는 나이가 되면 좋은 책을 읽도록 안내해주어야 합니다. 엄마 아빠에게서 이야기를 들으며 자라는 아이들만이 가장 잘 자라는 아이들입니다. 아이들에게 엄마 아빠의 목소리를

들려주세요. 아빠의 눈빛과 손짓과 얼굴을 보여주세요. 아이들이 즐거워할 환경을 만들어주세요. 아이들이 아무 부담 없이, 누가 시켜서가 아니라 그들 스스로 읽고 싶어서, 숙제 때문이 아니라 그들 스스로 알고 싶고 궁금해서 책을 찾게 하세요. 마음놓고 아무 데나 다닐 수 없는 아이들에게 책은 가고 싶은 나라, 만나고 싶은 사람들, 이상하고 재미난 세계입니다. 말은 하지 않지만 아이들에게는 성장의 두려움과 불안이 있습니다. 그들은 자기가 누구인지 늘 궁금하고 어떻게 자라야 잘 자라는 것인지 남몰래 고민합니다. 그런 아이들에게 책은 그들이 닮고 싶은 모델, 따르고 싶은 안내자, 친해지고 싶은 친구를 줍니다. 책에서 그들은 타인을 만나고 자기 자신을 만납니다. 책은 그들에게 창이고 거울입니다. 무엇보다도 책은 아이들에게 남을 향한 따스한 가슴과 타인을 향해 열린 마음을 갖게 합니다. 책은 아이들에게 불평등과 차별이 불의不義라는 것을, 인종, 직업, 종교, 성차, 계층 같은 것으로 사람들을 나누고 배척하고 편가르고 따돌리는 것이 잔인하고 어리석은 일이라는 것을 가슴으로 알고 느끼게 합니다.

15. 지금 우리의 차세대 성원들은 그 상당수가 게임에 중독되고 채팅에 중독되어 있습니다. 영상환경과 인터넷 같은 신매체 환경이 아이들로 하여금 책과 멀어지게 하고 책 읽기의 중요성을 경험할 기회조자 가질 수 없게 합니다. 이것은 보통 위험한 상황이 아닙니다. 위기는 거기에만

있지 않습니다. 중등교육에서는 책 읽히는 교육이 거의 완전히 붕괴되어 있습니다. 교실 수업과 학교 도서실은 전혀 연결되지 않습니다. 아이들에게 책 읽을 시간을 주지 않고 책을 읽을 이유를 주지 않는 교육은 이미 교육이 아닙니다. 학교교육의 파행과 왜곡을 고치지 않고서는 학교 도서관 활성화란 사실상 무망한 일일지 모릅니다. 이런 위기 상황을 조금씩 점진적으로 바꾸어 나갈 수 있는 자리, 바로 그 자리에 학부모 여러분이 서 있습니다.

왜 '어린이 공공 도서관'인가

1. 시민단체 '책읽는사회만들기국민운동'이 2년 전 출범하면서 내걸었던 목표의 하나는 '공공 도서관'이라는 이름의 사회 인프라를 시설, 내용, 서비스의 세 측면에서 대대적으로 확충하고 개선해보자는 것이었습니다. 우리가 '공공 도서관' 문제를 사회적으로 제기하고 시민운동의 대상으로 설정하게 된 데는 몇 가지 중요한 이유가 있습니다. 우선 무엇보다도, 대한민국 국민은 소득 수준, 계층, 교육 정도에 관계없이 자신의 사회활동과 자기계발에 필요한 정보-지식에 누구나 쉽게, 자유롭게, 그리고 평등하게 접근할 수 있어야 합니다. 정보와 지식에 접근할 기회의 평등을 누리지 못할 때 시민은 다른 여러 형태의 사회경제적 불평등에 묶일 수 있습니다. 그러므로 정보접근의 사회적 평등을 보장받는 일은 표현의 자유나 사상의 자유 못지 않은 국민의 '기본권리'이자 '시민권'의 일부입니다. 쉽게 말씀드리면, 돈 없는 시민도 책은 볼 수 있어야 합니다. 정

보접근의 기회 평등을 보장하는 공적 장치 가운데 가장 중요하고도 기본적인 시설은 말할 것도 없이 공공 도서관입니다. 평등한 정보접근권이 시민권의 일부라면, 그 권리를 보장하기 위한 공적 시설인 공공 도서관 인프라를 전국적으로 확보하고 내용을 확충하며 질 높은 서비스를 제공해야 하는 것은 '국가의 책임'이자 '의무'입니다. 그런데 다들 아시죠? 2년 전까지, 우리 중앙정부나 지방자치단체들은 공공 도서관의 이 같은 사회적 정책적 중요성에 대한 인식이 없었고, 극히 열악한 우리나라 공공 도서관의 시설, 내용, 서비스를 선진사회 수준으로 올려 세울 계획은커녕 국가차원의 이렇다 할 종합적인 도서관 정책조차 갖고 있지 못했습니다. 입으로는 '정보화사회'를 한없이 외치면서 말입니다.

2. 이것이, 우리가 '공공 도서관' 문제를 들고 나오게 된 가장 큰 이유입니다. '책읽는사회만들기국민운동'은 단순한 '독서운동'이 아닙니다. 물론 독서운동도 열심히 벌이고자 하지만, 더 기본적으로 그것은 우선 제도와 인프라와 정책의 수준에서 국민이 책을 읽을 수 있는 환경조건을 확보하게 함으로써 "정보, 지식, 기회의 사회적 불평등을 제거하고 축소하기 위한 시민사회운동"이며, "시민의 책 읽을 권리와 알 권리, 그리고 공공의 정보 서비스를 받을 시민적 권리"를 주장하고 확보하기 위한 일종의 민권운동입니다.

　　　　　　공주는 어디에 있는가

3. 어린이 도서관에 대한 '책읽는사회만들기국민운동'의 입장, 태도, 계획도 공공 도서관을 위한 캠페인의 일부라는 기본원칙 위에서 진행되고 있습니다. 우리는 대한민국에 태어나는 모든 아이들이, 우리 국민의 모든 자녀들이, 기본 교육을 받을 권리를 갖는 것과 마찬가지로 '공공의' 어린이 도서관을 통해 마음껏 읽고 싶은 책 읽을 수 있는 권리를, 부모의 소득 수준에 관계없이 사회적으로 보장된 기회 평등을 통해 '꿈과 능력을 키우며 자랄 권리'를 갖고 있다고 생각합니다. 공공의 어린이 도서관을 이용하고 그 시설을 누릴 기회의 평등 — 이것이야말로 우리 사회가 깊이 생각하고 보장해야 하는 어린이의 기본권입니다. 정부와 지방자치단체들은 어린이의 이 '기본권'을 존중해야 하며 우리의 미래 세대를 잘 키워내기 위한 도서관 정책을 공공의 수준에서 입안하고 실행해야 합니다. 정부와 지자체들은 전국 방방곡곡에, 마을과 동네마다, 공공 도서관 시설의 일부로서, 혹은 필요할 경우 독자적인 어린이 공공 도서관의 형식으로, 어린이들이 책을 읽을 수 있는 인프라를 구축하고 내용을 공급하며 품질 높은 서비스를 제공해 주어야 합니다. 그것은 민간 아닌 정부부문의 책임이자 의무입니다.

4. 문화방송 〈느낌표〉 제작진과 '책읽는사회만들기'가 공동으로 진행하고 있는 최근의 '기적의 도서관' 건립 프로젝트는 민간부문이 정부부문을 대신해서 전국을 돌아다

니며 어린이 도서관을 지어주자는 사업이 아닙니다. 우리가 그 프로젝트를 시작한 것은, 정부부문이 하도 움직이지 않으니까 민간이, 시민이 시민의 힘으로, 어린이 공공 도서관을 몇 개만 지어 '모델'을 제시하고 궁극적으로는 정부와 지자체들이 나서게 하자는 취지에서였습니다. 이 취지와 목표는 지금도 변함이 없습니다. '어린이' 도서관이 선택된 것은, 민간의 한정된 자금으로는 본격적인 공공 도서관을 지을 수 없기 때문에, 비교적 적은 비용으로 건립이 가능한 소규모 어린이 도서관을 짓자는 생각에서였습니다. 소규모라고는 하지만 우리는 기적의 도서관이 구조, 공간, 운영의 세 차원에서 일찍이 우리가 가져본 적 없는 이상적인 어린이 독서환경의 모형을 제시할 수 있도록 최선을 다 하고 있습니다. 우리는 이 모형이 전국으로 확산되어 기존의 공공 도서관과 새로 지어지는 도서관에 채택되고, 비록 민간이 시작한 사업이지만 정부와 지자체들도 '어린이 도서관' 사업을 잇고 계승하게 되기를 희망합니다.

공주는 어디에 있는가

리터러시 정책은 왜 중요한가

'책 읽기'의 중요성에 대한 사회적 인식이 점점 높아지고 있다는 것은 최근 몇 년간 대한민국에 발생한 아주 의미 있는 일의 하나가 아닐 수 없다. 몇 년 전까지만 해도 '책'이라면 조만간 지상에서 사라져 없어질 아주 대표적인 구닥다리 아날로그매체라고 여기던 사람들도 요즘은 태도가 많이 달라지고 있다는 소식이다. "아직도 책이야?"라던 사람들조차 "책을 읽긴 읽어야 하나 보다"라는 쪽으로 생각이 바뀌고 있다는 보고들이 사방에서 들린다. 책에 대한 상당수 한국인의 생각과 태도에 이런 변화가 발생한 것은 따지고 보면 무슨 대단한 인식 전환이라기보다는 '제정신 들기'라고 해야 옳다. 디지털과 아이티IT 기술이 모든 문제를 해결해줄 수 있다는 듯이 정신없이 뛰다가 어느 순간 "어이쿠, 그게 아니네"라는, 간단하다면 아주 간단한 진실 앞에 정신이 번쩍 든 그런 형국이다. 돈키호테는 죽는 순간에야 제정신을 차리는데, 놓았던 정신을 이쯤해서 되찾게 된다면 우리는 최소한 돈키호테보다는 회복속도가 빠른 편이다.

그러나 우리 사회에서의 독서문화의 발전과 성숙, 책 읽기 운동의 지속적 전개를 위해서는 지금쯤 몇 가지 사항들을 점검할 필요가 있다. 무엇보다도 먼저 꼽아야 할 것은 책 읽기의 '사회적 중요성'이라는 문제이다. 개개의 시민들이 책을 읽는 목적과 이유는 사람마다 다르기 때문에 "책을 왜 읽는가?" 혹은 "왜 읽어야 하는가?"에 대한 일반론적 응답을 찾는 일은 별 의미가 없다. 책을 즐겨 읽는 사람들은 이미 그들 나름의 이유를 갖고 있다. 그러나 책을 등진 사람들, 책 읽기의 필요성을 느끼지 못하거나 책 읽을 조건이 되지 않는 사람들의 경우는 어찌되는가? 책을 읽는 일은 어째서 사회적으로 중요하고 필요한가? 독서운동은 개개의 시민들을 향한 운동이면서 동시에 공동체집단을 향한 '사회운동'이다. 사회 운동은 국가와 지방자치단체들을 포함해서 우리 사회의 공영역과 사영역이 함께 정책을 세우고 실행방안을 강구해야 하는 중요 사안에 대한 시민사회의 문제제기이고 정책 요구이다. 그러므로 사회운동으로서의 독서운동은 적어도 책 읽기가 어째서 개인차원을 넘어 사회적으로도 중요한 것인가에 대한 설득력을 확보하고 있어야 한다. 이런 설득의 확보가 없다면 독서 운동은 의미 있는 '사회정책적 사안'의 차원으로 올라서기 어렵고, 운동의 지속적 동력도 공급받기 어렵다.

　　　　　　　　　공주는 어디에 있는가

최근 몇 년간, 미국을 포함한 서유럽 주요 국가들이 상당한 투자를 기울이고 있는 분야가 이른바 '리터러시literacy 정책'이다. 리터러시는 '독서력'인데, 이때의 독서력이 의미하는 것은 단순 '문해력'이 아니라 그보다 한 차원 높은 "잘 읽고讀 잘 쓰는書 능력"이다. 구미 각국이 중앙정부 차원에서는 물론 지방정부 단위에서도 부쩍 주민의 리터러시 높이기에 적극적인 정책 투자를 하고 있는 이유는 크게 세 가지다.

1. 잘 읽고 잘 쓰는 능력은 시민의 경제력 제고와 자립에 절대적으로 필요하다. 리터러시는 모든 분야에서의 정보 접근, 수집, 판단, 활용의 기본이며, 이 기본적 능력 없이는 기회창출, 자립, 삶의 질 향상이 불가능하다.

2. 잘 읽고 잘 쓰는 시민의 리터러시 능력 없이는 민주주의의 유지와 발전이 불가능하다. 민주주의는 정보를 가진 시민, 잘 판단하는 시민, 참여하는 시민을 요구한다.

3. 매체문화환경이 다양해지면서 활자매체와 책 읽기로부터 이탈하는 인구가 늘고 있다. 이는 사회적 위기이다. 상상력, 비판력, 사고력의 중심 매체인 책의 힘이 약화되면 사회는 창조성 고갈의 위기를 맞는다. 정책적 대응이 필요하다.

결국 구미 각국이 리터러시 강화정책을 펴는 데는 '잘 읽고 잘 쓰는 국민literate nation'이야말로 다른 어떤 자원이나 능력보다도 한 나라의 정치, 경제, 사회 발전을 위한 '기본적인 힘'이라는 인식과 판단이 깔려 있다. 우리가 타산지석으로 삼아야 할 것은 바로 이런 정책판단이다. 시민단체들이 전개하고 있는 독서 운동은 그냥 단순히 "책 많이 읽어 교양인이 됩시다"라는 차원의 운동이 아니고, 좁은 의미의 여가선용 수준에 그치는 운동도 아니다. 그런데도 우리의 정책 당국은 '책 읽는 국민'을 갖는다는 것의 정치, 경제, 사회적 중요성을 인식하지 못하고 있다. 인식이 없으면 정책도 나오지 않는다.

리터러시 강화정책은 동시에 국민이 지식정보에 접근할 기회의 평등을 확대하는 일, 국민 각자가 스스로 평생교육의 주체가 될 수 있도록 시설환경을 만들어주는 일, 자녀교육에 부모가 적극적으로 참여하게 하는 일 등을 포함한다. 이런 일들은 민간영역의 힘만으로는 되지 않는다. 돈 없는 사람도 책을 읽을 수 있게 하고 평생학습의 기회를 갖게 하기 위해서는 공공 도서관 같은 기본 시설이 있어야 한다. 도서관은 여가 시설이 아니라 부가가치 창조를 위한 생산시설이다. 저출산 시대의 부모들에게서 자녀 양육의 경비와 책임을 덜어주기 위해서는 지역단위의 어린이도서관 시설이 절대적으로 필요하다. 어린이도서관은 있어도 되고 없어도 되는 시설이 아니라 자녀양육의 필수적 지원기구이다. 교육은 학교에서만 이루어지는 것이 아니다. 아이들의 첫 번째 교사는 부모이며, 그것도 '책 읽어주는 부모'이다. 미국 리터러시 운동이 '가족 리터러시(책 읽는 가족)'에 상당한 역점을 두면서 "일주일에 네 번은 자녀들에게 책을 읽어주도록" 권고하는 이유도 거기 있다. 그쪽의 연구에 따르면 그런 부모들 밑에서 자란 아이들의 학업성취도는 대조집단에 비해 두 배 정도 높은 것으로 나와 있다.

우리 중앙정부와 자치단체들은 책 읽기 운동이 사회 발전과 인간 계발의 필수 부분이고, 빈곤과 소외를 향한 싸움이며, 빈부 격차를 줄여 주민 자립도를 높이고 사회통합에 기여하는 정책이기도 하다는 것을 깊이 인식해야 한다. 이것이 리터러시 강화정책의 사회, 경제, 정치적 중요성이며, 공공정책이 필요한 이유이다. 그 정책은 국민을 위하고 주민을 위한 최선의 배려이자 봉사가 아닐 수 없다.

정기용과 기적의 도서관

'기적의 도서관'은 어느 날 하늘에서 천사가 실어다준 것도 아니고, 땅에서 도깨비들이 뚝딱 빚어낸 것도 아니다. 그 명칭 속의 '기적'이라는 말과 상관없이, 적어도 그것이 탄생하기까지의 선사(先史)에는 기적이랄 것이 존재하지 않는다. 그것은 어떤 '공공의 가치'를 만들어내기 위해 뭉쳤던 많은 사람의 고된 노동과 아이디어, 밤잠 설치게 했던 고민과 순수한 열정의 산물이다. 그러므로 기적의 도서관이 어떻게 기획되고 진행되었는가, 결과는 어떠했고 무엇을 이루었으며 지금은 어떤 상황인가 등에 관한 이야기는 사실은 '이야기'의 형식보다는 '보고서'의 형태로 먼저 기록되어 나오는 것이 마땅하다. 아무리 줄여 말해도 그 기록은 한 시대의 사회사, 문화사, 시민운동사의 일부일 것이기 때문이다. 그 보고서를 펴내는 일은 기적의 도서관 건립 운동을 주도했고, 지금도 그 일을 하고 있는 민간단체 '책읽는사회만들기국민운동'(이하 '책사회'로 줄임)의 책임이다. 그런데 그런 보고서 이전에, '책사회'가 일에 치어 꾸물거리고 있는 사이에, 기적의 도서관 설계부분에서 절대적 역할을 맡아주었던 정기용 교수가 드디어 참지 못하고 이 도서관의 설계, 탄생, 의미에 관한 그 자신의 이야기를 책으로 펴내게 되었다. 미안하면서 고맙고, 죄송하면서 반갑기 그지없는 일이다.

　나는 무엇보다 먼저 정기용이라는 한 탁월한 건축가가 아니었다면, '책사회' 사람들이 어느 날 운 좋게도 인사동 골목에서 그를 만나지 못했더라면, 기적의 도서관이 지금의 모습으로 탄생하지는 못했을 것이라는 말부터 해놓고자 한다. 그는 상상력 넘치는 공간의 시인, 더 나은 세상을 꿈꾸는 비저너리Visionary, 공적 가치를 세우는 일이라면 망설임 없이 헌신하는 공익 근로자이다. 2003년 봄 기적의 도서관 제1호관을 짓기 위한 작업에 돌입했을 때, 준비자들을 난감하게 한 것은 개인적으로 탁월한 능력을 갖고 있으면서 돈 안 되는 일에 뛰어들 줄도 아는 그런 어리숙한 건축가를 어디서 구하는가라는 것이었다. 준비자들의 머릿속에는 그때까지 한국은 물론 세계 여타 지역에서도 이렇다 할 모델을 찾기 어려운 아름답고 쾌적하고 창의적인 어린이 전용 도서관의 건립이라는 막연한 그림만 들어 있었다. 참고할 만한 모델이 사실상 어디에도 없었으므로 그 도서관은 설계자의 머리에서 완전히 '창조'되지 않으면 안 되는 그런 종류의 것이었고, 따라서 설계자는 단순 건축가가 아닌 시적 감성과 상상력의 소유자여야 한다고 우리는 생각했다. 그러나 우리가 가진 자원은 결코 넉넉한 것이 아니었고, 시간 역시 촉박했다. 말하자면 우리에게는 공간의 시인, 비저너리, 공익 헌신이라는 3박자 조건을 갖춘 설계자가 필요했던 것이다. 말이 좋아 3박자 조건이지, 사실 그때나 지금이나 그 3박자는 우리 사회에서 '바보의 조건'에 해당한다고 말해야 옳다. 정기용은 우리가 만난 그런 탁월한 바보 건축가이다.

우리가 정기용 교수에게 주문한 것은 한 살짜리 꼬맹이들도 안방에서처럼 기고 뒹굴고 놀 수 있는 어린이 도서관, 아이들이 보고 싶은 책 보면서 즐겁게 꿈꾸고 상상하고 몽상에 잠길 수 있는 도서관, 책 말고도 노래, 춤, 그림·공작 같은 여러 활동도 할 수 있는 도서관을 설계해달라는 것이었다. 그 도서관에는 이야기방과 다락과 토굴이 있어야 하며, 영유아실과 수유실, 다매체실과 전시공간과 다목적 놀이공간이, 그리고 나무와 꽃과 별이 구름이 있어야 했다. 어린 혼들이 훈육과 경쟁의 장을 떠나 맘 놓고 춤추며 자랄 수 있는 놀이터 같은 도서관, 그림책에서처럼 신기한 마법의 성이 날아와 앉은 것 같은 도서관. "그런데 그런 도서관이 가능할까요, 그 쥐꼬리 예산으로?" 우리가 물었을 때 정기용은 웃으며 간단히 대답했다. "가능하지요." 우리는 알고 있었다. 그의 그 소년 같은 대답은 사실은 그 일이 가능해서 가능하다기보다는 불가능한 일을 가능한 것으로 바꿔내보자는 순수한 열정에서 나온 것임을 우리가 어찌 몰랐으랴. 우리는 그의 건축가적 재능 말고도 그

공주는 어디에 있는가

가 지닌 그 열정과 헌신의 능력을 믿었다.

기적의 도서관 제1호관인 순천관 개관식이 열린 2003
년 11월 10일, 조충훈 당시 순천시장은 촬영 나온 문화방
송MBC〈느낌표〉팀의 김영희 PD 일행을 맞으며 "이건 건
물이 아니라 예술이야, 예술!"이라 말했다. 그날 개관식 참
석자들의 눈앞에 나타난 것은 그들이 일찍이 본 적 없는
놀라운 도서관, 이 땅에 처음 들어서는 어린이 전용 도서
관다운 도서관이었다. "도서관을 이렇게도 지을 수 있구
나"라며 사람들은 탄성을 질렀다. 도서관 인근 주민들과
순천시민들의 반응도 '놀라움' 그 자체였다. 그날 개관식
공식행사가 끝나기를 기다리던 순천의 아이들은 조충훈
시장에게로 달려가 매달리고 안기며 환호했다. 자치단체
장이나 지역 정치인이 아이들에게 그토록 열띤 환호의 대
상이 될 수 있다는 것을 내 눈으로 보기는 그때가 처음이
다. 나중에 조 시장은 기적의 도서관을 지으며 자기가 두
번 울었다고 술회했다. 아이들이 그렇게 좋아하는 것을 보
면서 울었고, 아이들을 그처럼 즐겁게 해줄 일을 왜 진작
해주지 못했나 싶은 후회 때문에 또 울었다는 것이다. 도
서관 내부를 그날 처음으로 둘러보고 나온 동네 젊은 엄마
들은 '설계 선생님' 정기용의 손을 잡고 "고맙습니다, 고맙
습니다다"를 연발했다.

그 예술품 같은 순천 기적의 도서관을 짓는 데 걸린 기
간은 놀랍게도 불과 석 달이었다. 2003년 7월 5일에 기공

식이 있었고, 10월 초에 일단 완공을 보았으니 더도 덜도 아닌 석 달 만에 근 400평짜리 도서관 공사를 끝낸 것이다 (개관식은 나중에 다른 사정이 생겨 당초 계획보다 한 달 연기된 11월 10일에 있었지만). 나는 지금도 그 석 달이라는 공기가 믿어지지 않는다. 그해 여름에 웬 비는 또 그렇게 많이 내렸는지, 8월 한 달의 거의 대부분은 모두 우장을 쓰고 공사를 진행했다. 개관식 공지를 내보냈을 때 사람들은 깜짝 놀라서 물었다. "벌써 다 지었다고? 도깨비냐?" 정기용의 섬세하고 복잡한 설계도면을 읽어내기 위해 꼬박 일주일 '공부'했다는 시공회사 유탑건설의 모득풍 현장소장과 공사현장 직원들, 빗속에 수없이 서울-순천 사이를 오가며 감리를 맡아준 한미파슨스의 정환수 차장, 각종 행정업무를 신속히 처리해준 순천시청 사람들 ─ 도깨비가 있었다면 이들이 그 도깨비였다(이 도깨비 군단 속에는 거의 혼자서 업무연락과 관련 사무를 담당했던 '책사회'의 신은미 간사와 무서운 추진력을 발휘했던 당시 사무처장 서해성의 이름도 빼놓을 수 없다).

'책사회'와 함께 기적의 도서관 사업을 진행했던 문화방송 '느낌표' 팀의 김영희 PD는 개관식 날 도서관 내부를 둘러보며 "기대했던 것 이상입니다, 아주 좋습니다"라며 연신 만족과 놀라움을 표시했다. 꼬맹이들이 맨발로 기어다니고 뒹구는 따스한 열람실 온돌마루를 걸으며 김 PD는 "어찌 온돌마루를 깔 생각을 다 했을까이"라며 신기해했다. 실제로 공공 도서관에 전관 온돌마루를 깐 것은 기적의 도서관이 처음이다. 아이들이 밖에서 놀다 들어오면 책

공주는 어디에 있는가

을 만지기 전에 손부터 씻게 안내된 입구의 세수대, 앙증맞게 이쁜 화장실, 하늘이 올려다 보이는 동그란 돔 모양의 이야기방, 먼 우주로 날아가는 듯한 2층의 별나라방, 아파트의 납작한 주거공간에 갇혀 사는 아이들에게 공간의 서로 다른 높이와 차원을 체험하게 한 복층구조, 아이들과 함께 자라는 열람실의 나무들, 마룻바닥의 평면을 깬 오목 공간, 극장식 구조를 가진 다목적 활동공간, 달팽이처럼 돌아오르는 외부 비밀의 정원—순천관의 이런 공간구조와 연출은 어린이 도서관이 어떻게 지어질 수 있고 지어져야 하는지를 우리 사회에, 어른들의 세계에, 그리고 도서관과 한계에 '처음 제시한 최초의 모델'이 되어주었다. 물론 설계자나 '책사회'가 생각했던 모든 요소가 순천관 하나에 남김없이 다 구현될 수 있었던 것은 아니다. 극히 적은 비용과 예산의 숨찬 한도가 우리를 묶었기 때문이다. 그러나 우리는 만족했고 행복했다.

순천관을 비롯해서 다른 기적의 도서관을 방문하는 도서관계 사람들과 사서들 중에는 기적의 도서관 특유의 공간 배치를 보며 잘 이해되지 않는다고 말하는 사람들이 없지 않다. 이를테면 사서의 자리에서 보았을 때 동선이 길고 둘쭉날쭉하고 복잡해서 사용자 아이들의 위치와 움직임을 한눈에 파악하기 어렵고, 그래서 관리상의 여러 문제가 발생하지 않겠느냐고 그들은 걱정한다. 그럴 것이다. 그러나 바로 그 점이야말로 기적의 도서관이 기획한 의도의 하나이다. 기적의 도서관에서 사서는 무슨 원형감옥의 간수처럼 아이들의 움직임을 통제하고 감시하는 사람이 아니다. 기적의 도서관에서 아이들은 어른의 시선, 사서의 시선, 혹은 그 누구의 시선도 의식할 필요가 없는 자유로움의 향유자이며, 그들만의 아늑하고 내밀한 공간을 만들어 그 보이지 않는 울타리 안에서 책 읽고 생각하고 이런저런 꿈을, 어른들에게 말하고 싶지 않고 들키고 싶지 않은 불온한 꿈까지도, 맘 놓고 꾸어보는 어린 몽상자이다. 자유로운 상상과 엉뚱한 몽상이 아니라면 무엇이 아이를 키울 것인가? 무엇이 그들의 창의력과 호기심과 탐구의 능력을 키울 것인가? 기적의 도서관에는 그래서 다락이 있고, 토굴이 있고, 여기저기 숨는 공간들이 있다. 그 공간에서 아이들은 숨 놀리며 상상과 공상과 몽상에 잠기고, 저희들끼리 놀 시간을 얻는다. 자유로운 상상과 놀이의 시간을 철저히 빼앗기고 있는 지금 이 땅의 아이들에게 그런 자유의 시간, 숨 돌릴 시간, 몽상할 시간을 되찾아주는 일보다 더 중요한 일은 없다. 정말이지 우리가 아이들을 잘 키우고자 하여 어린이 도서관에 다락과 토굴 같은 유희성 공간을 연출하고 복층구조를 만들고 따스한 온돌마루, 푹신한 소파와 쾌적한 가구, 다목적공간, 이야기방, 영아수유실과 수면실, 세수대 등을 도입해서 어린이 도서관의 면모를 일신한 것은 기적의 도서관이 이룩한 혁신의 일부이다. 기적의 도서관 등장 이후 전국 각지에서 지자체들이 지은 어린이 도서관 중에 기적의 도서관을 벤치마킹하지 않은 곳은

공주는 어디에 있는가

단 한 곳도 없다고 말해도 된다. 순천관 한 곳만을 놓고 말해도, 개관 이후 1년 동안 이곳을 다녀간 방문자는 (어린이 제외) 35만 명을 넘는다. 물론 공간 혁신만이 기적의 도서관이 보여주고자 한 혁신모형의 전부가 아니다. 어린 사용자들을 위한 정성어린 서비스 체제의 구축, 각종 운영 프로그램의 부단한 개발, 문화향수 기회의 확장 등은 기적의 도서관이 사회에 제시한 서비스 부분의 혁신이다. 도서관 건립과 그 이후 운영 문제에서 시민단체와 방송과 자치단체가 힘을 합쳐 새로운 '민·관 협력'의 모델을 구축한 것도 기적의 도서관이 처음으로 이룩한 혁신에 해당한다.

이 모든 새로운 시도의 핵심부에는 세 가지 기본적인 의도와 정신이 있다. 아이들을 잘 키우는 책임과 육아의 경비는 온 사회가 부담해야 한다는 것, 어린이 도서관은 아이들의 성장에 절대적으로 필요한 사회적 기본시설이며 우리 사회는 그런 도서관의 설립과 운영에 마땅히 투자해야 한다는 것, 어린이 도서관은 지역 주민들의 삶의 질을 높이고 지역 공동체를 일구는 풀뿌리 운동의 중심부라는 것—이것이 그 세 가지 기본정신이자 취지이다. 이 관점에서 말하면 기적의 도서관이 전국에 몇 개나 지어졌는지가 중요한 것이 아니라, 기적의 도서관이 의도한 정신과 목표와 취지가 어떻게 사회적으로 확산되고 그 의미의 사회적 공유가 어떻게 성취되는지가 중요하다. 정기용 교수가 바쁜 시간을 쪼개어 이런 책을 내고자 마음먹게 된 것도 필시 그런 뜻에서일 것이라고 나는 생각한다. 좋은 도서관을 많이 가진 나라만이 기본을 갖춘 나라, 품격과 품위를 말할 수 있는 나라, 창조적 미래를 생각할 줄 아는 나라이다. 기적의 도서관이 가진 기본정신의 사회적 확산과 공유를 시도하는 일에도 흔연히 나섬으로써 건축가 정기용은 또 한 번의 '설계'에 돌입하고 있다. 더 나은 삶을 건축하려는 '정신의 설계', 그것이 지금 정기용이 이 책에서 하는 작업이다. 나는 한 건축가의 이런 비전과 실천 앞에서 그저 먼 산 구름이나 바라보며 하염없는 부끄러움에 잠긴다.

"

의미, 희망, 정의는 인간의 삶을 지탱하는

세 개의 지주와도 같다.

삶에 의미가 없다고 여겨질 때

인간은 자살을 생각한다.

"희망 없다"는 것은 지옥의 조건이다.

누구도 지옥에 살고자 하지 않는다.

정의 없음은 야만의 조건이다.

야만은 인간을

인간 이하의 수준으로 떨어뜨린다.

"

'움직이지 말라'는 역설
인문주의와 더 나은 인간
자본주의 문명의 가을
파우스트의 나라는 어디인가
문명과 인간의 야만화
자기로부터의 소외
문제 구성력, 문제 해결 능력

5부

對談

문명의 가을, 문학의 실천

도정일 vs 서영인

서영인

문학평론가, 근대문학연구자.《실천문학》편집위원을 역임했고, 현재 국립한국문학관에서 일하고 있다. 2000년 제7회 창비 신인평론상을 받았으며, 평론집으로 『충돌하는 차이들의 심층』『타인을 읽는 슬픔』『문학의 불안』을, 연구서로 『식민주의와 타자성의 위치』 등을 썼다.

서영인 　바쁘신 와중에 시간 내주셔서 감사합니다.《실천문학》에서는 이번 겨울호를 '21세기 문학과 예술의 실천 논리'라는 주제를 중심으로 묶어보려고 합니다.《실천문학》이 새 편집위원 체제로 바뀌면서 이런저런 고민도 많고, 또 새로운 방향을 모색하는 중이기도 해서 선생님께 조언을 들을 겸 대담을 기획하게 되었습니다. 근황은 어떠신지요? 많이 바쁘시지요?

도정일 　바쁩니다. 감기 걸려도 코 풀 시간 없다고 (웃음) 농담처럼 말하고 다니지요.

서영인 　대담을 준비하면서 선생님께서 내신 책들도 다시 들추어보고, 요즘 활동에 대한 소식도 찾아보고 하다 보니, 선생님의 『시인은 숲으로 가지 못한다』를 열심히 읽었던 대학원 시절이 떠올랐습니다. 그때, 문학비평에 대한 새로운 경험을 했다고 할까요. 선생님의 시에 대한 해석과 비평이 아주 인상적이었습니다. 그런데 최근 선생님의 활동을 보면 문학비평가로서, 문학연구자로서, 저술가로서 삶보다 인문학의 가치를 확산시키는 사회운동가로서의 삶에 더 주력하고 계시는 것 같습니다. 물론 두 삶이 떨어져 있는 것은 아닙니다만, 이처럼 주요 활동무대를 전환하신 계기 같은 것이 있었는지 궁금합니다.

도정일 　'전환'이라고요? 나는 내가 하던 일을 그만두고 딴 동네에 가서 놀고 있다고는 한 번도 생각해본 적이 없는데, 전환이라는 말을 들으니 정신이 번쩍 듭니다. 그러나 내 생각은 내 생각이고 다른 이들 눈에는 그렇게 비치기도 하나 보죠? 그런데 결코 '전환'은 아닙니다. 문학비평이건 연구건 간에 문학 쪽에서 활동하다가 어느 순간 그만두고 방향을 틀어버리는 사람들이 없지 않습니다. 경부선을 달리던 열차가 호남선으로 방향을 틀 듯하는 것이 전환이죠. 그러면 사람들은 이유가 뭐냐, 전환의 계기가 뭐냐 묻습니다. 특히 요즘은 문학의 위축이라는 문제가 자주 사람들의 입에 오르내리기 때문에 혹 그런 전환이 문학에 대한 어떤 믿음, 혹은 신념 같은 것의 변화에 기인한 것은 아닐까 하는 궁금증도 유발하는 것 같아요. 아주 확실히 말해두죠.

첫째, 나는 누구누구처럼 근대문학의 종언이니 뭐니 하는 식의 단언적 종말 선고 같은 것은 하지 않습니다. 근대문학이건 뭐건 문학에 관한 한 어떤 종류의 종결선언도 무의미하다고 생각해요. 그러니 전환이니 계기니 하는 말은 내게 해당되지 않습니다.

둘째, 나는 무슨 계기가 있어야 움직이는 사람이 아닙니다. 계기라는 것이 사람을 바꿔놓기도 하고 활동을 촉발시킬 수도 있지만, 그러자면 계기 포착에 민감해야 합니다. 나는 계기라는 것에 결코 민감한 사람이 아니에요. '계기'의 귀신이 나를 보면 도망칠 걸요? 그는 이렇게 말할 겁니다. 에고, 저 친구는 안 돼, 워낙 둔해서 내가 아무리 기회를 주고 꼬드겨도 저 물건은 그냥 멀뚱멀뚱 쳐다보기만 하잖아? 저런 둔바리가 무슨 문학을 한다고?

서영인 제가 말을 잘못 꺼낸 것 같네요. (웃음) 그렇지만 둔하다는 말에는 동의할 수 없는데요. 스스로 감기 걸려도 코 풀 시간이 없다고 말씀하실 만큼 선생님은 충분히 바쁘고 부지런하십니다. 늘 새로운 영역을 찾아 바삐 움직이시는 것 같고요.

도정일 움직임? 나는 움직이는 것을 싫어합니다. 내 인생에 좌우명 같은 것은 없지만, "움직이지 말라"는 명령은 가지고 있습니다. 움직이지 말라, 꼼짝 말라! 어떻습니까? 들을 만한가요?

서영인 억실이기나 반어법이 겠죠? 움직이는 것을 싫어한다고 말씀하시지만, 선생님께서는 누구보다도 '변화'를 자주 말씀하신 걸로 기억하고 있습니다. 변화는 움직임 없이는 불가능한 것인데요. 예컨대 선생님의 저서에서 자주 등장하는 자본주의 문명에 대한 비판과 변화의 필요성 같은 것을 생각해보면요. 직접 움직이거나 혹은 사람들의 움직임을 촉구하거나, 그러지 않는다면 변화는 불가능하잖아요. '책읽는사회만들기국민운동'이나 '후마니타스칼리지' 같은 선생님의 활동은 우리 사회에 신선한 변화를 불러일으키기도 했고요.

'움직이지 말라'는 역설

도정일   변화는 세계의 속성입니다. 자본주의는 세계를 바꾸어놓았어요. 그런데 그 세계는 잘못 바뀐 겁니다. 자본주의가 세계를 잘못 바꿔놓았어요. 외과 수술로 치면, 수술을 잘못해서 머리가 다리에 붙고 발이 목에 붙은 꼴이죠. 그 잘못된 변화를 다시 뜯어고쳐야 한다는 것이 자본주의 변화 필요론입니다. 변화를 우줄우줄 따라가는 것이 문학의 장기는 아니에요. 변화의 와중에서도 변해서는 안 되는 것, 지켜야 할 것, 변화의 개입을 차단해야 할 것들은 없는가? 이런 시각을 유지하는 것이 문학입니다. 지킬 것을 지키는 것이 문학이라고 나는 생각해요. 이때 문학은 움직인 것입니까, 움직이지 않은 것입니까? 맞아요, 사람들이 움직여야 세계의 잘못된 변화를 고칠 수 있습니다. 그런데 그 움직임은 움직이지 말아야 할 것에 대한 감각과 확신을 가지고 있어야 합니다. 현대인은 잠시도 가만있지 못하고 계속 움직여야 하는 '동작 신드롬'에 걸려 있어요. 일종의 정신·심리적 질병입니다. 차를 몰고 가다가 길이 막히면 조바심치면서 이 골목 저 골목으로 빠지는 사람이 있습니다. 그는 계속 움직여야 하고, 움직이지 않으면 견딜 수 없는 거예요. 그런데 나중에 보면 골목을 헤매면서 움직이기는 했는데, 그게 아무 의미도 없는 움직임일 때가 많아요. 빙빙 돌다가 결국은 원래 자리로 와 있는 거죠.

서영인 역시 '움직이지 말라!'라는 좌우명은 역설적 표현이었습니다. 변하기 위해서 변하지 않는다, 변하지 말아야 할 것, 지켜야 할 것에 대한 감각과 확신이 필요하다. 심오한 역설입니다. 그것이 이를테면 문학이나 인문학적 실천과도 연관이 되어 있을 것 같은데요. 변하지 말아야 할 것에 대해서 조금 더 설명을 해주시겠어요?

도정일 최근의 예를 하나 들까요? 얼마 전 《뉴욕타임스》에 난 기사 하나가 인상적입니다. 실리콘밸리의 ITinformation technology 회사 고위 직원들이 아이들을 어떤 학교에 보내는가라는 기사였어요. 거기 IT 기술자들은 자기들은 월도프Waldorf초등학교에 보내는데, 그 학교에는 1학년부터 6학년 교실에까지 컴퓨터가 한 대도 없다는 겁니다. '전자기기를 만지작거리고 디지털 리터러시literacy를 터득하는 일은 나중에 해도 늦지 않다, 중요한 것은 기본을 익히는 것이다'라는 철학이죠. 종이책과 공책 사용, 연필로 또박또박 글씨 쓰기, 손으로 종이에 그림 그리고 진흙 공작 같은 거 해보기, 이런 것이 '기본'입니다. 발달기 아이들에게 이런 기본능력이 지능, 상상력, 이해력을 키우는 데 얼마나 중요한 것인가는 잘 알려진 얘깁니다. 교실마다 온갖 IT 기기들을 갖다놓고 소위 '스마트 클래스' 만든다고 야단법석 떠는 것이 요즘 학교들의 '변화'인데, 그 와중에서도 변하지 않는 것, 변해서는 안 되는 것을 소중히 지키려는 월도프초등학교의 노력 같은 것이 바로 '제정신 지키기'입니다. 우리나라와 비교해보세요. 교육부는 몇 년 뒤부터 종이 교과서 없는 교실, 공책도 연필도 필요 없는 디지털 스마트 교실을 만든다고 합니다. 그렇게 하는 것이 교육 선진국이라는 듯이 말이죠. 좀 과격하게 말하면, 그건 선진교육이 아니라 아이들 망치고 나라 망치는 어리석고 위험한 망국교육입니다.

서영인　변하지 않아야 할 것을 지킬 줄 아는 교육, 이를테면 '책 읽기교육'도 그런 것이겠군요. MBC 방송 때문에 더 유명해지기도 한 '기적의 도서관'이 그냥 나온 것이 아니군요. 변하기 위해 변하지 않는다는 역설이 점점 더 분명하게 이해되는데요. '책읽는사회만들기국민운동'이라는 시민단체 출범과 독서문화 키우기, 도서관 만들기 운동은 책 읽기에 대한 우리 사회의 신선한 관심을 불러일으켰지요. 그 운동의 결과 '기적의 도서관'이 전국 여러 곳에 건립되었고, 도서관에 대한 사회적 관심도 상당히 높아지게 되었다고들 평가합니다. 많은 자치 단체들이 도서관 건립에 나서고, 도서관 서비스 품질이 개선되고, 프로그램이 다양해진 것이 그런 시민운동 덕분이라 말하는 사람들도 있어요. 김해시에 열한 번째 '기적의 도서관'이 세워져 곧 개관한다고 들었습니다. 특별히 '도서관 운동'에 관심을 가지게 된 계기나 이유를 좀 더 듣고 싶은데요.

도정일　도서관의 '도'와 도정일의 '도'는 한글 종씨입니다. 한자로 쓰면 전혀 다른 글자지만, 도가가 도서관 짓는다 ― 말이 되죠? 도서圖書라는 말은 '하도낙서河圖洛書'에서 온 건데, 한 옛날 황하의 용이 등짝에 이상한 문양을 만들어 나타나자 사람들이 그 문양을 '하도河圖'라 불렀고 또 낙수洛水의 거북이 등에도 신비한 도상들이 보여 '낙서洛書'라는 이름을 붙였다는 겁니다. 그 하도와 낙서에서 '도서'라는 말이 만들어집니다. 나는 세상의 모든 책과 문자가 하도낙서적 형상의 기원을 갖고 있다고 봐요. 황하의 용도 등짝에 문자를 지고 다녔고, 낙수의 거북이도 문자를 만들어 사람들에게 보여주었습니다. 그 '문文'의 신비한 천지간 교신의 전통을 이어가는 것이 문학입니다. 문은 형상, 무늬, 패턴이죠. 여기에는 소리의 형상, 무늬, 패턴도 포함됩니다. 그런데 이것들은 모두 의미 만들기라는 인간 존재의 본원적 요처에서 나옵니다. 의미 만들기는 패턴 만들기입니다. 의미 생성의 요청은 지금도 우리가 문학을 생산하고 읽고 즐길 때의 핵심 동기입니다. 그 기본 요청과 동기는 세월이 가도 변하지 않습니다. 문학의 종언이라고요? 종언이 올 수 있지요. 지구가 홀랑 망해서 인간종이 소멸하는 날, 그때가 문학의 종언이지요. 그러니 내가 도서관 운동, 책 읽기 운동을 한다는 것이 문학과 무관한 것은 아니죠? 넓게 말하면 문학 지키기, 그리고 문학을 포함한 인문학의 전통 이어가기, 그것이 '책읽는사회'를 시작하게 된 이유입니다. 내 딴에는 그게 내 방식의 인문학적 실천일 수 있다고 생각한 거죠.

10년 전까지만 해도 우리나라 어린이들은 집에 돈 없고 동네에 도서관이 없어서 책을 보고 싶어도 볼 수 없었어요. 어린이 도서관이라고는 전국을 통틀어 두어 개뿐이었습니다. 그게 무슨 나라 꼴이에요? 프랑스에는 그때 이미 어린이 도서관이 3,500개가량 있었어요. 그래서 문화방송과 손잡고 2003년부터 '기적의 도서관' 건립 운동을 시작했습니다. 이번에 개관한 김해 기적의 도서관은 11번째입니다. 나는 '기적의 도서관'을 다니며 자란 아이들 중에서 장차 좋은 작가, 시인, 예술가 들이 나올 거라 믿습니다. 고故 박완서 선생은 초등학교 때 서울 현저동에서 을지로까지 걸어가 도서관(지금의 롯데호텔 자리에 있었던 일제 때의 공공 도서관 어린이관)엘 다녔어요. 한번은 도서관에서 『레미제라블』을 읽다가 다 못 읽고 대출은 안 되고 해서 책을 두고 나와야 했는데, 그때 "내 영혼의 절반을 두고 나오는 것 같았다"고 박 선생은 나중 어떤 소설에서 술회했습니다. 작가는 그렇게 자랍니다.

인문주의와 더 나은 인간

도정일 '인문학의 위기'라는 소리가 나오기 시작한 것도 10여 년 전부터의 일인데(실제로 그런 위기는 훨씬 더 오래된 것이지만), 인문쟁이들이 위기, 위기 입으로만 떠들 것이 아니라 인문학적 전통을 이어갈 어떤 실천을 해보자는 것이 내가 '책읽는사회' 운동을 시작한 더 직접적인 동기였습니다. 그런데 그 동기는 10년 전 어느 날 아침에 불쑥 생겨난 것이 아니라 고민 끝에 나온 겁니다. 나는 그런 종류의 고민이나 실천도 인문학적 고민이자 문학적 실천의 한 모습이라 생각합니다. '기적의 도서관'이 여기저기 솟아나고 있을 때 도종환 시인은 청주 '기적의 도서관' 운영위원장을, 한국 여성계 지도자들을 길러낸 원로 사회학자 이효재 교수는 은퇴 후 진해에 내려가 있으면서 그때 막 지어진 진해 '기적의 도서관' 운영위원장을, 이철수 화백은 제천 '기적의 도서관' 운영위원장을 각각 맡아주었어요. 그분들이 할 일이 없어서, 시간이 남아돌아서 그런 일을 했겠어요?

서영인 문학을 하는 사람들이 문학의 가치를 넓히기 위한 방법을 모색하는 것은 당연하고, 그런 의미에서 선생님의 글쓰기를 비롯한 다양한 사회적 운동, 실천이란 것은 하나의 맥으로 이어져 있다는 생각이 듭니다. 최근 언론지에서도 화제가 되고 있는 경희대학교 후마니타스 칼리지의 실험도 그 연장선상에 있는 것이겠지요. 대학에서 교양 과목을 가르치고 있기도 한 입장에서, 후마니타스 칼리지의 실험은 무척 흥미롭습니다. 후마니타스 칼리지 이야기를 좀 듣고 싶은데요.

도정일 후마니타스 칼리지는 대학 교양교육을 한 차례 쇄신해보자는 조인원 경희대 총장의 의지, 결단, 열정의 산물입니다. 나는 지금의 우리 풍토에서 이런 의지와 열정을 가진 대학 총장이 한 사람이라도 있다는 것이 퍽 놀랍고 다행한 일이라 여기고 있습니다. 교육과 실천을 하나로 묶어야 한다는 것이 조인원 총장의 교육철학이자 신념입니다. 동양 전통에서도 '지행합일知行合一'은 학문의 이상이었어요. 공자를 보세요. 배움學과 실천習은 따로 노는 게 아닙니다. 『논어』는 "학이시습지 불역열호學而時習之 不亦說乎(배우고 또 실천하니 즐겁지 아니한가)"라는 말로 시작됩니다. 나는 이 구절을 포함한 『논어』 제1장이 공자의 실천철학을 요약한다고 봅니다. 우리 시대의 질병, 특히 지식인의 질병이 뭐라고 생각하세요? '배운 것 따로, 실천 따로'가 지식인의 질병입니다. 그 질병은 한 개인의 폐단으로 그치지 않죠. 개인 자신은 물론이고 사회에 큰 해악을 끼칩니다. 그 질병은 영혼을 병들게 하고, 사람을 궁극적으로 불행하게 합니다. 정신이 쪼개지고 분열되어 있으니까요.

후마니타스 칼리지는 서울과 용인 두 캠퍼스에서 분리 운영되던 경희대 교양교육 체제를 하나로 묶는 총괄기구입니다. 나는 대학을 떠난 지 4년이나 지나서(내 표현으로는 '퇴임한 지 400년이 지나') 다시 학교로 '징발'되어가서 후마니타스 설립 일을 맡게 된 겁니다. 내가 하자고 부추긴 일이 아니에요. 맡을까 말까 많이 망설였지만, 그전부터 나는 한국 대학들이 "제정신을 잃었다"는 소리를 한참 하고 다녔던 터라 총장의 심부름을 거절할 수가 없었어요. 총장이 내게 둘러씌워준 감투는 부총장급 '대학장Rector'이라는 건데, 이는 한 개인에 대한 예우 차원의 감투가 아니라 교양교육의 학내 위상을 높여야 한다는 총장의 원려에서 만들어진 자리라고 나는 생각합니다. 한국 대학들은 이런저런 이유로 사실상 '교육'을 포기했다고 말해야 할 지경에 와 있어요. 교양교육은 변두리로 밀려나 있습니다. 교양교육의 문제를 좀체 진지하게 생각하지 않고 연구하지 않고 투자하지 않아요. 후마니타스 칼리지는 우선 이 부분에서 획기적 제도 개선을 시도한 첫 사례입니다. 총괄기구의 담당자를 부총장급으로 한 것도 그런 의미의 것이죠. 그러나 나 개인은 '감투의 적'입니다. 지금 나의 개인적 목표는 그 감투 내던질 날을 하루라도 빨리 앞당기자는 겁니다. 그러자면 가능한 한 빠른 시일 안에 새 체제의 토대를 다져놓아야 합니다. 그래서 요즘 좀 바쁩니다. 갑자기 길러도 꼬를 시간이 없다는 소리, 그래서 나옵니다. (웃음)

토대를 다지고 내용을 쇄신하는 일은 변화와 개혁을 수반하는 일인데, 후마니타스가 하고자 하는 일은, 골자만 말하면, 제정신 잃은 대학 교양교육을 제정신의 자리, 바른 자리로 되돌려놓자는 겁니다. 우리네 대학과 대학교육은 많이 바뀌었지만, 그 변화의 많은 부분은 역시 '잘못된' 변화였어요. 대학은 기업이 아니고, 교육은 시장이 아닙니다. 지금 대학들은 시장논리와 기업적 사고에 깊이깊이 침윤되어 있을 뿐 아니라, 그 침윤 상태를 되레 자랑합니다. 그게 자랑할 일입니까? '인간'을 길러내는 것이 교육의 본질 목적입니다. 그 목적이 왜곡되면 교육도 비틀어지고 표류합니다. 변하더라도 제정신 잃지 않고 변하는 것과 정신없이 변하는 것 사이에는 큰 차이가 있습니다.

서영인　실용주의·기능주의적 교양교육에 맞서는 인문학적 교양교육의 실험이라고 말할 수 있을까요?

도정일　항간에는 후마니타스 칼리지가 인문학을 강조한다고 알려진 것 같은데, 맞는 말이기도 하고 좀 틀린 말이기도 합니다. 네, 인문학을 강조하죠. 그러나 우마니타스체제에서 인문학은 좁은 '전공'으로서의 인문학이 아니라 전공에 관계없이 신입생 전원에게, 넓게는 재학생 모두에게 제공되는 보편적 가치교육이자 일반교육으로서의 인문학입니다. 왜 이런 교육이 절대적으로 필요한지 아시죠? 지금 세계를 둘러보세요. 좋은 대학 나오고 고등교육을 받았으면서도 사회에서 나쁜 짓 하고 정치, 경제를 망치는 사람들이 좀 많습니까? 3년 전, 미국 월가 금융 파동이 일어났을 때 미국의 유수 상위대학원들은 깊은 반성의 목소리를 내었습니다. "우리가 사람을 잘못 길러낸 게 아닌가?" 잘못 길러냈지요. 재정, 금융, 회계의 고급 기술자들은 길러냈지만, '영혼을 가진 기술자'는 길러내지 않은 겁니다.

대학이란 데를 들어온 사람은 들어올 때와는 좀 달라진 인간, 말하자면 '더 나은 인간'이 되어 대학문을 나서야 합니다. 기술적 탁월성만으로는 '더 나은' 인간이 되기 어렵습니다. 인간으로서의 탁월성이 반드시 함께 가야죠. 그래야 개인, 사회, 집단이, 기업과 국가가 더 나은 사회, 더 나은 세계를 만들고 구성할 수 있습니다. 그런데 그 더 나은 인간은 어떤 인간인가? 영혼이 병들지 않은 인간, 혼이 썩어 문드러지지 않게 수시로 자기를 가꾸고 점검할 줄 아는 인간입니다. 그런 인간의 '형성'을 시도하는 것이 대학 교양교육입니다. 인간 형성을 독일 사람들은 '빌둥Bildung'이라 부르고, 영국 사람들은 '정신-마음 가꾸기cultivation', 동양 전통에서는 '수신修身' 또는 '수양修養'이라 부릅니다. 우리가 '교양'(이 말처럼 오해와 타락을 겪고 있는 말도 드물지만)이라 부르는 것도 그런 겁니다. 이 의미의 교양은 사실 교육의 이상理想이자 교육이 도달할 수 있는 최고의 높이지요. 이걸 알아야 합니다. 교양교육은 전공 진입을 준비시키자는 정도의 교육이 아닙니다. 교육의 최고 높이, 그 정상에 도달하려 애쓰는 것이 '영혼'입니다. 영혼이라는 말은 전혀 과학적 용어가 아니라서, 그 말을 들으면 과학자들은 다 저해하지요. 영혼은 보이지 않고, 측정되지 않고, 만져지지 않습니다. 사회과학에서도 영혼은 전혀 기능적 탐구대상이 아닙니다. 영혼의 시장가격은 얼마일까요? 요즘 시세로는 '똥값'입니다. 시장에 내다 팔아먹을 수 없는 것들의 총합적 지칭어, 그것이 영혼이라는 어휘입니다. 그 영혼의 문제를 끝까지 붙들고 있는 것이 문학을 포함한 인문학입니다. 인간, 사회, 예술에는 영혼이 살아 있어야 해요. 그게 빠지면 인간으로서의 탁월성도, 좋은 사회도, 좋은 삶과 좋은 기업도 불가능합니다. 그래서 정신의 강건성을 향한 교양교육은 자연과학, 사회과학을 결코 등한히 할 수 없습니다. 과학에도 과학의 정신이 있고 윤리가 있어요. 그 정신과 윤리가 과학의 영혼입니다. 법의 정신이 법의 영혼입니다. 좋은 기업에는 기업의 영혼이 있습니다. 교양교육은 인문학, 자연과학, 사회과학을 널리 망라해서 인간과 세계에 대한 넓은 시각과 이해력을 갖게 하는 학제적·통합학문적 교육을 지향합니다. 후마니타스가 하려고 하는 교육은 그런 겁니다.

서영인　인문학을 강조한다는 통상적인 시각이 또 다른 오해를 낳을 수도 있겠네요. 예컨대 자연과학이나 사회과학 같은 다른 분야와 인문학을 구분하는 것 같은. 그러니까 후마니타스 칼리지에서 강조하는 인문학이란 '인간과 세계에 대한 이해'라는, 아주 넓은 의미에서의 인문학이군요.

도정일　그렇습니다. 남들은 잘 모르는 얘긴데, 후마니타스 체제는 대학교육을 받은 사람의 '책임'이라는 문제를 기소에 깔고 있습니다. 보이지 않는 특성이죠. 인간에 대한 책임, 사회에 대한 책임, 역사에 대한 책임, 문명에 대한 책임이 그겁니다. 이런 책임들은 본질적으로 '윤리적'이고 '인문학적'인 것들입니다. 윤리적 책임은 사회적 실천과 분리되지 않아요. 그래서 후마니타스 체제에는 배움과 실천의 통합을 강조하는 독특한 교과목이 포함됩니다. '시민교육' 교과가 그런 겁니다. 이런 교과목도 국내 최초지요.

서영인　경희대학교처럼 전면적이지는 않지만 선생님께서 제기하신 것과 같은 문제의식이 조금씩 확산되는 것 같습니다. 글쓰기나 책 읽기, 토론 등의 교육이 강조되는 것도 그 영향 때문인 것 같은데요. 저도 관련 과목을 강의

하는데요. 아무래도 읽어야 할 책도 많고, 써야 할 글도 많고 하니 학생들이 좀 힘들어 하는 것 같기도 합니다. 경희대학교 학생들의 반응은 어떤가요?

　　도정일　신입생들은 독서력, 사고력, 어휘력, 문장력 등에서 상당한 결핍과 결손을 안고 대학에 옵니다. 입시 위주 교육의 희생자들이죠. 그런데 대학 들어오면서 많은 양의 독서를 해야 하니까 다수 학생이 어려움을 토로합니다. 후마니타스의 여러 교양과목 중에는 '중핵과목'이라 불리는 두 개의 핵심과목이 있는데, 그게 쉽지가 않아요. 비명이 터지죠. 그런데 한 학기를 지내고 나니까 학생들이 눈에 띄게 달라졌어요. 수업 태도가 훨씬 진지해지고 열심히 읽으려 하고 토론도 활발해지고, 그리고 상당한 자부심을 느끼는 것 같아요. 플라톤, 아리스토텔레스, 공자, 맹자, 사마천 같은 이름만 듣던 고전들에서부터 홉스, 로크, 칸트, 루소, 간디, 롤스 같은 근현대 사상가들, 작가들과 사회과학자들의 글을 대하고 읽어냈다는 것을 자랑스러워합니다. 읽히고 가르치고 토론시키고 글을 쓰게 하면 학생들은 달라집니다. 이런 변모가 '성장'입니다. 재학생들 중에도 '중핵과목' 수강자가 많아요. 그들은 대학 들어와서 처음으로 공부다운 공부를 했다, 삶의 의미와 가치와 목적이라는 문제를 고민할 수 있게 되었다, 졸업을 앞두고 늘 허전했는데 그 허기를 좀 메울 수 있었다고 말합니다.

자본주의 문명의 가을

서영인 지금 대학생들은 IMF 이후 본격화된 신자유주의 경제체제 속에서 청소년기를 보낸 세대이지요. 승자독식의 경쟁사회의 논리를 그대로 수용하고 대학 입시에 모든 것을 걸면서 성장기를 보낸 세대의 영혼의 허기라는 것을 그런 측면에서 이해할 수 있을 것 같습니다. 이런 대학생들을 위한 대화와 교육이 사회 공동체의 절실한 과제로 받아들여지고 있고, 최근 청춘, 청년이 화두가 된 다양한 담론을 들을 수 있는 것도 이러한 맥락에 있는 것 같습니다. 후마니타스 칼리지는 이러한 사회적 요구를 대학 제도 내에서 실현하려는 실험이라는 데에 의미가 있고요.

같은 맥락에서 최근 뉴욕과 유럽에서 벌어지고 있는 일련의 움직임, 자본주의적 세계체제에 반대하는 시위에 관심이 갑니다. 선생님께서 세계화의 중요 원인으로 자본주의 생산양식의 세계화와 정보기술의 세계화를 지적하신 글을 읽었는데요. 최근의 반자본주의 연대의 세계시민 행동에 대해 어떻게 생각하시는지요.

도정일 《실천문학》다운 질문이네요. (웃음) '사회정의'의 관점에서 보면 미국은 (미국만이 아니라 한국을 포함해서 소위 신자유주의나 금융자본주의에 포획된 많은 나라들은) 제정신을 잃은 사회입니다. 영혼을 돈에 팔아먹었으니까요. 미국은 파우스트의 나라입니다. 인구의 겨우 1퍼센트가 부의 40퍼센트를 독식한다면 그게 제정신 가진 사회일까요? 1 대

99의 사회란 쉽게 말하면 100명 중에서 한 사람만 잘살고 99명은 거지로 살아야 하는 사회입니다. 이 거대한 불평등 앞에서 분노하지 않을 사람이 있을까요? 하느님이 그런 불평등을 용서할까요? 인간이 용서할 수 없는 것은 하느님도 용서할 수 없습니다. "월가를 점령하라!"는 그래서 터져나온 미국 국민들의 분노, 저항, 거부의 시위입니다. 그 분노는 정당한 겁니다. 내가 보기에, 이건 문명의 방향을 가르는 사건의 시작일 수도 있습니다. 모든 혁명은 시시하게 출발합니다. 처음엔 별 볼 일 없는 친구들 몇이 아무것도 없는 상태에서 시작하지만, 그 기운들이 쌓이면 굉장한 폭발력을 가지게 됩니다. 지금의 미국 부자들이나 정치인들은 사태의 심각성을 아직 깨닫지 못한 것 같아요.

서영인 비인간적인 자본주의체제의 단일화에 대한 지구인들의 분노가 공감을 얻는 한편, 인터넷과 SNS^{Social} Networking Service 등의 정보기술의 발달과 거기서 비롯된 시위 형태의 변화 역시 주목받고 있습니다. 지금 뉴욕의 월가 시위가 아랍의 '재스민 혁명'으로부터 영감과 활력을 얻었다는 기사도 본 적이 있습니다. 저 역시 사회운동이나 시민단체 중심이 아니라 시민들이 개인적이고 자발적으로 동참하는 형태, 토론과 축제와 놀이가 결합된 형식의 시위 형식을 보면서 2008년 미국산 쇠고기 수입 반대 촛불시위를 떠올리기도 했습니다. 말하자면 분노의 내용과 형식 모두 현재의 시대적 흐름과 변화를 반영하고 있다고 할까요.

그런데 행동의 목적이 통일되지 못했다거나, 구체적인 대안을 갖지 못함으로 인해 산발적인 의사표현에 그치는 것이 아닌가 하고 우려하는 목소리도 있는데요. 단순화해 말하자면 대안의 문제라고 할 수 있겠는데요. 이에 대해서는 어떻게 생각하시는지요.

도정일　시위는 그 자체로 항의이고 문제제기입니다. 그런데 거기다 대고 "어중이떠중이"니 "대안도 정책도 보이지 않는다"니 하고 말하는 것은 문제의 본질도, 그 심각성도 모르는 사람들의 소리입니다. 역사상 모든 혁명은 민중이, 국민이, '참을 수 없다'고 분통을 터뜨리는 순간에 발생했어요. 국민이 정당한 분통을 터뜨렸을 때는 그것 자체를 문제 제기로 보아야지 분통 속에 대안이 있느냐고 물으면 안 됩니다. 정작 대안을 생각해야 할 사람들은 아무 대안도 정책도 내놓지 않으면서 말이죠. 금융회사들은 돈만 챙기다가 국제적 경제 파탄을 야기했고, 정부는 그 회사들을 건져내느라 막대한 구제자금을 풀었어요. 망한 회사의 CEO들은 거액의 배당금을 챙겨 달아났습니다. 국민 세금이 '월가의 도둑들'을 배불리는 데 투입되고, 국민은 그야말로 도탄에 빠진 겁니다. 그러고도 가만 있으라고? 이건 정의롭지 못한 주문입니다.

존 롤스John Rawls의 『정의론』에 이런 대목이 있어요. "진리가 사유체계의 제1 덕목이듯이 정의는 모든 사회제도의 제1 덕목이다. 아무리 우아하고 간결한 이론도 진리가 아니라면 거부되거나 수정되어야 한다. 마찬가지로 법과 제도는 그것들이 제아무리 효율적이고 잘 만들어진 것이라 해도 정의롭지 못하면 마땅히 개혁되거나 폐지되어야 한다." 나는 앞서 영혼 타령을 많이 했는데, 사회의 모든 법률과 제도는 정의로워야 한다는 롤스의 말에서 '정의'가 무엇일까요? 그게 바로 법과 제도의 영혼입니다. 그 영혼이 빠진 법과 제도는 개혁되거나 폐지되어야 합니다. 정치체제, 경제체제의 경우도 마찬가지죠. 월가 점령 사태는 "정치민주주의를 내건 나라들이 지금 같은 형태의 지독한 불평등 자본주의를 계속할 수 있겠는가?"라는 물음을 제기합니다. 이것은 우리 시대의 누구도 외면할 수 없는 근본적 질문입니다.

나시 정리하면, 그것은 민주주의와 자본주의의 양립이라는 지금까지의 체제 공식이 지속 가능한 것인가를 묻고 있습니다. 그래서 '대안' 얘기가 나오죠. 가시적 대안과 관련해서는 나는 크게 두 갈래로 정리가 가능하다고 봅니다. 하나는 '민주적 사회주의democratic socialism'라는 대안이고, 다른 하나는 '민주적 자본주의democratic capitalism'라는 대안입니다. 민주적 사회주의에서 사회주의는 정치체제가 아닌 경제체제입니다. 자본주의 경제를 사회주의 경제로 바꿔보자는 생각이지요. 그러니까 정치는 민주주의, 경제는 사회주의라는 해법입니다. 반면 민주적 자본주의는 민주주의를 정치영역에만 국한할 것이 아니라 경제영역에서도 관철해야 한다는, 말하자면 정치-경제가 모두 평등민주주의를 지향해야 한다는 주장입니다. 현행 자본주의를 폐기할 것이 아니라, (폐기 이후의 대안이 보이지 않으므로) 경제민주주의를 강화하는 쪽으로 수술하자는 것이지요. 그러면 정치민주주의와 경제자본주의 둘 다를 살리는 지속 가능한 공식이 나온다는 입장입니다.

당대의 문제를 풀지 못하는 문명은 멸합니다. 지금의 자본주의 문명이 그런 위기를 맞고 있어요. 월가 사태를 안이한 눈으로 보는 사람들은 대개 현행 자본주의체제의 '살찐 고양이들'이기 때문에 서구 자본주의 문명에 닥친 큰 위기를 피부로 느끼지 못합니다. 내 생각은 뭐냐? 첫째, 현행 자본주의 문명은 불평등의 수준을 최대화한 악성 문명이기 때문에 지금 형태로는 지속되지 못할 겁니다. 이건 아주 상식적 진단입니다. 100명이 사는 마을에 한 사람만 부자이고 99명은 거지일 때 그 마을은 유지되지 않아요. 지금은 봉건(장원) 시대가 아니고, 민주주의라는 바이러스가 온 천지에 퍼진 시대입니다. 불평등 마을에서는 그 한 명의 부자도 결코 안전하지 않아요. 동네 사람들에게 결국 맞아 죽습니다. 지금 월가 사태가 그 꼴입니다. 둘째, 그럼 당신의 상상력 안에서 대안은 뭐냐? 이건 내가 내거는 대안이 아니라(대안에 관한 한 내 상상력은 쪼그랑망탱이죠), 지금의 미국, 한국, 기타 나라들에서 필경 많은 이들이 생각하는 방안일 텐데, 내가 보기로는 '민주적 자본주의 혹은 경제민주주의의 강화'라는 것 이상의 방안은 나오기 어려울 겁니다.

파우스트의 나라는 어디인가

서영인 이를테면 공정한 자본주의, 1퍼센트가 아닌 다수를 위한 자본주의가 하나의 대안이 될 수 있으리라는 말씀인가요. 그런데 그것이 가능할까요? 이미 자본주의는 기득권세력에게 너무 강한 권력을 집중시켜놓았고, 공정하지 않음을 당연시하는 경쟁논리가 팽배해 있을 뿐 아니라, 윤리적 타락 역시 교정하기 힘든 수준에 있다고 생각하는데요. 이것은 한국사회도 마찬가지인 것 같습니다.

도정일 그렇습니다. 이건 바로 우리 사회의 이야기이기도 하지요. 한 문명의 위기는 경제체제에만 있는 것이 아니라 정치체제로서의 대의민주주의에도 제기되고 있습니다. 대의체(국회)와 정당이라는 것에 대한 대중의 불신이 그 위기의 핵심이죠. 국민의 눈에 국회와 국회의원은 국민을 대변하지 않고, 정당정치는 국민의 이익을 돌보지 않는다고 여겨지는 겁니다. 오바마 대통령에 대한 미국민의 불만과 불신도 그렇습니다. 그 사람이 뭘 어떻게 좀 해줄 줄 알았는데 웬걸, 허수아비마냥 맥을 못 추거든요. 국민이 보기에 그 이유는 간단합니다. 월가에서 정치자금을 받았으니, 월가와 월가가 대표하는 금융자본주의를 어떻게 수술할 수 있겠는가 하는 겁니다. 미국 민주주의의 위기는 『빨간 모자』 속의 늑대처럼 민주주의 껍질을 둘러쓴 '플루토크라시plutocracy(금권정치)'가 정치판을 좌우하고 민주주의를 납치했다는 데 있습니다. 우리의 경우에도, 서울

시장 보선 과정에서 정당정치와 대의제에 대한 심각한 불신이 드러났어요. 현존 문명의 위기는 한국에도 들이닥친 겁니다.

서영인 이제 문학 이야기를 소급 해볼까요. 《실천문학》 2011년 겨울호는 '문학과 예술의 실천논리'라는 제목하에 일종의 무크지 형식으로 발간할 계획입니다. 선생님과의 대담도 이러한 주제하에 있는 것인데요. 실천문학사에서는 20여 년 전에 같은 제목으로 단행본을 발간한 적이 있습니다. 그 책이 『문학과 예술의 실천논리』였는데요. 《실천문학》이 창간될 무렵 문학예술의 사회적 실천은 문학예술인의 당연한 의무였고, 또한 사회적 영향력도 컸던 것에 비하면 지금의 문학예술은 왜소하고 그런데 제대로 효과적인 실천을 수행하지 못하고 있다는 느낌입니다. 문학예술의 사회적 실천을 생각할 때 가장 근간이 되어야 할 원리·원칙은 어떤 것이라고 생각하시는지요?

도정일 군사정권 시대에 문학예술의 또는 문학예술인들의 실천윤리를 지배한 것은 '자유'였어요. '자유실천문인협의회'가 생겨난 것은 1974년입니다. 군사정권의 계엄령 사슬 밑에서 표현, 사상, 집회, 신앙, 양심의 자유에 가해진 족쇄, 가위, 몽둥이, 철창에 맞서는 문인들의 저항의 신호탄이었지요. 다수의 문학예술인들이 투옥되고 박해받았습니다. 그 사람들이 무슨 보상을 바라고 나섰던 것은 아닙니다. '가만있을 수 없다'라는 것이 그들의 행동동기였습니다. 실천의 무보상성, 이건 아주 중요합니다. 보상은커녕 인생 불이익이 뻔히 보이는 데도 저항적 실천에 나서는 것은 역사상 동서양 문학예술인들이 보여온 오랜 전통입니다. 불의不義 앞에서 침묵하지 않는 것은 문학인의 의무이기 전에 문학의 본능적 양심입니다. 의무는 외적 강제성을 띠지만, 양심은 내면적이고 비강제적입니다. 양심은 맹자가 말한 측은지심이나 요즘 사람들이 '공감empathy이라 부르는 것의 이상한 자발성과 닮아 있습니다. 지하철 선로에 떨어진 취객을 구하기 위해 선로로 뛰어드는 청년은 무슨 '의무' 때문에 그러는 것이 아닙니다. 보상에 대한 기대나 논리적·합리적 손익계산 같은 것에 의하는 행동도 아닙니다. 그 행동은 모든 계산을 뛰어넘은, 계산 이전의 것이라는 점에서 '본능적' 행동입니다. 문학의 양심도 그런 의미에서 본능적인 것이 아닐까요? 그래서 나는 문학의 양심을 '문학의 영혼'이라 부르고 싶어요. 롤스는 정의를 사회제도의 첫 번째 덕목으로 꼽았는데, 문학적으로 말하면 그 정의는 사회적 양심입니다. 정의에 반反하는 것은 동시에 양심에 반하는 것이니까요.

실천의 '원리' 얘기를 하시는데, 그건 참 어려운 문제입니다. 응답이 어려워서가 아니라 '원리'를 내세운다는 것이 내키지 않는 일이기 때문입니다. 일단 엉성하게나마 답변하지요. 정의, 양심, 공감, 관용. 이 네 가지가 시대와 공간을 넘어 문학예술을 지배해온 실천윤리라고 나는 생각합니다. 다만 시대와 장소에 따라 정의에 반하고 양심에 반하는 일들은 그 시대 특유의 구체적 모습으로 나타납니다. 군사정권 시절의 자유 박탈은 시대의 도장이 찍힌 구체적인 불의, 반양심, 불관용의 사건입니다. 지금은? 무엇보다 '공존의 정의'를 무너뜨리는 것이 지금 이 시대의 정치적·사회적 추악성이라 나는 생각합니다. 한때 자유의 박탈이 지배적 문제였다면, 지금은 공존 공생의 정의가 박탈되는 것이 지배적 문제 같습니다. 문학의 저항적 실천은 당대의 이런 구체적 추악성에 맞서서 전개되는 것 같아요. 추악성을 포착하는 일은 작가의 능사입니다. 그런데 우리 문학인들은 지배권력에 의한 어떤 박탈만을 박탈이라 생각하고, 그것에 맞서는 행동을 실천이라 생각하는 경향이 있어요. 그렇지 않습니다. 우리가 우리 스스로, 대중이 대중 스스로 발생시키는 '자기박탈'의 추악성도 있습니다. 우리는 부, 성공, 개발, 성장, 행복에 미친 사회입니다. 우리는 그 다섯 마리 사신死神에게 혼을 팔아먹었어요. 그리고 자진해서 메피스토펠레스의 제자, 혹은 다섯 사신들의 즐거운 포로가 되어 있습니다. 파우스트의 나라는 미국만이 아니죠. 이 관점에서, 나는 팔아먹을 수 없고 팔아먹지 말아야 할 것들까지도 다 팔아먹는 '파우스트 신드롬'이 지금 우리 사회의 가장 볼 만한 추악성이라 생각합니다. 《실천문학》이 '파우스트 신드롬' 같은 문제를 특집으로 올린 적 있나요? 없지요? 《실천문학》도 혼을 팔아치웠나요?

문제는 이런 추악성 앞에서 문학이, 작가가 침묵하는가 않는가라는 것이겠죠. 침묵하는 문학은 영혼이 없는 문학,

기술주의적 손장난 문학일 테지요. 그러나 주의할 것 한 가지— 저항의 조직적 행동화만이 작가의 유일한 사회적 실천양식이라 말할 수는 없습니다. 작품을 쓰는 것이 작가의 첫 번째 실천이고, 이 실천에는 이미 저항이 담깁니다. '저항'은 문학을 문학이게 하고, 인문학을 인문학이게 하는 정신의 요체니까요.

단 작가가 작품 외적 방식으로 저항을 행동화하는가 않는가는 그다음 문제, 그에게 맡겨둘 문제입니다. 단 저항의 조직화가 필요할 때는 단독으로 나서는 것보다는 앞서 말한 실천윤리에 입각한 사회세력들 사이의 '연대와 제휴'가 필요합니다. 구태여 실천의 방법적 '원리'를 말하라면 나는 이 연대와 제휴의 원리를 내놓고 싶어요. 1970년대에 비하면 지금은 우리 사회 각 분야에 각종의 시민단체들이 만들어져 활동하고 있어요. 그 단체들과 연대하면 되지 않겠어요? 꼭 문학단체만 나설 필요는 없지요. '자유실천문인협의회' 시절과는 많이 달라진 사회입니다.

서영인 아까의 '전환', '계기'에 이어 '원리'까지. 상상력 부족한 용어가 계속 문제가 되는군요. (웃음) 농담이 아니라 틀에 박히지 않은 상상력으로, 문학이 담당해야 할 실천의 문제에 대해서《실천문학》이 고민하지 않으면 안 되겠다는 생각을 더 절실하게 하게 됩니다. 또 야단맞을지 모르겠지만, 실천의 문제에 대해서 좀 더 구체적인 이야기를 해보고 싶어요. 예컨대 노무현 대통령의 서거, 그리고 용산참사 등을 계기로 문학인들도 사회적 실천에 대한 고민을 구체적인 행동으로 표현한 바 있습니다. '6·9 작가선언'이 가장 뚜렷한 증거라고 할 수 있고, 이후 문단에서도 '문학과 정치'를 화두로 다양한 논의가 있었습니다. 문학이 사회학적 의미에서의 '정치'와 동일할 수 없지만, 또한 무관하지는 않다는 생각. 그렇다면 문학이 실천하고 구체화하는 '정치'란 어떤 것이겠는가? 하는 것이 고민의 요체라고 할 수 있겠는데요. '문학과 정치'라는 화두가 현재의 우리 사회에서 어떤 의미를 가질 수 있을 것인지, 그리고 좀더 생생하고 구체적인 활력이 되기 위해서는 어떤 점을 염두에 두어야 한다고 생각하시는지 궁금합니다.

　도정일　몇 가지 문제를 얘기하고 싶어요. 우선《실천문학》이 '문학과 정치'라는 화두에 꽤 집착해야 하는가라는 문제가 있습니다. 물론 문학과 정치는 무관하지 않아요. 그러나 말씀하신 것처럼 "문학이 실천하고 구체화하는 정치란 어떤 것인가"라는 질문은 내게 거의 무의미해 보입니다. 나로선 그런 질문은 폐기하고 싶어요. 누구도 작가들을 향해 "당신의 문학이 실천하고 구체화할 정치는 이런 것이다"라고 말할 수 없습니다. 자기 문학의 정치적 실천성을 어떻게 규정하고 어떻게 담아낼 것인가는 개개의 작가들에게 맡겨두는 수밖에 없습니다. 그들이 알아서 할 문제니까요. 다만, 나는 앞서 교양교육을 얘기하면서 교육의 네 가지 윤리적 책임을 말했습니다. 대학교육을 받은 사람이라면 반드시 염두에 두어야 할 책임들이 있다고 말이죠. 인간에 대한 인간의 책임, 사회에 대한 인간의 책임, 역사에 대한 인간의 책임, 문명에 대한 인간의 책임이 그겁니다. 나는 이런 책임이 동시에 인문학의 책임이자 문학의 책임이기도 하다고 생각합니다. 작가들이 자기 문학의 사회적·정치적 실천성을 어디에 두느냐는 것은 그들에게 맡겨둘 일이지만, 그 실천의 구체적 형태가 무엇이건 간에 그 실천성은, 적어도 그것이 문학적으로 의미 있는 것이 되자면, 위의 네 가지 책임과 분리해서 생각하기 어렵습니다. 문학은 인간파괴에 동의하지 않고, 정의롭지 못한 사회를 만드는 일에 동조하지 않지요. 사람들의 삶을 고통스럽게 하는 역사에 대해서 문학은 "안 돼!"라 말하고, 문명의 야만화를 거부합니다. 자꾸 밀어붙이면 나로선 이 네 가지 책임에 연결되는 실천이 문학적 실천이자 문학의 정치성이라 말하고 싶어요. 그러고는 이 자리에서 얼른 도망치는 거지요.

문명과 인간의 야만화

정의, 관용, 공존의 사회적 틀을 만들고 유지하는 것이 정치의 할 일이라고 나는 생각합니다. 정치의 현실적 과제는 다종·다양한 이해관계들의 조정과 협상일 테지만, 어떤 정치도 궁극적으로는 정의의 원칙, 공존의 원칙, 관용의 원칙을 떠날 수 없다고 봅니다. 그걸 떠나면 공동체가 자

빠지고 사회가 파탄에 직면합니다. 정치가 무너지는 거지요. 그런데 이상하지요? 정치가 무너져도 문학은 무너지지 않습니다. 무너진 정치는 문학의 좋은 소재니까요. 문학의 정치성은 언제나 현실정치보다 몇 차원 더 높은 곳에 있습니다. 그래서 정치가 무너져도 문학은 무너지지 않고, 문학의 정치성도 소멸하지 않아요. 그러나 인간이 무너지면 문학도 무너집니다. 이 관점에서 보면 인간을 방어하는 것 이상의 문학적 실천이 있겠는가 하는 생각이 듭니다. 문학이 사회, 역사, 문명에 대한 책임을 지고 있다는 말도 궁극적으로는 '인간에 대한 인간의 책임'이라는 말로 귀결됩니다. 역사의 '바른 방향'을 찾아가는 것이 문학의 정치성이라는 주장이 있습니다. 그 점에서는 사회의 바른 방향, 문명의 바른 방향을 찾아가는 것도 문학의 정치성이지요. 그런데 인간의 방어를 빼고 나면 그 '바른 방향'이 무엇일지 난감해집니다. 한 가지, 나는 문명의 야만화를 거부하는 것이 문명에 대한 인간의 책임이라 말했는데, 여기서 '인간 방어'는 인간중심주의를 의미하지 않습니다. 문명에 대한 인간의 책임은 이 유성의 다른 존재자들과 생태계에 대한 인간의 윤리적 책임도 포함합니다. 자연 파괴는 곧 문명의 야만화이고, 인간의 야만화이니까요.

그래서 나는 소박한 얘길 하나 내놓고 싶습니다. 사람들이 문학을 통해, 문학작품을 읽음으로써 자기 자신과 자기 삶의 정서적·윤리적 차원이 한 단계씩 들어올려졌다는 고양감을 느낄 수 있게 하는 것, 그것이 문학 읽기의 즐거움일 겁니다. 정서적·윤리적 고양감은 '상승의 경험'이며, 이 경험은 우리에게 산다는 것의 기쁨과 영광을 느끼게 합니다. 나는 이것이 가장 본질적인 의미에서 문학의 정치성 여부를 말할 수 있는 조건이 아니겠는가 생각합니다. 이 세상을 지옥으로 만들지 않고, 이 푸른 유성이 똥통 되는 것을 거부하면서 나와 너와 친구들이 함께 살고 있다는 것의 기쁨과 영광을 공유하기, 삶의 의미와 가치를 확인하기─이런 것은 문학 읽기의 큰 즐거움입니다. 삶이 의미 없다고 느껴질 때 사람들은 자살을 생각합니다. "나는 죽고 싶다"고 말하지 않고 "나는 살고 싶다"고 말할 수 있을 때 삶은 기쁘고 영광스런 것이 됩니다. 그런 기쁨의 빈도를 높이고 그런 영광의 경험을 심화하는 데 기여하는 것, 그것이 문학의 정치성이다─이렇게 말하면 천진난만한 소박성의 극치지요? 그래도 나는 말하고 싶어요. 사람들이 "죽고 싶다"는 말보다는 "살고 싶다"고 말할 수 있게 하는 것이 문학의 가장 위대한 정치성이고 영광이다─이러면 영락없는 팔불출의 소리가 될까요?

서영인 문명의 야만화, 인간의 야만화에 항의하는 문학. 살아가는 일의 기쁨과 영광을 심화할 수 있는 문학. 모든 문학이 지향해야 할 가치이고, 그 가치를 실현하는 일은 개별의 작가들에게 맡겨진 몫이겠습니다만, 그것을 구체화하는 일이 쉽지는 않습니다. 물론 어렵기 때문에 더 필요한 가치이기는 하지만요.

우선은 현재의 문학이 처한 환경이 만만치가 않습니다. 앞서도 자본주의적 세계화의 문제를 우리 사회의 심각한 위기라고 말씀하셨습니다만, 문학 역시 이러한 흐름과 무관하지 않습니다. 단적으로 말하면 상업주의나 자본의 논리가 문학이 거스를 수 없는 완성이 되었다고 할 수도 있고, 또는 영상문화, 대중문화의 확산으로 문학이 이전처럼 독자들에게 흥미롭게 받아들여지지 않는다는 점도 생각해볼 수 있겠네요. 우리 시대의 문학은 우리 시대의 독자들, 대중들과 어떻게 만나야 할까요? 선생님은 대중을 믿으시는지요. (웃음)

도정일 몇 년 전에 나온 내 책 『시장전체주의와 문명의 야만』은 발표한 지 한참 된 글들을 모은 것인데, 이제 보니 16년 전에 쓴 '세계화' 관련 글도 들이 있더군요. 16년 전이라면 우리 사회가 아직 세계화라는 것의 의미나 함의를 잘 모르면서 세계화를 말하던 시절이었어요. 당시 정권이 "우리도 세계화해야 한다"느니 "변해야 산다"느니 하면서 만병통치약이라도 되는 듯이 세계화를 모토로 내걸었기 때문입니다. 그래서 한번은 신문 칼럼에 썼어요. 세계화는 반드시 만병통치약이 아니다, 그건 트로이의 목마일 수도 있다는 취지의 글이었어요. 그리고 1년쯤 뒤에 IMF 위기가 들이닥쳤지요.

그 책에 들어 있는 글인지 아닌지 기억이 잘 안 나지만, 좌우간 몇 년 전 어떤 계간지에 쓴 글에서 나는 현대 한국인을 나포한 어떤 병적인 문화, 더 정확히는 심리적·정신적 공황 상태를 얘기한 적이 있습니다. '공포의 문화'와 '선망의 문화'가 그겁니다. IMF 구제금융 사태를 겪으면서 한국인은 순수한 '공포'의 한 계절 속으로 밀려들어갑니다. 생존의 공포지요. 이 경쟁사회에서 살아남지 못하면 열패자가 되고, 실직자가 되고, 결국 노숙자로 나앉게 된다는 두려움이 많은 사람들을 전전긍긍하게 합니다.

당시 정권은 이런 공포가 한국인의 정신상태에 어떤 치명적 상흔을 입힐 것인가에 대한 사회정책적 고려를 하기는커녕 그 공포를 부추겨 "무슨 일이 있어도 살아남아야 한다"는 신판 사회적 다위니즘Darwinism적 밀림문화를 조장했어요. 국민에게 공포 심리를 조장하는 정치가 가장 나쁜 정치입니다. 생존경쟁이니 적자생존이니 하는 용어들이 마구 사용되고, 강자만이 살아남는다는 밀림주의가 사회에 퍼지기 시작했지요. 20세기 말의 문화사나 정신사를 쓰고자 하는 사람은 당시의 공포문화에 충분히 주목해야 합니다. 왜냐? 그 공포문화가 뒤이어 성공제일주의, 부자선망, 승자독식, 행복 이데올로기 같은 그 이후 한국인의 심리에 발생한 변화를 이끌었기 때문입니다. 이 변화를 나는 '선망의 문화'라고 표현했어요.

공포와 선망은 동전의 앞뒤 같은 겁니다. 프로이트, 라캉, 지젝이 분석했듯 '선망envy'은 박탈감, 분노, 증오감을 촉발합니다. 내가 가질 것을 저 사람이 가졌다는 박탈감, 내 행복을 저 녀석이 훔쳐갔다고 여길 때의 분노와 원한, 타인은 내 성공을 가로막고 방해하는 존재라고 판단할 때의 증오감 등입니다. 이런 얘길 하는 것은 지금 문학이 소통하고자 하는 2011년대의 한국 '대중'이 어떤 문화 속에서 형성되었는가를 이해해보기 위해서입니다.

자기로부터의 소외

도정일 이런 문화사적 배경은 단순히 '상업주의의 편만'이라는 말로는 파악되기 어려운 어떤 대중적 상황을 이해할 수 있게 하죠. 디지털 기술 시대의 도래는 확실히 지난 10년간의 사회변화, 소통양식의 변화, 관계형성의 변화를 설명할 때 빠뜨리면 안 될 요소입니다. 이건 다른 기회에 따로 얘기해야 할 문제입니다. 그러나 우리의 경우 디지털 시대가 몰고 온 변화(이를테면 기술 미시권력에의 매혹, 관음 충동, 수직소통의 거부와 수평소통 편중 증상, 권위 부정, 시각적 쾌락주의, 역설적 타인 지향성, 안일성의 추구)의 상당수는 1990년대 말 이후 약 20년간 형성되어온 공포와 선망의 문화에 깊게 연결되어 있는 것 같아요.

서영인 '상업주의'라는 말이 오히려 대중과 문학의 관계를 안일하게 생각하도록 만들었군요. (웃음) 문학이 대중의 문제를 고민하기 위해서는 지금 대중들이 무엇을 원하는가, 혹은 어떤 상황에 처해 있는가를 먼저 이해하지 않으면 안 된다는 말씀으로 들립니다. 우리 시대의 작가들

역시 명심해야 할 일이라는 생각이 듭니다.

　도정일　그래요. 나는 작가들이 대중과 소통하고자 할 때 최소한 두 가지 질문을 늘 염두에 두는 것이 좋겠다고 생각합니다. "당신은 무엇을 두려워하는가?", "당신은 무엇을 원하는가?" 진지성을 추구하는 문학에 비하면 대중 문화(대중소설 포함)는 이런 질문에 가장 잘, 가장 민감하게 대응합니다. 정예주의 논법처럼 들릴지 몰라도 나는 문학이 반드시, 그리고 언제나 당대 '대중이 원하는 것'을 내놓아야 한다고는 생각하지 않습니다. 문학은 태생적으로 비대중적인 성격을 갖고 있어요. 대중 취향을 창작의 제1원리로 삼거나 트렌드 쫓아가기를 방법적 원리로 삼고 있은 문학의 자세도, 문학의 할 일도 아닙니다. 그런데 문학의 비대중성이 반드시 '반'대중성이냐? 그건 그렇지 않아요. 시는 민중의 노래와 춤에서 시작되었습니다. 지금 문제가 되는 것은 민중적 문화는 사라지고 문화산업과 대중매체가 만드는 문화가 '대중문화'가 되었다는 점일 겁니다. 아이들도 골목의 놀이문화를 잃어버렸어요. 한참 전에 《실천문학》에 무슨 글을 쓰면서 나는 「시대에 맞서서, 시대와 함께, 시대를 위하여」라는 제목을 붙인 일이 있습니다. 많은 경우 문학이 시대에 맞서는 것은 그게 시대와 함께 있는 길, 시대를 위한 길일 수 있기 때문입니다. 그래서 나는 앞의 두 질문, "대중이 두려워하는 것과 대중이 원하는 것은 무엇인가?"라는 질문을 작가 참고용으로 제시한 겁니다. 지금이 소통의 시대 같지만 천만의 말씀, 대중은 철저히 고립되고 소외되어 있습니다. 자기로부터의 소외가 이처럼 심각했던 시대가 또 있었을까요? 소통수단이 넘치는 시대에 소통은 되레 단절되어 있다는 역설을 절감하게 됩니다. 현대 대중문화는 사람을 소외시키는 데 기여하고 있지요. 이런 대중문화야말로 반대중적이죠.

내가 대중을 믿느냐? 내가 믿는 대중 따로 있고, 믿지 않는 대중 따로 있습니다.

서영인 대중의 문제를 포함하여 지금 작가들을 괴롭히는 고민은 아마도 현실의 변화와 그에 따른 문학의 위상 변화라고 할까 하는 것과 관련이 있는 것 같습니다. 다시 한 번 앞의 이야기를 반복하자면, 이를테면 지구화·세계화의 보편성은 우리 삶의 영역 대부분을 장악하고 있고, 문학 역시 예외가 아닙니다. 자본주의적 시장원리가 통용되는 곳은 어디든 장벽 없이 통과하는 것이 자유무역이 만들어놓은 세계체제이고, 한편으로 정보통신기술의 발달로 지구 반대편의 상황을 접하고, 그것과 소통하는 것이 일상이 되었습니다. 최근 우리 문학에서 한국적 구체성이랄까, 특수성을 찾는 일이 퍽 곤란하거나, 혹은 중요하지 않은 일이 되어버린 것도 이런 이유에서겠지요. '지금, 여기'란 문학의 현실성을 의미하는 상투어이기도 한데요, 그런 의미에서 최근의 문학에서 굳이 '지금, 여기'가 아니어도 상관없는 상황과 언어를 만나는 일이 낯설지 않습니다. 한국문학사에서 이른바 '민족문학'이 만들어놓은 전통은 매우

공주는 어디에 있는가

중요하고, 그것이 한국문학의 중요한 동력이 되어 있는 것도 사실입니다. 지금의 상황은 '민족문학'적 구체성이란 것이 상당히 희박해질 수밖에 없는 조건입니다. 또《실천문학》다운 질문을 한다고 하실 것 같은데요. 지금의 상황에서 한국문학의 구체성, '지금, 여기'의 현실성이란 어떤 의미를 가질까요?

도정일 우리는 조선 시대의 삶, 서양 근대를 만났을 때의 고뇌와 씨름, 식민지 시대의 삶과 죽음, 해방-분단-전쟁의 상처, 급속한 산업 근대화, 민주화 투쟁, 천민자본주의 등 특유의 역사적·집단적 경험을 갖고 있습니다. 이런 경험은, 혹은 일습의 경험은 다른 나라 사람들이 좀체 갖지 않은, 그래서 우리 민족 고유의 독특하고 구체적인 삶의 내용 시리즈입니다. 문학예술의 무진장한 보고寶庫이자 각종의 서사적 콘텐츠 생산을 기다리는 금광맥 같은 거죠. 예컨대 식민지시대의 삶과 죽음과 이산離散의 드라마를 생각하면 나는 자다가도 가슴이 요동치는 고강도 흥분을 경험해요. 작가들은 더 그렇겠지요? 민족이란 무엇보다 경험과 기억의 공유 공동체이고, 그 공유의 경험을 다루는 것이 '민족문학'이라 나는 생각합니다. 경험과 기억의 공동체는 정치 공동체 이상의 것입니다. 분단 극복만이 민족문학의 과제나 주제여야 하는 것은 아니죠. 민족 내부의 분열과 분단의 역사는 훨씬 오래된 겁니다. 복잡하기도 하고요. 나는 민족 경험의 문학적 형상화와 서사화, 그래서 우리가 '민족문학'이라 부를 만한 문학의 시대는 끝난 것이 아니라 아직 제대로 시작조차 되지 않았다고 봅니다. 이 발언의 포인트는 《실천문학》이 좀 널리 광고해주세요. 시작도 못 했는데, '구체성의 빈곤'이라고요? 그런데 작가들이 어떤 어려움을 자꾸 말하는 이유가 무엇일까요?

서영인　여전히 문학이 당대를 살아가는 사람들의 구체적 실감과 공통적 기억에 기대고 있으며, 거기에서 대중적 공감과 성찰이 만들어진다는 것도 분명한데요. 소재적 차원이 아니라 역사적이고 정치적인 국지적 구체성의 문제, 한국문학의 고유한 가치란 어떻게든 작가들이 고민해야 할 중요한 문제가 아닌가 싶습니다.

다른 맥락입니다만, '한국문학의 세계화'란 이름으로 그 구체성을 지우는 것이 오히려 바람직하다는 주장도 있습니다. 번역하기 쉬운 언어로 쓰고, 한국적 특수성보다는 보편적 정서와 감각을 주장해야 한다는 등의 주장이지요. 문학환경이 급변하는 가운데 어떤 독자를 대상으로 해야 하나, 어떤 현실을 문제 삼아야 하는지 등에 대해 작가들의 고민도 깊어지고 있는 것 같습니다.

도정일　몇 가지 진단을 해도 될까요? 첫째, 작가들이 고민은 하는 것 같은데 파고들어 공부하는 근기는 부실하다는 문제가 있을 겁니다. 둘째, 민족적 경험이 문학작품으로 녹아 나오자면 직접적인 경험의 현장에서 한참 떨어진 시간적 거리가 필요한 것 같아요. 그런데 이 '거리'는 현대 작가에게 불리한 것이 아닙니다. 현장적 경험만이 문학의 소재는 아니죠. 오히려 시간이 한참 지나고 사건이 지나간 다음의 성찰과 전체적 조망, 성숙한 문제 구성력 같은 것이 더 필요하죠.

문제 구성력, 문제 해결 능력

도정일 단테가 지옥, 연옥, 천국을 다 뒤적거려보고 『신곡』을 썼나요? 『오디세이아』, 『일리아드』가 트로이 전쟁 당대에 나왔나요? 오히려 지금이야말로 경험의 당대성을 뛰어넘을 수 있는 시간적 거리가 확보된 시점 아닌가요? 한국 현대문학의 큰 고질 가운데 하나는 작품의 '문제 구성력' 빈곤입니다. 문제를 의미 있게 구성하는 힘, 다시 말해 '의미 있는 질문'을 작품의 배경에 까는 것이 문제 구성력입니다. 이렇게 구성된 문제, 질문, 명제가 작품의 '주제'입니다. 작품의 주제는 구태여 텍스트 표면에 드러날 필요가 없어요. 중요하고 의미 있는 주제 구성에서 작품의 '보편성'이 확보됩니다. 보편성의 다른 말은 보편적 암시성 혹은 상징성입니다. 넓은 암시성과 상징성이 있을 때 문학 작품은 협의의 민족을 떠나고 시대와 장소를 떠나 '세계'와 만납니다. 구체적인 경험과 소재로부터 보편적 암시가 있는 주제를 구성하기, 혹은 세계의 독자들이 그런 주제를 찾아내고 감지할 수 있게 하기—이것이 관건이 아닐까 싶습니다. 세계화 시대라 해서 사정이 달라진 것은 아닙니다.

내 진단의 세 번째 요목은 우리 시대의 직접적인 경험, 내가 경험의 당대성이라 부른 것을 어떻게 소재화할 것인 가라는 문제에서 우리 작가들이 오히려 '경험 부족'에 시 달리고 있지 않나 하는 겁니다. 경험 부족은 두 가지 의미 를 갖습니다. 하나는 당대적 사건, 경험, 감성을 소재로 삼 을 때일수록 경험의 상상적 심화와 문제의식이 필요합니 다. 경험의 심화 작업이 빈곤한 경우 작품은 피상성과 경 박성을 벗기 어려워지고, 문제의식이 빈곤할 때 작품은 절 실성을 잃습니다. 쉽게 말하면 "내가 이 작품을 왜 쓰나"라 는 것이 이 경우의 문제의식입니다. 또 다른 경험 부족은 소재를 다루어내는 기량의 빈곤입니다. 집 지을 줄 모르는 목수는 목수가 아닙니다. 기량은 단순 기술과 달라요. 기술 은 (어떤 개가의 대학 문장과 같은 데서도 배울 수 있습 니다. 그러나 기량은 작품 쓰기의 간 녹는 연마의 끝에, 누 구한테서 배워 아는 것이 아니라 혼자 낑낑대면서 글쓰기 의 경험을 통해서만 터득되는 일종의 '도道' 같은 거지요. 기술이 '법法'이라면, 기량은 도道입니다. 낚시기술을 배웠 다고 다 일급의 낚시꾼이 되는 것이 아니고, 목수기술 좀 배웠다고 집을 잘 짓는 것 아닙니다. 피아니스트는 한 곡 을 연주하기 위해 300시간 이상을 연습합니다. 글을 쓴다 는 것은 연주자 못지않은, 연주자 이상의 훈련과 연마를 요구하는 일 같아요. 문학작품만이 아니죠. 사실은 모든 글 이 그러합니다. 그래서 나는 나이 700살(내 산법으로)이 되 기까지 글을 잘 못 씁니다. 디지털 장난감 기기의 시대에 우리나라 젊은이들이 정말로 잘할 줄 모르는 일, 모르면서 우습게 아는 일, 잘하지 못하면서 잘한다고 착각하는 것이 글쓰기입니다.

서영인 어떻게 보면 당연하고 기본적인 문제 같지만, 사실 당연한 일이 어려운 것은 그 당연함에도 불구하고 성취되기 어렵기 때문이지요. 지금의 작가들, 그리고 그 작가들과 고민을 공유하고 있는《실천문학》도 새겨들어야 할 이야기인 것 같습니다.

시간이 많이 흘렀습니다. 하고 싶은 이야기, 듣고 싶은 이야기가 무궁무진하지만, 이쯤에서 인터뷰를 마무리해야 할 것 같네요. 긴 시간 수고 많으셨습니다. 마지막으로 하시고 싶은 말씀이 있으시다면요? 클로징 멘트입니다. (웃음)

도정일 이런 일화가 있어요. 한번은 미국의 어떤 대학이 작가 싱클레어 루이스를 초청해서 문학강연을 시킨 일이 있습니다. 강연장에는 작가 지망생들이 몰려들었지요. 루이스가 묻습니다. "여러분, 장차 글을 쓰고 싶은 사람 손 들어보세요." 수백 개의 손이 올라갑니다. 루이스가 뭐랬는지 아세요? "빌어먹을 녀석들, 집에 가서 글이나 써!" 루이스의 그 일갈은 지금까지 그 대학 문학강연 사상 최고의 것이었다고 기억되고 있습니다. 나라고 그런 말 못할 것 같아요? 빌어먹을, 이런 개똥 인터뷰 읽지 말고 집에 가서 글이나 써!

공주는 어디에 있는가

공주는 어디에 있는가

공주는 어디에 있는가
행복서사의 붕괴

초판 1쇄 인쇄 2021.03.03
초판 1쇄 발행 2021.03.15

지은이 도정일
펴낸이 김선식

경영총괄 김은영
편집주간 김시한
디자인 choi design studio
마케팅본부장 이주화
채널마케팅팀 최혜령, 권장규, 이고운, 박태준, 박지수, 기명리
미디어홍보팀 정명찬, 최두영, 허지호, 김은지, 박재연, 임유나, 배한진
저작권팀 한승빈, 김재원
경영관리본부 허대우, 하미선, 박상민, 김형준, 윤이경, 권송이, 이소희, 김재경,
　　　　　　　 최완규, 이우철

펴낸곳 다산북스 출판등록 2005년 12월 23일 제313-2005-00277호
주소 경기도 파주시 회동길 490
전화 02-704-1724
홈페이지 www.dasanbooks.com
이메일 samusa@samusa.kr
종이 · 인쇄 · 제본 · 후가공 ㈜갑우문화사

ISBN 979-11-306-3553-8 03300

design   choi design studio
표지 illust 하움